장산곶매
평화로 날다

이 도서의 국립중앙도서관 출판시 도서목록(CIP)은
e-CIP홈페이지(http://www.nl.go.kr/cip.php)에서 이용하실 수 있습니다.
(CIP제어번호 : CIPIP2007004143)

현장기록 – 통일정책론

장산곶매
평화로 날다

임종석 지음

범우사

머리말

　1989년, 무기징역 이상을 받아 더 이상 바깥세상 구경을 하지 못할 수도 있다는 비장한 심정으로 임수경 씨를 평양 청년학생축전에 보냈던 때로부터 18년이 흘렀다. 그 동안 학생운동에서 시민운동으로 그리고 국회의원으로 '임종석' 이름 석 자를 수식하는 말도 바뀌었다. 그러나 대결에서 평화로, 분단에서 통일로 나아가는 한민족 역사의 비원悲願은 그대로이다. 민족의 허리가 잘린 지 내년이면 환갑이다. 분단을 더 연장해야 할 이유가 우리에겐 단 하나도 남아 있지 않다.

　2000년 6월 15일, 역사적인 남북정상회담으로 대결과 분단의 시계가 멈추고 평화와 통일의 새 역사가 시작되었다. 지난 7년 동안 우리는 평화경제의 성지聖地 개성공단을 만들었고, 금강산을 마음 속의 금수강산에서 일일생활권으로 바꿔놓았다. 끊어진 철로가 다시 이어졌고 녹슨 철마가 휴전선을 넘어 달리고 있다. 정전협정을 평화체제로 전환시키기 위한 논의도 본격화되고 있다.

　통일외교통상위원회 4년의 의정활동은 한반도 평화와 남북경제협력을 본궤도에 진입시키기 위한 과정이었다.
　국가보안법을 역사 속으로 퇴장시키고자 했고, 개성공단지원법을 제정하고 남북교류협력법을 개정하였다. 엄존하는 냉전세력의 거역에 맞서 화해와 협력의 남북관계, 평화와 번영의 한반도 시대를 제도화하기 위해 치열하게 논쟁했다. 남과 북이 한반도 문제해결의 당사자로서 평화협정의 진정한 주체로 나서야 하며, 동시에 실리자주 외교를 통해 미국을 비롯한 세계와 당당히 만나야 함도 절실히 느꼈다.

무엇보다 자이툰 부대의 이라크 파병과 PSI 가입을 둘러싼 정책결정 과정에서는 유엔 중심의 국제질서와 세계평화를 위협하는 미국의 일방주의와 약육강식 논리에 맞서 대한민국의 국방주권과 외교주권을 지켜내기 위해 분투하였다.

이 글이 민족은 영원하며 평화는 모든 것에 우선하는 최고의 가치임을 확신하는 한 사람의 진실과 신념이 체험한 있는 그대로의 기록임을 밝히며, 성원해주시고 지도편달을 아끼지 않으신 많은 분들께 깊은 감사를 드린다.

책의 제목 '장산곶매, 평화로 날다'는 과거에서 미래로 날아오르는 한민족의 평화와 도약에 대한 간절함을 담고 있다. 장산곶매란 텃세가 강하기로 유명한 한반도의 중허리 황해도 서쪽 끝자락 장산곶串에 서식하는 매의 우두머리 장수매를 가리킨다.

한 번 날개를 쳐 하늘에 떴다 하면 세상의 날짐승, 들짐승들이 겁에 질려 맥을 못 추고, 결코 땅에 떨어진 먹이는 줍지 않으며, 사냥을 위해 한반도가 아닌 바다를 건너고 산맥을 넘어 중국 본토와 만주 그리고 시베리아로 날아오르는 지혜와 용맹의 상징, 장산곶매. 사냥을 나가기 전, 밤새 부리질로 자기 둥지를 깨며 전의를 다지고 새벽 창공을 향해 비상하는 장산곶매에서 나는 불현듯 전쟁과 분단의 역사, 수난과 오욕의 역사를 깨고 평화와 통일, 민족중흥과 민주주의의 새 시대로 웅비하는 한반도의 꿈을 보았다.

장산곶 사람들은, 부리질을 마침내 끝내고 멀리 사냥을 떠나기 위해 장산곶매가 들판으로 날아오르는 그 순간, 덩달아 춤을 추며 기뻐했다고 한다. 나는 1, 2차 남북정상회담, 개성공단, 금강산 관광, 경의선 철도, 국방장관회담 등으로 힘차게 달려가는 민족화해와 협력, 평화의 발걸음이 부리질을 끝내고 새벽 창공을 향해 비상하는 장산곶매의 날갯짓이라고 믿는다.

함께 토론하며 편집에 참여해준 곽윤석, 김은주, 장원윤을 비롯한 사무실 식구들에게 고마움을 전한다. 이 작은 기록을 1989년 전대협 의장시절부터 지금까지 아들의 나태와 방만을 한 순간도 허락하지 않는 삶의 회초리이신 나의 어머니 김정숙 여사께 바친다. 어머니는 오늘도 세상의 불의와 불법, 왜곡의 현장을 두드리는 우리 시대의 신문고 '민가협' 어머니들의 시위현장에서 울고 웃으신다.

2007년 12월
여의도 국회의원회관에서
임종석

추천사

통일은 현재진행형입니다. 더 이상 논쟁의 대상이 아닙니다.

2000년, 6·15 남북공동선언으로 한반도는 본격적인 남북화해협력 시대로 진입할 수 있었습니다. 남북공동선언은 반 세기 동안 이어져온 남북사이의 불신과 대결을 화해와 협력으로 전환시킨 선언이었습니다.

그로부터 7년 후인 2007년 10월, 2차 남북정상회담에서 6·15 선언이 지향하는 방향을 따라 구체적인 실천과제들을 합의하였습니다. 11월과 12월 사이 어느 때보다 활발한 당국자간 회담을 통해 이뤄낸 남북간의 각종 합의는 기존과는 또 다른 한반도 시대를 열어줄 것이라 기대되고 있습니다.

북미관계도 급격하게 진전되면서 가까운 시일내에 미국과 북한 양국간 외교관계 정상화가 이뤄지고 한반도 냉전도 종식될 수 있을 것으로 보입니다. 한반도의 주인인 우리 민족의 운명이 결정될 중요한 시기가 바로 눈앞에 와 있는 것입니다.

남북관계에 있어 지난 10년이 화해와 협력의 시대를 여는 시기였다면 다가올 10년은 화해협력 단계를 넘어 '통일을 지향하는 평화체제'를 구축하고 발전시켜야 할 중차대한 시기입니다. 분단 60년 역사에서 가장 중요한 결정의 순간이 다가오리라는 직감에 남북관계에 몸을 담아온 사람으로서 순간순간이 간절해집니다.

이러한 중대한 시기에 한반도의 미래에 대해 임의원이 던지는 화두는 큰 울림이 될 것이라 믿습니다. 임종석 의원은 통일문제에 관한 신념과 열정을 가진 젊은 정치인입니다. 남북관계와 관련된 현장에서 일찍부터 몸에 익힌 감각과 판단력이 훌륭합니다. 한반도 문제를 바라보는 그의 올바른 시각은 지난 4년간 국회활동을 통해 이미 검증되었습니다. 이번에 한 권의 책을 통해 임의원의 그 동안의 활동과 더불어 한반도의 미래에 대한 구상을 확인해볼 수 있는 기회를 갖게 된 것을 기쁘게 생각합니다.

　통일은 목표인 동시에 과정입니다. 갑자기 오는 것이 아니라 국민 모두의 노력으로 점진적, 단계적으로 만들어나가야 합니다. 한 사람의 노력을 뒤따르는 열 사람이 이어나가고 그 것이 다시 열 배, 백 배 늘어날 때 민족사회를 통합하는 진정한 통일이 가능할 것입니다. 현명한 우리 국민들은 어떤 어려움이 있어도 마침내 한반도의 주인으로서 당당한 역사를 만들어나갈 것이라 믿습니다. 그러한 과정에 임의원의 책이 하나의 주춧돌이 될 것이라 확신하며, 널리 읽히기를 기원합니다.

임 동 원 (전 통일부장관,
현 세종재단 이사장)

차 례

머리말 5
추천사 8

1 민족의 새로운 꿈
평화와 상생경제의 성지, 개성공단 15
남북교류협력법, 14년 만의 환골탈태 35
남북정상회담, 그 역사적 탐색 52
햇볕정책, 냉전과 분단의 벽을 허물다 64
국가보안법은 역사 속으로 퇴장하라 81

2 경제공동체의 길
부산에서 런던까지, 철의 실크로드 97
남북 저작권 교류의 새 장을 열다 112
북한 경제개발의 의미와 전략 120
북한경제, 중국에 종속되는가? 132
DMZ를 평화지대로 146

3 평화의 실천

2+2 평화협정	159
북핵문제의 끝이 보인다	176
NLL은 영토선이 아니다	188
평화의 완성, 군축	197
독일통일의 교훈과 한반도 통일	207

4 실리자주 외교

FTA는 실리자주 외교의 시험대	223
PSI는 유엔결의와 거꾸로 가는 것	237
자이툰 부대는 철군해야 한다	248
4강외교에서 외교다변화로	263
과거사 왜곡의 덫에 갇힌 중국과 일본	275

1장
민족의 새로운 꿈

평화와 상생경제의 성지, 개성공단
남북교류협력법, 14년 만의 환골탈태
남북정상회담, 그 역사적 탐색
햇볕정책, 냉전과 분단의 벽을 허물다
국가보안법은 역사 속으로 퇴장하라

평화와 상생경제의 성지, 개성공단

개성공단에 우리 민족 100년 희망을 심자

나에게는 꿈이 있다. 남과 북이 오래도록 이어진 전쟁과 분열의 시대를 끝내고 상생과 번영의 시대를 여는 것, 남북경제공동체를 건설해 세계시장을 개척하는 것이 나의 꿈이다. 그 번영의 토대 위에 남과 북은 더 이상 헤어질 수 없는 한 형제가 될 것이며 한반도는 세계인의 축복을 받는 풍요의 땅이 될 것이다.

개성은 본래 세계적인 무역항이었다. 천 년 전, 예성강 벽란도에는 중국과 일본, 멀리는 아라비아의 무역선이 활기차게 드나들었다. 이곳 개성을 통해 세계 최고의 명품 고려청자가 'made in 고려'란 브랜드로 수출되었다. 세계가 한민족을 KOREA라 부르기 시작한 것이 바로 이 곳 개성에서부터였다.

그런 점에서 '개성공단'은 결코 우연이라 할 수 없다. 후삼국을 통합하고 민족의 진정한 통일을 일구어냈던 고려가 세계와 소통하던 관문, 개성에 남북경제협력 공업단지가 들어섰다는 것은 21세기 한민족의 새로운 미래, 밝은 내일을 예시하는 것이라 할 수 있다.

2007년 들어, '샌드위치 코리아'란 신조어가 유행이다. 요약하자면 한국 제조업이 중국의 가격경쟁력과 일본의 기술경쟁력에 밀려 세계시장에서 설 자리를 잃고 있다는 것이다. 1990년대 이후, 한국경제는 성장완숙기에 도달하면서 더 이상 이전과 같은 저임금 노동력에 기반한 가격경쟁력을 발휘하지 못하고 있다. 그렇다고 일본처럼 높은 가격을 만회하고도 남을 기술경쟁력도 갖추지 못한 상태이다. 게다가, 설상가상으로 중국의 기술추격이 가속화되고 있는데 수출주력산업 대부분에서 중국과의 기술격차가 1년 내외로 좁혀지고 있다고 한다.

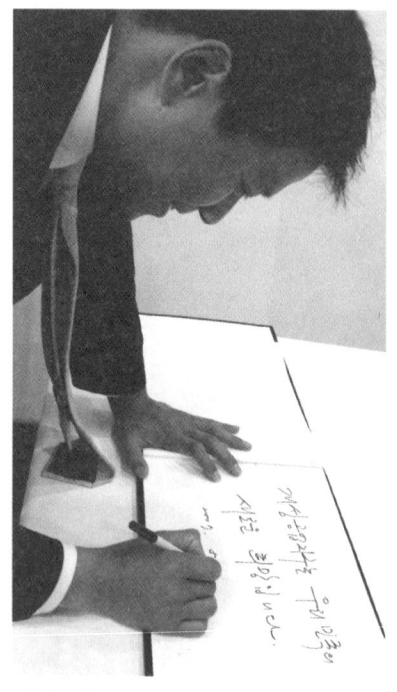

개성공단을 방문하여 방명록을 작성하였다. '개성공업지구는 우리 민족의 새로운 희망입니다' 라고.

이와 같이 어려운 처지에서 국내기업이 선택한 대안은 탈脫 한국러시였다. 당장 회사를 유지해야 하는 기업의 입장에서는 일단 임금이 저렴한 중국으로 생산기지를 이전해 가격경쟁력을 회복할 필요가 있었던 것이다.

그러나 중국경제가 성장하면서 이마저도 대안이 되지 않고 있다. 우선 중국 노동력의 임금이 급격한 상승추세이며, 더불어 토지가격 등의 비용도 상승하고 있다. 더 이상 가격경쟁력 면에서 중국시장이 매력적이지 않은 것이다. 또한 외국인 투자유치로 소기의 목적을 달성했다고 판단한 중국정부가 외국인 투자기업에 대한 각종 특혜를 폐지하고 있다.

개성공단이 우리 민족의 새로운 미래를 개척하게 될 것이란 주장을 하는 이유가 바로 여기에 있다. 개성공단에 진출한 기업인들의 이야기를 들어보면 하나같이 입을 모으는 게 세계 어느 곳에 비할 바 없이 질 높은 노동력이지만 임금은 저렴하다는 것이다.

개성공단의 월임금은 57.5 달러인 데 반해 중국 상해 특구의 월임금은 160~180달러이다. 이 것만 보아도 개성공단의 매력이 어떤지 알 수 있는데, 이 것 말고도 여러 가지 장점이 있다. 비록 50년간 분단상태이나 남과 북은 한 민족이다. 그런 이유로 중국에서와 같은 언어장벽이 없다. 때문에 노무관리 및 인력교육에서 많은 장점을 가지고 있다. 또한 서울과 약 60~70Km 정도 가까운 곳에 위치한다는 것은 물류비용에서도 엄청난 절감효과를 기대할 수 있다.

다시 말해, 개성공단이 북한경제의 부흥과 개혁·개방뿐만 아니라 한국경제의 샌드위치 위기의 탈출구가 될 수 있다는 것이다. 특히 대기업에 비해 약소한 자금력과 기술력을 가진 중소기업에게 개성공단은 새로운 희망을 안겨주는 약속의 땅이다.

그리고 수치로 환산할 수 없는 정치경제적 효능도 있다. 개성공단을 통해 북한이 경제적으로 안정을 찾으면 한국경제의 굴레로 작용하는 안보위기, 코리아 디스카운트를 해소할 수 있게 된다.

또한 사양화된 제조업이 활로를 찾으면서 여기에서 확보된 수익을 한국경제 고부가가치화에 투입한다면 이 것은 한국경제 전체의 체질 개선으로 이어질 뿐더러 민족 내부의 상생적 분업체계[1]를 형성하여 남북경제공동체가 자연스럽게 탄생하는 결과를 낳게 되는 것이다.

남북이 협력하여 만든 제품이 KOREA란 브랜드를 달고 세계를 향해 나아갈 가능성이 열렸다. 비단 개성공단 제품만이 아닐 것이다. 머지 않은 미래에 제2, 제3의 개성공단이 만들어질 것이다. 그래서 남북경제공동체가 만들어낸 제품이 세계를 휩쓰는 일이 벌어질 것이다.

나는 2004년 6월 개성공단 준공식에 참여했다. 아직 진출기업이 입주하지 않은 상태라서 조금은 황량한 느낌이 들었다. 하지만 그 황토색 공백들이 하나씩 채워져갈 것이란 믿음과 기대로 나의 가슴은 어느 때보다 벅차게 부풀어올랐다. 떨리는 손으로 방명록에 글을 남겼다. '개성공단에 우리 민족의 100년 희망을 세웁시다.' 모두가 함께 꿈을 꾸면 곧 현실이 된다고 했던가? 천 년 전 세계의 무역선이 모여들던 개성에서 100년 뒤 우리의 후예들은 세계를 향해 배를 띄우게 될 것이다.

'MADE IN 개성'을 위해

2004년 10월 개성공단 시범단지 리빙아트 공장에서 만들어진 냄비 1천 세트가 서울시내 한 백화점에서 판매되기 시작했다. 적지 않은 수량이건만 이틀 만에 매진되었다. 냄비를 사는 시민들은 저마다 얼굴에 함박웃음을 띠고 있었다. 참으로 흥겨운 풍경이었다. 뒤이어 신원 에벤에셀의 여성의류, 로만손의 시계가 국내에 유통되기 시작했다. 지금 이 글을 쓰고 있는 내 손목에 감겨 있는 시계도 그 때 그 시계이다. 하

----

1) 민족 내부의 상생적 분업체계: 국제경제의 현실은 냉엄하다. 그래서 선진국과 후진국간의 비교우위 요소가 공정하게 거래되고 분배되지 않는 경우가 많다. 이러한 분업체계는 저발전국가의 경제성장을 가로막는 요인이 된다. 하지만 통일이라는 공통의 목표를 공유하는 남북간의 경제협력은 민족 내부의 거래이므로 냉엄한 국제경제의 현실주의 논리로부터 자유로울 수 있다. 즉, 북한의 경제성장은 남한이 지불하게 될 천문학적 통일비용의 감소와 직결된다는 점 때문에 경제적으로 우위에 있는 남한은 북한의 성장을 위해 비교우위 요소의 공정한 거래를 추구할 수밖에 없다. 이와 같은 이유로 구조적으로 남북간의 분업체계는 상생적 동반성장을 지향할 것이라 생각한다.

지만 언제까지 흥겨움에 취해 있을 수 없었다. 개성공단 제품의 국내 유통은 작은 시작일 뿐이었다.

궁극적 지향은 'Made in 개성' 브랜드 제품이 경의선, 경부선을 통해 유라시아 대륙과 태평양을 건너 전 세계로 판매되는 것이어야 했다. 그랬을 때, 세계 제조업 지도는 개성을 중심으로 다시 그려질 것이다. 개성공단이야말로 대륙과 해양을 잇는 '통일 한반도 선진통상 대국'이란 꿈을 실현할 견인차라 할 수 있다.

그런데 이를 위해서는 넘어야 할 큰 산이 있다. 북한을 국제통상질서에 연착륙시키는 것이다. 현재 북한이 실질적으로 통상관계를 유지하고 있는 나라는 중국이 유일하다. 대부분의 국가들과 이렇다 할 통상관계가 성립되어 있지 않다. 한때 주요 수출국이던 일본조차 인질납치 문제로 무역거래가 단절된 상태이다.

이는 북한이 미국에 의해 대 테러지원국으로 규정되어 있기 때문이다. 미국은 적성국 교역법에 의거, 북한산 제품에 최고 100%, 평균 30~40%의 고율관세를 부과하고 있다. 이에 연동하여 일본도 20%의 관세를 매기고 있으며 유럽연합(EU)은 북한산 섬유나 의류에 수입할당제를 부과하고 있다. 이런 사정으로 개성공단에서 생산된 제품의 해외 시장 판로는 거의 없는 것이나 마찬가지이다.

개성공단의 가장 큰 매력은 저렴한 양질의 노동력, 그로 인한 가격 경쟁력이다. 그런데 이러한 매력이 고율관세로 인해 상쇄된다면 개성공단의 성공을 장담할 수 없다. 어떤 해법이 있을 것인가? 이런 고민을 계속하던 와중에 2004년 11월 한-싱가포르 FTA(자유무역협정)가 체결되었다. 그 때 새롭게 등장한 것이 FTA 협정상 원산지 규정의 예외 조항인 역외가공지역(Outward Processing Zone)[2]이다.

한-싱가포르 FTA에서 개성공단이 역외가공지역으로 규정된 것이다. 이거다 싶었다. 당시 정부는 거대 경제권과의 동시다발적 FTA를

개성공단을 방문하여 북측 근로자들과 함께.

예정하고 있었다. 즉, 미국, 일본 또는 유럽연합과 FTA를 체결할 때, 개성공단을 한국산 제품의 역외가공지역으로 규정하게 될 경우에는 개성공단 제품의 가격경쟁력을 그대로 보전한 상태에서 해외시장 판로를 개척할 수 있으며, 더불어 북한으로 하여금 자유무역의 혜택을 몸소 체험하게 하여 개혁개방에 보다 적극적으로 나서게 할 수 있다는 생각이 들었다.

2006년 2월 3일 한 · 미 FTA 추진이 전격 발표되었다. 국내여론과의 교감 없이 워낙 급작스레 발표되었기에 절차상의 하자가 제기되며 반

---

2) 원재료 및 부품을 수출해 역외에서 가공한 후 재수입한 최종물품에 대해 원산지 지위를 인정하는 제도로 FTA 원산지 규정의 예외조항이다. 역외가공을 인정하는 경우는 매우 드물며, 국토가 협소한 싱가포르와 유럽연합과 지리적으로 인접한 리히텐슈타인, 스위스 등 EFTA 국가가 체결한 FTA에서 주로 발견된다. 한편 이와 같은 역외가공을 인정받는 지역이 역외가공지역이다.

대여론이 빠르게 확산되어갔다. 절차적 정당성의 문제에 대해서는 나 역시 어느 정도 공감하고 있었다. 하지만 이미 결정된 일이었고 국회 비준이 남아 있는 상황에서 성급히 찬반입장을 정하기보다는 협상내용을 먼저 따져보는 것이 순서라고 판단했다.

거대 경제권과의 첫 번째 FTA협상이었고 협상분야 및 내용이 워낙 방대했기에 협상내용을 하나하나 검증해본다는 것이 쉬운 일은 아니었다. 더구나 북핵위기가 한참 극점을 향해 달려가고 있었기 때문에 몸이 두 개라도 남아날 지경이 없을 정도로 바쁜 상황이었다. 그러나 당시에도 한 가지 원칙은 분명히 세워두고 있었다. 개성공단의 한국산 인정 및 특혜관세 문제가 FTA 찬반을 결정하는 중요한 기준이 되어야 한다는 것이었다.

미국 워싱턴에서 한·미 FTA 추진을 발표한 김현종 통상교섭본부장이 귀국 직후, 국회를 방문했다. 김현종 본부장과는 통일외교통상위원회 활동을 하면서 흉금을 터놓고 얘기하는 사이였다. 싱가포르 FTA 추진과정에서부터 김현종 본부장이 개성공단 문제를 중요하게 생각하고 '역외가공지역'이라는 아이디어를 낸 당사자라는 것을 잘 알고 있었다. FTA 추진업무를 맡은 통상교섭본부장은 장관급 고위관료였지만 혼자서 조용히 개성공단을 다녀오고서는 "감동을 받았다"고 고백하기도 했다.

한미 FTA를 추진하고 있는 김현종 본부장에게 다시 한 번 부탁했다. "본부장님, 일단 협상이 본격적으로 진행되지 않은 상태라서 한미 FTA에 대한 저의 확실한 입장을 말씀드리기는 어렵습니다. 하지만 현 시점에서 한 가지 분명한 것은 개성공단 제품의 한국산 인정에 따라 많은 의원들의 찬반입장이 결정될 거란 점입니다. 개성공단 생산제품의 한국산 인정문제를 꼭 해결해주십시오."

이후, 나는 김현종 본부장을 만날 때마다 개성공단이 왜 우리 민족의 새로운 미래를 개척하는 사업인지에 대해 역설했다. 일부 사람들은 김현종 본부장에 대해 이지적 인상인 데다가 경제논리에만 철저할 것 같다고 볼지 모른다. 그러나 그는 가슴 속에 순수하고 뜨거운 열정, 애국심을 가지고 있었다. 어떤 면에서 나 이상으로 개성공단에 대한 신념과 열정을 간직한 듯했다.

하지만 워낙 중대한 사안이었기에 김현종 본부장과 협상팀에 모든 짐을 떠넘길 수는 없었다. 국회차원의 독자적인 외교행보가 필요했다. 그래서 2006년 7월 18일 국회 FTA 포럼 소속 의원들과 더불어 미국을 방문했다. 7월 4일 북한이 미사일 발사실험을 한 이후였기에 비상한 각오로 떠난 미국방문이었다. 그 곳에서 특위간사인 송영길 의원과 더불어 미국 상·하의원들을 만나 개성공단의 한국산 인정을 열심히 설득하고 다녔다.

그러나 반응은 매우 부정적이었다. 북한이 미사일을 발사한 판국에 개성공단 제품의 한국산 인정이 웬 말이냐는 투였다. 7월 19일 미 하원에서 열린 한·미의원 합동세미나에서 비토 포셀라 공화당 의원은 아예 노골적으로 "개성공단 문제는 한·미 FTA 논외의 문제이며 북한이 미사일 발사실험을 하는 상황에서 어떻게 미국인들에게 개성공단 제품을 한국산으로 수용하자고 할 수 있냐"고 했다.

나는 굽히지 않고 "북한이 시장경제를 경험하여 스스로 개혁, 개방 하도록 하는 것이 북핵문제 해결에 도움이 될 것이며, 북한을 국제사회와 시장경제로 나오게 하는 데 있어 개성공단은 도움이 될 것이다. 한-EFTA[3], 한-싱가포르 FTA에도 이미 개성공단 제품을 한국산으로

---

3) 대한민국과 유럽자유무역연합(EFTA) 회원국 간의 자유무역협정. 스위스, 노르웨이, 아이슬랜드, 리히텐슈타인이 이에 해당된다.

인정하는 내용이 포함되었으므로, 한-미 FTA에서도 개성공단 제품이 한국산으로 인정되길 희망한다"고 간곡히 설득했다. 세미나를 전후해서도 미 의원들을 만나 "미국 대외정책의 목표는 자유와 민주주의, 시장경제의 전파 아닌가? 개성공단은 북한을 시장경제에 노출시키는 것이다. 채찍도 당근이 있을 때 유용한 것이다"라며 미 의원들을 이해시키려 했다.

한국에 돌아온 후에도 8월 22일, 송영길 의원 및 열린우리당 동료의원 35명과 함께 부시 미 대통령에게 "미국의 퀴즈(Qualifying Industrial Zone)[4] 프로그램이 중동평화에 기여했으며 개성공단은 단순한 공단이 아닌 한반도 평화를 위한 최소한의 안전판이자 담보"라는 내용의 친서를 보내기도 했다.

하지만 이와 같은 노력이 결실을 맺기도 전인 2006년 10월 8일, 북한이 핵실험을 단행했다. 암담했다. 개성공단의 한국산 인정문제는커녕 개성공단의 존립 자체가 불투명해지는 것같았다. 그래도 개성공단에 진출한 우리 기업들이 의연하게 공장을 정상가동시키고 김현종 본부장 이하 우리 협상팀이 원칙적 입장을 견지해준 덕분에 마지막 희망의 끈은 놓지 않을 수 있었다. 그리고 11월 미국 중간선거에서 민주당이 압승하면서 북핵정세의 변화가 조금씩 감지되기 시작했다. 결국 2007년 1월 19일 북·미 베를린 합의가 이루어지고, 곧이어 2·13 합의가 성사되면서 한반도 정세는 완연히 해빙무드에 접어든다. 개성공단 제품 한국산 인정의 정치적 족쇄가 서서히 풀리기 시작한 것이다.

----

4) 미국이 요르단과 이스라엘간 중동평화협상을 경제적으로 지원하기 위해 1997년 시행한 정책, 요르단 QUIZ 지역 제품에도 미국-이스라엘간 FTA 효력을 적용하여 요르단 대미 수출품에 관세 및 쿼터 제한에서 특혜를 제공했다.

2007년 1월 17일 나는 송영길 의원 및 동료의원 10여 명과 더불어 한·미 FTA 6차 협상이 서울에서 열리는 가운데 개성공단을 방문했다. 김용구 중소기업중앙회장 등 기업인들도 함께 동행했다. 개성공단 제품 한국산

2007년 1월, 한미 FTA 특위 위원과 웬디 커틀러 미 수석대표. 개성공단 제품 특혜관세 필요성에 대한 의견을 전달하였다.

인정의 필요성을 국·내외에 홍보하려는 의도에서였다. 개성공단의 진정한 성공을 위한 마지막 몸부림이었다. 다음날에는 협상차 방한한 웬디 커틀러 대표를 국회에 불러 간담회를 갖고 개성공단 원산지 인정 문제를 강조했다. 3월에는 8차 협상이 열리는 하얏트 호텔로 송영길 의원 등과 함께 직접 찾아가 다시 한 번 웬디 커틀러 대표를 압박하기도 했다.

마침내 2007년 4월 3일 한·미 FTA가 체결되었다. 지성이면 감천이라 했던가? 개성공단 제품의 한국산 인정문제가 최종 타결안에 반영되었다. FTA 발효 1년 후에 한반도 역외가공위원회를 설치, 역외가공지역이 될 수 있는 지역을 선정하기로 한 부속서가 채택된 것이다.

대단한 성과였다. 항간에는 협정문에 개성공단이 직접적으로 명시되어 있지 않고 국제노동기준 및 관행이란 까다로운 조건이 붙어 있다며 개성공단 제품 한국산 인정에 실패했다는 비판도 있었다. 하지만 이는 FTA 협상구조에 대한 오해에서 비롯된 것이다. 개성공단 제품 한국산 인정이 선행된 한-싱가포르, 한-EFTA 협정에서도 개성공단이란 명칭이 명시적으로 등장하진 않는다. 양자간 교역에서 역외가공지역

을 인정한다는 조문이 들어 있을 뿐이다.

역외가공지역은 싱가포르처럼 국토면적이 협소한 소국들에 적용되는 예외조항이다. 경제규모에서 강중국에 속하는 한국에 역외가공지역을 선정한다는 것 자체가 매우 특수한 사례에 속하는 것이다. 사실 미국이 이 논리로 버틴다면 당해낼 재간이 없었다. 이런 맥락에서 굳이 개성공단이 직접적으로 명시되어야 한다는 것은 국제통상관행을 잘 모른 채 우리 협상팀의 큰 성과를 깎아내리는 것이다.

또한 역외가공지역 선정에서 국제노동기준 및 관행, 즉 ILO[5]기준 적용을 조건으로 단 것이 개성공단을 받아들이지 않으려는 미국측의 음모라는 이야기가 있는데 이것도 오해이며 바람직한 태도가 아니다. 민족내부의 상생적 분업체계를 구축하려는 개성공단이 국제기구의 노동조건에 부합하지 못한대서야 말이 되겠는가? 게다가 개성공단은 북한 내에서 최고의 노동조건을 가지고 있으며 앞으로도 계속 향상시켜 갈 것이다. 실제로 개성시민들이 너도나도 개성공단에서 일하고 싶어 하는 통에 북한당국에서 평등하게 한 집에 한 명씩만 일하도록 조치를 취할 정도이다.[6] 개성공단이 북한지역에 있다는 이유로 노동환경이 ILO기준에 부합하지 않을 것이라는 편견은 우리 사회의 뿌리깊은 부정적 대북관을 반증하는 부끄러운 사례이다.[7]

이제 'Made in 개성'을 향한 또 하나의 발판이 마련되었다. 꿈꾸는

---

[5] 국제노동기구(International Labor Organization)
[6] 2007년 현재 개성시 인구가 20만 명, 개성공단에서 일하는 북한 근로자의 수는 1만 7천여 명으로 추정된다.
[7] 개성공단은 본질적으로 북한주민들을 위한 사업이다. 개성공단으로 하여금 북한에 국제사회의 노동기준 및 관행을 전파하는 매개체 기능을 하도록 하는 것은 이 사업의 또 다른 목표이자 과제이다. 이로 인해 역외가공지역 선정에 실패할 것이라는 주장은 매우 소극적인 현실인식이란 비판을 받아 마땅하다.

것에 만족하지 않고 그 것을 이루고자 하는 자에게 시련과 난관은 넘어서야 할 과제일 뿐, 그 이상도 그 이하도 아니다. 협상 초기부터 개성공단 한국산 인정문제가 해결될 수 있을 것이라 내다본 사람은 얼마 되지 않았다. 그러나 이루어내지 않았는가? 세계시장을 향해 개성에서 철도를 출발시키고 배를 띄울 날이 머지 않았다. 그 날의 주인공은 누구인가? 위기를 기회로, 난관을 발판으로 여기는 긍정적 마인드의 소유자이다. 그들이 'Made in 개성'의 주역이 될 것이다.

개성공단지원법을 제정하다

2004년 개성공단 시범단지가 조성된 이후, 나는 기회가 닿을 때마다 개성공단을 수시로 방문해왔다. 처음에는 그야말로 허허벌판이었다. 그런데 차츰 공장이 들어서며 남측 기술자와 북측 근로자들로 붐비는 모습에서 성공에 대한 확신을 가질 수 있었다.

그 곳에서 나는 시간을 쪼개어 최대한 많은 사람을 만나보려 했다. 민족의 새로운 미래를 여는 개성공단을 안정적으로 운영하고 활성화 시키는 방안을 모색하기 위한 방문이었다. 개성공단에 진출한 기업인들의 생각을 수집하고 정책에 반영해 많은 국내기업의 투자를 유치할 수 있는 환경을 조성하는 것이 무엇보다 급선무였다.

2007년 11월 현재 개성공단에는 신원 에벤에셀, 리빙아트, 로만손 등 64개 기업이 조업중이다. 2만여 명의 북측 근로자와 800여 명의 남측 근로자가 함께 일하고 있으며, 개성공단을 견학방문한 인원이 2007년 10월 기준 총 17만여 명으로 집계된다. 또한 하루평균 204대 차량이 군사분계선을 넘어 개성공단으로 물자와 사람들을 실어 나른다. 2007년 4월 1단계 잔여부지 175만 4천m^2(53만 평)의 분양이 완료되었는

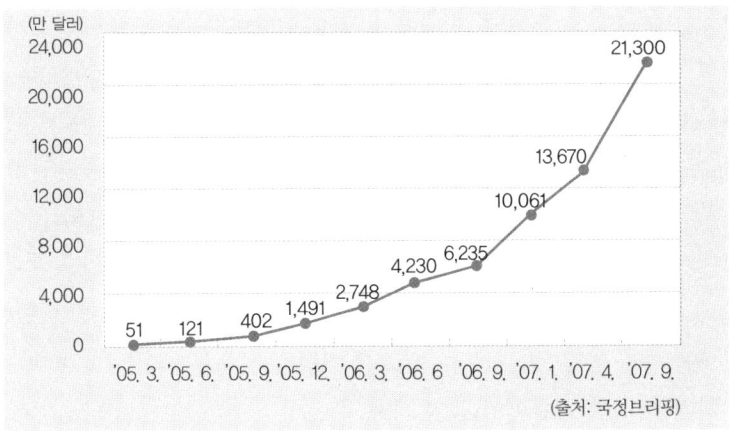

〈그림 1-1〉 개성공단 생산누계 현황

(출처: 국정브리핑)

데 2008년 말까지 300여 개의 기업이 입주를 완료할 것으로 예상되며, 1단계 330만㎡(100만 평) 개발이 2010년에 완료되면 북측 근로자 10만여 명이 일하게 될 것이다.[8]

개성공단 입주기업 관계자들을 만나보면 마치 70년대 경제개발이 시작되던 시기의 한국 근로자들처럼 근면성실한 북한 근로자들의 모습에 고무되어 있는 것 같았다. 자유로운 의사소통이 가능할 뿐더러 외국 근로자들에 비해 교육수준도 높아 기술습득이 무척 빠르다고 했다.[9]

그럼에도 불구하고 여러 가지 생산비용이 너무 저렴해 양질의 제품을 싼 가격으로 시장에 내놓을 수 있으니 기업의 수익개선에 큰 도움이 된다고 입을 모아 말했다.

----

8) 통일부 통계자료 참조.
9) 최진우 신원 에벤에셀 실장은 "북한 근로자의 기술수준이 매우 뛰어나다"면서 "생산성은 중국 근로자가 100이라면 북한 근로자는 120에 달한다"고 설명했다. (고성훈 외, 'Made in 개성' 나 가신다, 중국 물렀거라, 〈매일경제〉 2007. 10. 19일자)

민족의 새로운 꿈 27

신원 에벤에셀은 개성공단 진출 이후, 중국공장을 축소하고 개성공단 1단계 부지를 추가로 분양받아 공장규모를 확대시켰다. 이 회사는 매년 이 곳에서 의복 55만 벌을 생산하고 있다. 북측 근로자 900여 명이 600억 원(소비자가격 기준)어치의 가치를 창출하고 있는 셈이다. 이러한 까닭에 신원은 2008년부터 67만 벌을 개성에서 생산한다는 방침이다. 로만손 시계도 마찬가지이다. 로만손 시계 전체물량 가운데 55%가 이 곳 태생이다. 나머지 물량 45%는 현재 스위스에서 만들어지지만 2008년이면 물량 상당수가 개성공단에서 생산될 것으로 보인다. 공장을 증축해 100만 대까지 제조할 예정이기 때문이다.[10]

하지만 장점 만큼이나 많은 애로사항이 있다는 게 기업인들의 얘기였다. 첫째, 개성공단 진출기업의 투자안정성을 보장하는 안전장치가 미흡하였다. 진출 당시, 정부는 입주기업에 국내의 공단과 동일한 수준의 지원을 베풀겠다고 약속했다. 그러나 전기, 통신, 용수 등 기본 인프라가 절대적으로 부족하여 기업활동에 어려움을 겪고 있었다. 또한 남북관계가 위축될 때마다 정치적 이유로 사업이 덩달아 출렁이는데 그로 인해 금융 리스크가 높은 기업으로 평가받고 있는 상황이었다. 그래서 개성에 투자할 자금을 모으는 것만도 어려운 일이라는 게 기업 관계자들의 하소연이었다. 개성공단입주기업협의회와 2006년 9월 가진 정책 간담회에서 기업대표들은 "개성공단 입주기업에게 특혜를 요구하는 게 아니다. 다만, 한국의 중소기업이 정부로부터 받고 있는 수준의 지원을 받을 수 있도록 정책적·법률적 기반을 마련해달라"고 했다.

둘째, 개성공단에서 근무하는 남측 근로자들의 처우에 관한 법적 문

---

10) 고성훈 외, 앞의 글.

제도 제기되었다. 개성공단에서 일하는 남측 근로자들의 경우, 형식상으로는 북한 법인에서 일을 하는 것이라서 국내와 같은 의료보험 혜택을 받지 못하는 경우가 있었다. 또한 노동자 보호를 위해 근로기준법, 최저임금법, 퇴직급여보장법 등 국내 노동법안이 적용되어야 하지만 그 법적 근거가 없어 혼란스러운 상태였다.

셋째, 3통通, 즉 통행·통신·통관문제의 해결이 시급하다는 데 의견이 일치하고 있었다. 군사분계선 통과에 드는 시간과 절차가 너무 복잡하여 큰 불편을 주고 있다는 것이다. 거의 매일 개성공단을 오가는 남측 기업인 및 근로자의 수가 수백 명에 달한다. 그러나 개성공단에 방문하기 위해서는 3일 전에 신고해야 하고, 입출경 시간도 정해져 있어 기업인들이 자유롭게 사업장을 방문하지 못하는 실정이었다. 더구나 통관절차의 복잡성은 물류비용의 증가를 야기하고 있다고 어려움을 호소했다. 3통 문제는 개성공단의 성공을 가로막는 가장 중대한 장애물이었다.

이러한 모든 문제는 개성공단을 지원할 수 있는 법률의 부재에서 비롯된다는 것이 나의 판단이었다. 개성공단은 북측의 일반법 적용이 배제되고 특별법인 '개성공업지구법'[11] 과 남북 사이에 합의된 63개의 규범에 의거해 운영되고 있다. 그런데 중국의 심천특구만도 투자기업을 지원하기 위해 제정된 법안이 300개이다. 개성공단의 경우, 남측 기업의 원활한 활동을 보장할 수 있는 국내의 법적 지원체계가 전무하였기 때문에 하루빨리 개성공단을 지원하기 위한 법을 제정해

---

11) 북한의 개성공업지구법에 대응하는 남측의 법안이 부재하다는 것은 남과 북의 협력사업이란 명분에도 합당하지 않는다. 북한은 2002년 11월 20일 개성공업지구법을 채택하였다. 총 5장 46개 조 및 부칙 3개 조로 구성되었다.

야 했다.[12]

　이러한 현실을 종합적으로 분석하면서 구상하게 된 것이 '개성공업지구 지원에 관한 법률(이하 개성공단지원법)'이었다. 한・미 FTA에서 개성공단 제품 한국산 인정이 개성공단 성공의 국제적 토대를 마련하는 작업이었다면, 개성공단지원법 제정은 개성공단 성공의 국내적 토대를 마련하는 작업이었다. 통일부 관계자들을 만나 개성공단의 현황과 과제에 대해 재차 점검하고, 법률 전문가들을 만나 자문을 구했다. 이와 같이 여러 사람의 도움을 받으며 수많은 토론을 거친 끝에 2007년 3월 6일 동료의원 50명과 더불어 '개성공업지구 지원에 관한 법률'을 대표 발의했다.

　이 법안은 첫째, 정부차원의 자금 및 인프라 지원이 가능하도록 했다. 정부가 기반시설 조성이나 입주기업 유치 등을 위해 국가산업단지에 준하는 자금을 지원할 수 있는 근거를 마련했으며, 산업단지에 적용되는 각종 혜택들도 적용할 수 있게 했다. 또한 개성공단 입주기업들의 투자에 대한 세제혜택도 보장해주었다.

　둘째, 개성공단 입주기업에 대한 남북협력기금 직접대출을 허용했다. 개성공단 입주기업은 법률상 북측기업으로 등록되어 있어, 직접대출이 불가능했다. 그래서 국내 모(母)기업을 통해 필요한 자금을 대출받았는데, 이는 모기업의 부채비율 상승과 신용도 하락이란 부작용을 불러왔다. 개성공단 입주기업의 남북교류협력기금 직접대출 허용은 이

----
12) 개성공단은 통일경제의 실험장이다. 북측 지역에서 남측 기업이 진출하여 경제활동을 진행하고 있다. 이러한 현실에 의거하여 북측 행정기구인 '개성공단관리위원회'도 남측 김동근 전 산업단지공단이사장이 위원장을 맡아 활동하고 있는 중이다. 이러한 특수한 현실을 법적, 제도적으로 뒷받침하기 위해서도 개성공단의 법적 지위를 규정하고 지원의 근거를 마련할 국내법 제정이 시급히 요청되었다.

개성공단지원법 심의를 하고 있는 통일외교통상위원회 법안심사위원회 회의 모습. 가운데가 법안심사소위원장을 맡은 필자이다.

와 같은 부작용을 치유해 국내기업의 개성공단 투자 활성화를 진작시키기 위한 것이었다.

셋째, 개성공단에서 일하는 남측 근로자에게 국민연금법, 국민건강보험법, 고용보험법, 산업재해보상보험법 등 4대 보험과 함께 근로기준법, 최저임금법, 퇴직급여보장법, 노동조합 및 노동관계조정법 등 각종 근로조건에 대한 법률이 적용되도록 했다. 아울러 개성병원을 의료법 및 국민건강보험법에 따라 의료기관 및 요양기관으로 지정해 남측 근로자들이 그 곳에서 치료받고, 그에 대한 요양급여를 지급받을 수 있게 했다.

넷째, 개성공단지원법은 통행·통관 절차를 간소화할 수 있는 근거도 마련했다. 현재 개성공단 통행차량이나 교역물자는 해외에 드나들 때와 마찬가지로 관세법의 철저한 적용을 받고 있다. 이에 대해 '민족내부거래 원칙을 반영해 절차를 간소화할 수 있는 특례를 정할 수 있다'고 명시하였다.

이러한 내용의 개성공단지원법을 준비하면서 나는 사실 그 입법 가능성에 대해서는 반신반의했다. 2·13 합의로 북미관계가 급속히 친밀해지고 남북관계도 해빙 분위기에 접어들었지만 우리 사회 보수세력의 맹목적인 반북주의는 여전했기 때문이다.

2004년 '남북교류협력법'을 대표발의하여 통과시킬 때도 10개월이 넘는 과정 동안 지루한 논쟁을 거쳐야 했던 기억이 생생했다. 당시 법안의 어구語句 하나하나까지 야당과 대결해야 했는데 하마터면 법안통과가 좌초될 뻔했다. 그런 이유로 대북 퍼주기라 비난해 마지 않는 개성공단을 인정·지원하는 법안이 그리 쉽사리 통과될 수 있을까 하는 걱정부터 앞섰다.

하지만 개성공단이 남북경제공동체를 위한 도약대이고, 남북경제공동체가 통일을 이루는 가장 빠르고 바람직한 길이란 점은 영원히 변할 수 없는 진리였다. 그래서 주저앉아 있을 수만은 없었다. '2007년 4월 임시국회에서 법안이 통과하지 못하면 하반기부터는 대선으로 인한 정치일정 때문에 법안통과가 쉽지 않을 테니 4월중에 꼭 법안을 통과시키자'고 맘먹고 법안추진에 박차를 가했다.

4월 13일에 법안을 통일외교통상위원회에 상정했다. 최대한 차분한 어조를 유지하며 법안의 취지를 동료의원들에게 설명해나갔다. 격렬하지는 않더라도 한나라당측 의원들에게 적지 않은 문제제기가 쏟아져나올 줄 알았다. 그러나 의외로 호의적인 반응이었고 큰 반대가 없었다.

이러한 분위기는 법안심사소위원회와 공청회로 그대로 이어져갔다. 특히 법안심사소위 자구심사 과정에서 법률적으로 세밀한 판단이 요구되는 부분[13]을 다듬는 데 율사律師 출신 의원들의 지적이 큰 도움이

---

13) '개성공단지원법'의 위상문제(특별법인지 일반법인지), 기본법의 성격을 가진 '남북교류법'과의 관련성 문제 등에 대해 조언을 받았다.

개성공단지원법 제정으로 중소기업중앙회로부터 감사패를 받았다. 왼쪽에서 두 번째부터 김동근 개성공단관리위원장, 김기문 중소기업중앙회장, 필자이다.

되었다. 같은 당 최재천 의원뿐만 아니라 한나라당 진영 의원도 많은 조언을 아끼지 않았다.

법안 심사과정은 일사천리로 진행되었다. 그 덕분에 4월 20일 통일외교통상위원회를 통과하고, 4월 27일 본회의에서 최종 의결되었다. 장담하건대, 아마 17대 국회에서, 법안 제출에서 통과까지 걸린 기간이 가장 짧은 법안 중에 하나이지 않을까 싶다. 그만큼 개성공단이 민족적 대의로 확고히 자리잡았음을 증명하는 일일 것이다.

개성공단지원법을 통과시키고 얼마 뒤, 김기문 중소기업중앙회장님과 김동근 개성공단관리위원장님으로부터 감사패를 받았다. 그 감사패를 손에 받는 순간이 아마 짧지 않은 의정활동 기간 가운데 가장 뿌듯하고 행복했던 시간이 아니었나 싶다.

2007년 10월 2~4일 역사적인 제2차 남북정상회담이 개최되었다. 또한 그 후속조치를 논의하기 위한 남북총리회담이 11월 15~16일간 개최되었다. 이 회담에서 남과 북은 인터넷 및 유·무선전화 개통, 남측 근로자의 개성공단 상시통행, 개성공단 생산물자 수송을 위한 문산-봉동 화물열차 개통을 합의했다. 3통문제의 실질적 해결을 위한

개성공단에서 북측 여성 근로자와 함께.

물꼬가 트인 것이다. 이처럼 개성공단사업은 새로운 단계로 진입해 가고 있다. 모두의 노력이 점점 꿈을 현실로 바꿔나가고 있는 것이다.

문득 2007년 5월 개성공단을 방문했을 때의 일이 떠오른다. 한 신발공장을 둘러보고 있었는데 내가 악수를 청하자 "의원님, 또 오셨어요" 하며 얼굴까지 빨개지는 아가씨가 있었다. 작업반장쯤 되는 북한 여성 근로자였다.

주위에서 짓궂게 "그렇게 좋으면 사진이라도 찍으라"고 하자 여공은 망설이면서도 이내 밝은 웃음으로 카메라 앞에 섰다. 나도 한없이 미소짓게 되었다. 그 여공의 얼굴은 지금도 내 마음 속에 선명한 인상으로 남아 있다.

개성공단이 남북경제공동체가 되는 날, 그 여공과 나의 미소는 남과 북 7,000만 겨레의 미소로 번져갈 것이다. 개성공단에 심은 우리 민족 100년의 희망이 그 여공의 미소에 담겨 있었다. 식민과 전쟁의 역사로 점철된 불행했던 지난 100년간, 우리 민족은 한없이 울어야 했다. 이제 앞으로의 100년, 평화와 번영의 시대가 도래할 것이다. 그리하여 눈물이 고여 있던 민족의 눈가에는 한없이 기쁨의 웃음이 번져갈 것이다. 그 웃음의 원천이 개성공단이 될 것이다.

남북교류협력법, 14년 만의 환골탈태

17대 국회는 통일대비 국회

2004년 6월, 17대 국회가 처음 문을 열 때 제2의 제헌의회라 불렸다. 탄핵사태의 광풍을 국민의 힘으로 뚫어내고 출범했던 17대 국회였다. 그 만큼 막중한 책임과 사명감을 느끼지 않을 수 없었다.

나는 17대 국회의 역사적 임무를 '개혁국회, 민생국회, 통일대비 국회'라 생각했다. 이러한 역사적 임무를 충실히 이행하기 위해 내가 해야 할 바, 구체적 실천과제는 무엇일까? 이것이 17대 국회를 맞이하는 나의 가장 큰 고민이었다.

가장 큰 관심을 가지고 있었던 것이 남북관계였다. 정치에 입문하게 된 계기도 남북관계 발전에 일말의 보탬이라도 되고 싶다는 사명감 때문이었다. 그래서 17대 국회를 '통일대비 국회'로 이끄는 데 사력을 다해야겠다고 마음먹고, 이를 위해 상임위원회(이하 상임위)도 통일외교통상위원회(이하 통외통위)로 지원하였다.

2000년 6·15남북정상회담 이후 남북간 교류협력은 더욱 활발해지고 있었다. 북핵위기가 좀처럼 해소되지 않는 와중에도 남북간에는 금강산 관광을 비롯한 다양한 형태의 경제·사회문화 교류협력사업이 추진되고 있었고, 남북간 4대경협 합의서가 2003년 국회비준을 거쳐 국내법적 효력을 가지고 운용되면서 개성공단사업이 착실히 준비되는 상황이었다. 남북간 교류협력이 이제는 거스를 수 없는 역사적 흐름으로 안정화 단계에 접어들었음을 증명하는 것이었다.

그런데 문제는 이러한 시대적 흐름을 뒷받침할 법적·제도적 장치가 미흡하다는 것이었다. 남북관계는 '적대적 대립관계'에서 '통일을 지향하는 동반자 관계'로 변화하고 있었다. 그러나 우리나라의 법체계는 여전히 '적대적 대립관계'를 반영하고 있을 뿐이었다. 그 당시까지 대한민국의 법체계 내에서 남북관계를 기본적으로 규정하는 법률은 '국가보안법'이 유일했으며, 이를 통해 북한은 '반국가단체'로 규정되어왔다. 동시에, '남북교류협력에 관한 법률'을 통해 평화적 교류협력을 목적으로 하는 남북간 왕래 및 경제교류의 구체적인 사항을 규정함으로써 남북관계의 변화를 부분적으로 반영해왔다. 한마디로 냉전적 현실에 기반한 이원적·모순적 법체계였다.

〈표 1-1〉 북한 방문 현황

연 도	1999	2000	2001	2002	2003	2004	2005	2006
인원수	5,599	7,280	8,551	12,825	15,280	26,213	87,028	100,838

*금강산 관광객수 제외
(출처: 통일부 통계자료, 2007)

그런데 6·15남북공동선언 이후, 남북교류가 폭발적으로 증가하면서 이러한 법체계는 여러 측면에서 한계를 노출하고 있었다. 인적 교류의 경우만 보더라도 2000년 남북정상회담 이후 지속적으로 북한방문이 증가하였다. 17대 국회 개원 1년 전인 2003년에는 15,280명의 남한주민이 북한을 방문했고 금강산에 다녀온 관광객 수만 7만 4,334명에 달하고 있었다. 2003년 한 해만도 북한을 방문한 남한 주민의 수는 9만 명에 이른 것이다.

원래 남북교류협력법은 1990년, 통일정책을 추진하는 소수 정부인사들의 활동을 법적으로 보장하고 민간교류는 통제하려는 의도에서 제정된 것이었다. 이후, 부칙개정에서 단순한 문구수정 이외에는 단 한 차례의 개정도 없었다. 애초에 입법의도가 냉전논리로 남북관계를 규율하려던 것인만큼 이 법은 철저히 규제일변도의 성격을 가지고 있었다. 일례로, 방북승인 절차가 지나치게 까다롭고 시간소요가 과도해, 이미 경제협력사업을 위해 북한을 오가던 기업인들의 원성을 사고 있었다.

이러한 현실에 대해 남북교류를 총괄하는 통일부는 시행령과 규정 등을 통해 특례를 적용하는 방식으로 소위 '운용의 묘'를 통해 대응하고 있었다. 예를 들어, 남북한 주민 왕래의 경우에 원칙적으로는 승인제의 틀 속에서 통제되지만 일부 경제협력 사업자의 경우에는 '수시방북 승인제'를 운용하면서 신고제를 접목시키는 방식이었다. '규제법의 틀 속에서 촉진령', 즉 보수적 법규정 하의 전향적 운용을 통해 남북관계 발전에 유동적으로 대응하고 있었다.

하지만 금강산 관광이 날로 활성화되고 2004년 6월 개성공단 시범단지 준공을 눈 앞에 두고 있던 상황에서 이런 식의 임기응변만을 통해 남북관계를 관리할 수는 없었다. 남북관계 관련 법제의 구조적 변화가 필요했다. 앞으로 다방면에서 더욱 활발해질 남북교류협력사업의 미래를 생각해서라도 적대적 대립관계에 기반한 냉전적 법체계의 낡은 틀을 과감히 해체하고 통일을 지향하는 동반자 관계를 위한 미래지향적 법체계를 확립해야 했다. 그것이 17대 국회에 주어진 사명이자 나의 임무라고 판단했다.

그래서 남북교류협력법 개정에 착수했고 2004년 7월 15일 여야의원 86명과 함께 대표발의했다. 또한 남북관계를 평화와 통일을 지향하는 파트너로 규정하는 기본법도 제정되어야 했다. 다행히 이 부분은 2004

년 8월 3일 임채정 의원께서 솔선수범하여 여야의원 125명과 더불어 남북관계발전법이란 이름으로 대표발의하셨다. 적대적 국가보안법과 규제적 남북교류협력법이란 이원적·모순적 법체계를 동반자적 '남북관계발전법'과 촉진적 '남북교류협력법'이란 일원적·상보적 법체계로 대체시키는 대작업이 시작된 것이다.

남북교류협력법, 규제에서 촉진으로

17대 국회 개원 즉시, 남북교류협력법 개정안 마련을 위해 바쁘게 움직였다. 보좌진에게 기존 법조문의 문제점을 분석하도록 하고, 나 역시 남북경제협력사업 일선의 실무자와 남북관계 전문가들을 만나 의견을 경청했다.

경제 분야와 사회문화 분야를 막론하고 남북 교류협력 사업자들의 가장 큰 요구는 남북간 왕래 및 물품 반·출입 절차의 간소화였다. 북한과 사업이나 행사를 추진할 경우, 매번 여러 단계의 복잡한 절차를 거쳐 정부의 승인하에 추진해야 하기에 시간소요와 비용이 과도하게 지출된다는 것이었다.

남북경협교류회 초청 간담회에서. 남북경협교류회는 남북교역사업만 이루어지던 초기부터 남북 경제교류사업에 투자해온 기업인들의 모임이다.

경협사업을 하고 있는 기업인들은 "사업파트너이기도 한 북한주민과 전화하고 만나기 위해 지금과 같은 복잡한 절차를 통해야만 한다면 사업을 추진하기가 힘들다"고 어려움을 토로했다. 당시 통일연구원의 김영윤 박사는 한 보고서를 통해 '경협기업들이 북한과의 의사소통 및 정보교환을 위해 정부의 접촉승인을 받는 데 걸리는 시간이 평균 15일 정도 걸리며, 1회 방문시 1인당 1천만 원 정도의 비용이 든다'고 했는데, 기업인들을 만나 확인해보니 그런 어려움이 심각한 수준이었다.[14]

낡은 법체계가 이처럼 남북교류에 큰 장애물이 되고 있었다. 그래서 법안개정의 가장 우선적인 목표를 남북 민간교류의 각종 절차를 간소화하여 기존 법의 규제적 성격을 약화시키고 촉진적 성격을 강화하는 것으로 설정했다.

이를 위해, 첫째 북한주민 접촉[15]을 승인제에서 신고제로 전환하였다. 남북한 교역과 왕래가 급증하면서 제3국에서 교역을 목적으로 북한주민을 만나거나 국제대회 혹은 관광 도중 북한주민과 접촉하는 경우도 늘어나고 있었다. 그래서 이제는 이를 일일이 파악하기조차 어려운 실정이었다.

〈표 1-2〉 연도별 북한주민 접촉 현황

연 도	2003	2004	2005	2006
명(성사)	1,964	5,385	3,301	2,744
명(승인)	3,994	6,736	3,590	783

(출처: 통일부 통계자료, 2007)

---

14) 김영윤, '남북경협의 현 주소: 무엇이 경협확대의 제약요소인가?', 『북한경제와 남북경협: 현황과 전망』(통일연구원, 2004)
15) 북한주민 접촉이란 전화나 팩스, 제3국에서의 만남을 의미한다.

이와 같이 더 이상 실효성이 없어진 상태에서 승인제를 유지하는 것은 법과 현실의 괴리만 증폭시킬 뿐이었다. 접촉 자체를 신고제로 전환하고 부득이한 경우에는 사후신고도 가능하게 함으로써 과도한 승인절차와 시간소요에 따른 사회적 비용을 절약하면서 남북간 교류를 보다 활성화시키도록 했다.

둘째, 남북한 주민왕래는 승인제와 신고제를 병행하도록 개정했다. 초기단계에서 방북승인을 받은 경제 및 사회·문화분야 협력사업자들의 경우, 신고제로 전환하여 자유로운 통행이 가능하게 했다. 이는 법개정 이전, 통일부가 남북교류협력법 시행령 12조에서 규정한 수시방북승인제를 법제화한 것으로 간단한 절차만으로 교류협력 사업자의 수시방북이 가능하게 하고자 했다.

법개정 이전까지만 해도 북한을 방문하기 위해 확보해야 하는 북측 초청장을 구하는 시간만 대개 2주에서 4주 정도가 걸리는 상황이었다. 기업하는 사람이 자신의 사업장에 가기 위해 2~4주가 걸린다면 원활한 기업활동은 애초부터 불가능한 것이다. 당시 중국은 이미 북한과 양국간 NO비자 협정을 맺은 상태로서 북한을 자유롭게 오가고 있었다. 이는 개성공단을 포함한 남북경제협력사업 성공의 제1의 장애물이었다.

셋째, 남북간의 인터넷 접촉을 사전승인에서 사후신고로 전환하였다. 그때까지 남북간 인터넷 접촉은 사전승인제의 허가를 받은 후에나 가능했다. 하지만 인터넷은 시공을 초월하고 통제불가능한 속성을 가지고 있다. 21세기 정보화 시대에 정부에 의한 인터넷 통제는 불가능한 일로서 실효성을 갖춘 행정이라 할 수 없었다.

2003년, '남북간 인터넷 교류를 허許하라!' 는 네티즌 서명운동이 벌어질 정도로 남북 인터넷 교류는 당시의 핫 이슈였다. 남북 인터넷 교류가 자유화되면 메일 또는 채팅을 통해 이산가족간 서신왕래 및 상봉이 일상적으로 일어나게 할 수도 있는 터였다.

또한 남북경제협력 활성화에도 인터넷 교류 규제완화가 가진 의미는 컸다. 2003년부터 산업자원부 및 학계·업계 전문가 10여 명이 구성한 '남북전자상거래협력 워킹그룹'이 출범하여 활동한 바 있었다. 2005년 3월 30일에는 산업자원부, 한국전자거래진흥원 공동주최로 '남북 전자상거래 관련 워크샵'이 개최되기도 했는데, 개성공단이 시범단계를 넘어 안정화 단계에 접어들면 남한 소비자 대 북한 기업 사이에 전자상거래가 가능해질 것으로 보고 사업을 추진하겠다는 의견이 제시되었다. 이렇듯 인터넷을 활용한 다양한 남북교류의 기반을 확보하기 위해서 남북 인터넷 접촉의 사후신고제 전환은 꼭 필요한 일이라고 생각했다.

넷째, 남북한 거래가 민족 내부거래임을 명시함으로써 남북경제협력사업의 법적 뒷받침을 마련했다. 이를 통해, 향후 남북간 무관세 거래관행에 대한 국제사회의 문제제기에 대비하도록 했다. 또한 경제교류 절차를 간소화했다. 경제협력 사업자들이 큰 불편을 호소하고 있던 것이 협력사업자와 협력사업을 두 번에 걸쳐 승인하도록 한 기존 법절차의 복잡성이었다.

이와 관련한 통일부 의견은 경협분야의 경우, 남북관계에 미치는 영향, 투자위험성 등의 문제 등을 종합적으로 고려하고, 협력사업자 보호와 사업의 안정성을 위해 기존 2단계 승인절차를 유지하는 것이 바람직하다는 것이었다. 하지만 핵심적 쟁점은 승인절차 및 시간의 간소화였다. 그래서 일단 시행령 36조의 2에서 운영중인 '협력사업자-협력사업 동시승인'을 남북교류협력법 17조에 법문으로 명시하고 향후 시행령과 규정개정을 통해 동시승인의 요건을 완화하며 그 대상을 넓히는 것으로 개정하였다.

또한 교역물품의 반·출입에서 기존 법은 각각의 물품을 일일이 기재하고 승인받는 '포지티브 시스템'을 적용하고 있었다. 향후 남북한 무역거래의 전면화를 예상한다면 번거로운 일이 발생할 수 있었다. 그래서 이를 '네거티브 시스템'16)으로 전환시켜야 한다고 판단했다. 즉, 바세나르 체제17)에서 반·출입을 금지한 전략물자, 국내농가 보호를 위한 반입제한 품목의 일부를 제외한 나머지 품목에 대해서는 전면신고제를 채택하여 교역을 자유롭게 하는 것이다.

그런데 이와 관련해 통일부는 반·출입승인제에서 신고제로의 전면 전환은 시기상조라는 입장이었다. 일단 이를 존중하여 포괄승인제18)를 법제화하고, 법조문에 '신고 또는 승인'으로 병기하여 승인제에서 신고제로의 점진적 전환을 추진하는 방향으로 개정을 추진했다.

하지만 남북경제공동체 건설이란 대의를 감안할 때, 언젠가는 네거티브 시스템이 전면적으로 적용되어야 할 것이다. 독일의 사례 및 중국-대만 사례에서 볼 수 있는 것처럼, 네거티브 시스템 적용은 분단국 상호간 교역의 일대 전환점으로 평가받고 있다. 북핵위기 해소 및 북미관계 정상화 일정에 따라 적당한 시기에 결단해야 할 것이다.

남북관계는 두려움의 무대가 아니라 도전과 희망의 현장이다. 이를 자각하지 못하던 때에 제정된 남북교류협력법은 규제 일변도로 갈 수밖에 없었다. 그런 점에서 남북 교류협력의 촉진을 위한 2004년 남북교류협력법 개정은 우리 정치권과 국민이 남북관계의 올바른 인식을

---

16) 포지티브 시스템은 허용품목만 명시하는 것이고, 네거티브 시스템은 금지품목만 명시하는 것으로서, 네거티브 시스템이 보다 포괄적으로 교류를 장려하는 것이라 할 수 있다.
17) 해체된 코콤(대공산권 수출 통제기구)을 대신해 세계평화에 위협이 될 만한 나라에 대해 무기 및 기술 수출금지를 목적으로 1996년 네덜란드 바세나르에서 설립된 국제기구.
18) 교역물품 하나하나에 대해 개별적으로 승인하는 것이 아니라 한꺼번에 승인받고 간단한 신고로 반입·반출이 가능.

〈표 1-3〉 필자가 대표발의한 '남북교류협력법' 주요내용

조 문	개 정 안 내 용
5조 (협의회의 구성)	남북교류협력추진협의회 민간참여 보장
9조 (남북한 왕래)	9조의 1. 주민왕래 승인, 신고제 병행 9조의 2. 주민접촉 신고제 전환, 인터넷 접촉 전면허용
12조 (교역당사자)	교역당사자 지정제 폐지
13조 (반출·반입의 승인)	반출·반입의 신고제 전환
14조 (교역대상 물품의 공고)	교역제한 물품의 공고로 변경
15조 (교역에 관한 조정명령 등)	교역 조정권고, 조정명령 병행
16조 (협력사업자)	협력사업자·협력사업 승인 일원화
17조 (협력사업의 승인)	협력사업 승인제·신고제 병행
18조 (협력사업에 관한 조정명령 등)	협력사업 조정권고, 조정명령 병행
30조 (북한주민 의제)	삭 제

획득하고 보편화하고 있음을 내외에 증명한 사건이라 할 수 있다.

끝은 또 다른 시작이다. 통일부는 2007년 8월, 또 한 차례 전면적인 남북교류협력법 개정안을 제출하였다. 2004년 내가 제출했던 '협력사업자-협력사업 동시승인제도'를 받아들이고, 방문과 접촉의 신고절차를 보다 간소화하는 내용을 담고 있다. 2004년만 해도 14년 만에 첫 번째 전면개정이기 때문에 통일부의 태도는 조심스러웠는데 남북관계가 급변하니 3년 만에 더욱 전향적인 내용을 정부가 먼저 제안하고 나선 것이다. 머잖아 남북경제공동체가 건설되고 남북연합 시대의 서광이 열릴 것이라 기대한다. 남북교류협력법도 변화하는 남북관계를 반영하기 위해 아마 더 자주, 더 많은 내용을 개정해야 할 날이 올 것이다.

10개월의 장정, 남북교류협력법 발의에서 통과까지

남북교류협력법을 대표발의한 게 2004년 7월 15일이었다. 개성공단에 시범단지를 한창 준비하고 있던 때였다. 최대한 2004년 이내에 남북교류협력법 개정을 끝마치려 했다. 그래야 낡은 법제로 인해 개성공단사업에 차질이 빚어지는 일을 미리 방지할 수 있었기 때문이다. 그러나 여러 가지 이유들로 2005년 5월 3일 본회의 통과까지 10여 개월이나 걸리게 되었다.

일단 14년 만의 개정이었기에 고쳐야 할 것이 너무 많았다. 총 30개의 조문 중 17개의 조문을 수정해야 했다. 그런데 이에 대해 정부(통일부)가 전적으로 동의한다면야 여야협의만 거쳐서 빨리 통과시킬 수 있었겠지만 그렇지 못했다. 통일부 입장에서는 나의 개정안이 너무 앞서갔다고 생각했던 모양이다. 그래서 일단 통일부와 별도의 협의과정을 통해 의견을 조율해야 했다.

이를 테면, 남북간 인터넷 접촉에 대해 나는 제9조의 2에서 '인터넷을 통한 접촉은 신고하지 않아도 된다'고 했는데 통일부 쪽에서는 시기상조라는 의견을 제출했다. '접촉수단간 형평성'[19] 문제가 제기될 수 있다는 것이었다. 통일부는 인터넷 접촉의 경우, 사후신고제로 하자고 했다. 선뜻 내키지는 않았지만 개정안의 빠른 통과를 위해 통일부 제안을 받아들였다.

이런 식으로 통일부측 수정의견을 대폭 수용했다. 미래지향적 법제화라는 대의를 생각하면 만족스럽지 않았으나 통일부에서 제시한 수

----

[19] 대면접촉, 서신왕래 등에 대해서는 신고를 의무화하면서 인터넷을 통한 접촉은 신고하지 않아도 된다는 것이 법리상 형평성에 위배된다는 것이다.

정안만으로도 남북경협과 개성공단사업의 원활한 진행을 가로막는 법적 장애물을 제거하는 데는 큰 무리가 없어 보였다. 실용적으로 접근하고자 했다. 안 그래도 보수적 의원들 사이에서는 인터넷이 북한의 대남공작에 활용되기도 하는데 신고의무마저 폐지하면 위험하다는 소리가 나오고 있었다. 자칫 이념논쟁으로 번지면 법안 자체가 좌초될 수도 있었다.

2005년 4월 21일, 남북교류협력법이 상임위를 통과하였다.

또한 내가 발의한 개정안 이외에도 정문헌, 박영선, 권영길 의원 등 6명의 동료의원들이 각자의 의사를 반영해 개정안을 발의했다. 통일부나 통외통위 수석전문위원 쪽에서는 나를 포함한 7개의 개정안을 비교·검토해야 했고, 그만큼 의사일정은 지연되었다. 9월 14일 통외통위에 상정된 개정안의 본격적인 법안심사소위원회(이하 법안심사소위)[20]가 12월 2일에 가서야 열리게 되었다.[21]

---

20) 일반적으로 국회에 제출된 법안은 우선 해당 상임위원회에 회부된다. 상임위원회에서 1차 토의를 거친 법안은 다시 자구심사를 위해 법안심사소위원회로 회부된다. 심사를 거친 법안이 상임위에서 통과되면 본회의에 회부되어 최종표결된다.
21) 첫 번째 법안심사소위가 열린 것은 9월 17일이다. 이 날은 광범위한 내용의 개정안을 어떤 방식으로 심의할 것인지에 대한 절차와 방법을 논의했다. 또한 개정안을 제출한 의원들 사이에서 서로 다른 입장을 조율하기로 했다.

개성공단에서 생산된 시제품이 국내출시를 앞두고 있었다. 어떻게든 연내통과를 해보려 애썼다. 하지만 법안심사소위가 여야간에 큰 충돌 없이 진행되었음에도 개정안의 내용이 워낙 광범위해 법안심의에 꽤 많은 시간이 필요했다. 결국 해를 넘기게 되었다.

2005년 2월 18일, 세 번째 법안심사소위가 열렸다. 이날 심의가 순조롭게 끝난다면 2월 24일 열리는 상임위에서 개정안 통과가 이루어질 터였다. 처음에는 심사가 순조롭게 진행되는 듯했다.

하지만 문제는 맨 마지막 조항에서 나타났다. '제30조(북한주민의 의제)'[22]란 조항이었다. 제30조는 '북한의 노선에 따라 활동하는 국외단체의 구성원은 이를 북한의 주민으로 본다'는 조항으로 제정 당시 '재일조선인총연합회'(이하 조총련)를 겨냥해 작성된 조문이었다. 나는 실효성을 가질 수 없는 조항이므로 삭제해야 한다고 제안했다.

그런데 이에 대해 최병국, 홍준표 의원께서 문제제기를 했다. 조총련의 반한·친북성이 여전하고, 남측 친북인사와 접촉하여 대남공작을 획책할 경우, 어떻게 하냐는 것이었다. 조총련이 완전히 전향하지 않는 한 유지되어야 한다는 주장도 펼쳤다.

내가 제30조의 개정을 제안한 것은 철저히 법리적인 관점에서였다. 남북교류협력법의 목적은 남북한 민간교류의 안정적 활성화이다. 백 번 양보해서 우려스러운 일이 발생한다고 해도, 이는 국가보안법이나 형법상 내란죄로 규제·단속할 일이지 남북교류협력법이 다룰 사항이 아니다. 법의 목적과 별 연관성 없는 조항을 존치시킨다는 것은 법적 완전성을 스스로 훼손하는 것이다.

----

22) 의제(擬制): 본질은 같지 않지만 법률에서 다룰 때는 동일한 것으로 처리하여 동일한 효과를 주는 일.

또한 현실적으로 제30조는 사문화된 조항이다. 재일동포 사회에서 거류민단과 조총련은 거의 구분할 수 없을 정도로 섞여 있다. 현재에도 일본을 방문하게 되면 조총련계 사람들을 무시로 접촉하게 된다. 심지어 외교통상부 산하기관인 '재외동포재단'에서는 폐교위기에 몰린 조총련계 학교 124교에 구제사업을 벌이기까지 하는 실정이다. 이런 상황에서 조총련계 사람들과의 만남을 일일이 신고하게 하는 것은 현실적으로 불가능한 일이다. 오히려 관리할 수 없는 대상을 법에 포함시킴으로써 남북교류협력법 전체의 안정성과 실효성을 해칠 뿐이다.

1950~60년대처럼 북한이 재일동포 사회를 공세적으로 공략하고 있다면야 제30조를 존치시킬 필요가 있을지도 모른다. 그러나 체제생존에 급급한 오늘날 북한의 현실상 조총련에 대한 접근은 과거와 달라져야 한다. 재일 조선인들은 참혹한 차별에도 민족적 정체성을 포기하지 않고 있는 우리의 소중한 동포들이다. 애초에 재일동포 사회가 남과 북으로 편이 갈려 거류민단과 조총련으로 나뉘어 있었다는 것 자체가 민족사의 비극이다. 오히려 그들을 포용함으로써 재일동포 사회에서 우리 정부의 위상을 재고할 수 있고, 대북사업에 긍정적 역할을 부여할 수 있을 것이다.

결국 30조에 대한 결론을 내지 못한 채, 이 문제는 상임위에 가서 다시 토론하기로 하고 법안심사소위를 종결했다. 2005년 2월 24일 통외통위에서 제30조에 대한 토론이 시작되었다. 법안심사소위에 소속되지 않았던 다른 동료의원들이 참여하면서 논쟁은 다소 과열되는 양상을 띠기 시작했다. 게다가 의결정족수마저 충족되지 않아 통과 자체가 불가능하게 되었다. 국회 일정상 또 다시 2달여를 더 기다려야 했다.

2005년 4월 21일, 다시 남북교류협력법에 관한 토론이 통외통위에서 열렸다. 그러나 2달 전과 달라진 모습이 아니었다. 논쟁이 과열되자 정의화 의원께서 중재안으로 자구조정을 제안했다. 삭제에 대한 반

재일 민단-조총련 화해의 순간. 하병옥 민단 단장과 서만술 조총련 의장은 2006. 5. 17. 반 세기 만에 첫 회담을 갖고 화해의 포옹을 했다. (출처: 연합뉴스)

대가 심한 만큼 그대로 존치하는 대신 '국외단체의 중요한 임무에 종사하는 자' 또는 '중요한 임무, 지도자급'이란 단서를 붙이자는 것이었다.

나는 이번 만큼은 남북교류협력법 개정안이 반드시 통과되어야 한다고 생각했다. 정의화 의원이 제안한 자구심사를 하려면 법안심사소위를 다시 열어야 하는데, 그러면 또 다시 몇 달 이상을 기다려야 했다. 그 몇 달이 남북경협을 하는 기업인들에게는 몇 년 이상으로 느껴질 것이다. 더 이상 지체할 수는 없었다. 제30조는 다음 기회에 다시 개정하면 된다고 생각했다. 그래서 제30조를 존치한 가운데 법안을 통과시키자고 제안했다. 모든 의원들이 이에 동의하여 법안은 가결되었다.

법안심사소위와 통외통위 상임위원회가 끝나자 최병국 의원께서 옆으로 와 "임의원!" 하고 따뜻하게 부르면서 "임의원처럼 합리적인 의원은 못 봤네"라고 어깨를 두드렸다. 논의과정에서는 서로 상반된 주장을 펼칠지라도 상대를 존중하고 설득하기 위한 진심 어린 노력을 기울이면 그 마음이 통하게 마련이라는 것을 다시 한 번 절감했다.

그리고 2005년 5월 3일, 남북교류협력법이 마침내 본회의를 통과하였다. 14년 만에 남북교류협력법 전면개정이 이뤄지던 감격적 순간을 지켜보면서, 한 편으로 기뻤으나 또 다른 한 편에서는 걱정스러운 마음이 엄습해왔다. 법안개정 과정에서 여전히 공고한 우리 사회의 냉전적 편견을 확인할 수 있었기 때문이다.

50년 넘게 쌓여온 분단시대의 편견과 장벽이 하루아침에 무너질 리 없다. 우공이산愚公移山의 마음으로 꿋꿋이 나아가야 한다고 다짐했다. 아무리 옳은 가치일지라도 실천을 통해서 검증되는 법이다. 남북교류협력법이 남북경제협력사업과 개성공단의 성공을 이끌고, 그것이 다시 우리의 삶을 실질적으로 변화시킬 때, 냉전의 어두운 그림자는 완전히 소멸될 수 있을 것이다.

국가보안법 시대에서 남북관계발전법 시대로

2004년까지 남북관계를 규정하는 법률은 국가보안법이 유일했다. 국가보안법은 북한을 반국가단체로 규정하고 있었다. 그에 따라 민간교류는 물론 정부차원에서 추진되는 남북대화마저 반국가단체와의 통신·회합으로 규정할 수밖에 없는 모순을 낳고 있었다. 사실 1990년 노태우 정부가 남북교류협력법을 제정한 이유도 정부가 추진하는 대북활동이 국내의 법체계상 합법성을 확보하지 못하는 문제를 해소하기 위함이었다.

그런데 2000년 제1차 남북정상회담의 성과는 더 이상 이런 식의 이원적·모순적 법체계로는 비약적으로 발전하는 남북관계를 감당할 수 없게 만들었다. 그래서 남북교류협력법의 개정과 더불어 추진된 것이 남북관계를 규정하는 기본법인 남북관계발전법의 제정이었다. 이는 남북 화해협력의 신新시대를 개막하고 남북연합 시대로의 교두보를 놓는 작업이었다. 또한 그동안 이어져온 남북교류협력법과 국가보안법의 불안한 동거생활을 청산하고, 남북간 민간교류 절차를 효율적으로 관리하는 남북교류협력법의 위상을 새로운 반석 위에 올려놓는 작업이기도 했다.

남북관계발전법은 남과 북을 국가관계가 아니라 통일을 지향하는 과정에서 잠정적으로 형성되는 '특수관계'로 보고 남북간 거래를 '민족 내부거래'로 규정한다. 또한 남북관계 발전 및 경제공동체 건설, 대북 인도적 지원을 정부의 책무로 설정하고, 남북관계 발전의 기본원칙과 이를 위한 정책방향을 제시한 이후, 정부로 하여금 5년 단위로 '남북관계 발전 기본계획'을 수립토록 함으로써 정부가 중장기적 비전에 따라 대북정책을 추진하게 했다.

이와 같은 내용을 가진 남북관계발전법은 17대 국회 전반기 통외통위 상임위원장이었던 임채정 의원께서 대표발의하셨다. 2004년 8월 3일 발의되었는데, 1년 4개월이 지난 2005년 12월 8일에 가서야 본회에서 통과되었다.

남북관계발전법의 경우, 막판까지 법안통과를 가로막은 것은 다른 중요한 내용이 아니라 남북한 호칭에 대한 한나라당의 반발 때문이었다. 일반적으로 남북관계 관련법안에서 남북 양자의 명칭은 남한과 북한이라 하는 것이 상례였다. 남북교류협력법 제정 당시 그렇게 칭하게 된 이후 관례적으로 이어져왔다.

그러나 남북관계발전법에 대해 제정논의를 할 때 홍준표 의원님을 비롯한 한나라당 의원님들이 '민족사의 정통성이 걸린 문제'로서 "북한 법률도 '조선민주주의인민공화국'과 '남측'이라는 호칭을 사용하는 만큼 우리도 '한국'과 '북한'으로 써야 한다"고 주장하며 법안통과를 저지하고 나섰다. 정작 중요한 핵심인 남북관계 발전 5개년 계획, 특사 임명, 남과 북의 특수관계 등에 대해서는 이견이 없었으나 명칭 문제를 둘러싸고 첨예한 갈등이 벌어지면서 남북관계발전법은 어려움을 겪게 되었다.

당시 나는 2005년 11월부터 통외통위 열린우리당 간사를 맡고 있었다. 그래서 남북관계발전법에 관련한 한나라당과의 의견조정 및 협상 전반을 책임지고 있었다. 일단 사실관계부터 명확히 하자는 의미에서 북한측의 북남경제협력법과 개성공업지구법을 살펴보았다.

한나라당 의원들의 주장과는 달리 북한 법은 법제목 전체를 언급할 때에만 '조선민주주의인민공화국'과 '남측'이라 하고 그 외의 경우, 모든 법의 본문에 북측과 남측이라 적혀 있었다. 나는 11월 29일 통일외교통상위원회에서 이 사실을 동료의원들에게 말했다. 그리고 이에 준하여 남북관계발전법도 제1조에 '이 법은 대한민국 헌법이 정한 평화적 통일을 구현하기 위하여……'라 하고, 나머지 부분에서는 남한과 북한이라 표기하자고 제안하였다. 한나라당이 원하는 '대한민국'이라는 단어를 삽입하고, 대신 남한과 북한이라는 기존의 우리 법체계의 질서를 지키기 위한 고육지책이었다. 국회의 의사결정 과정에서 이처럼 중요한 것보다 지엽적인 문제가 각 정당의 차이를 규정하고 법안통과의 발목을 잡곤 한다. 어쨌든 이러한 우여곡절 끝에 남북관계발전법이 2005년 12월 8일 마침내 통과되었다.

우리 정치의 생리는 아무래도 구동존이求同存異[23]보다는 당동벌이黨同伐異[24]에 가까운 것같다. 물론, 정치가 갈등을 전제로 성립된다는 것을 부정하지는 않는다. 하지만 민족과 국가의 이익을 다루는 통일·안보분야 만큼은 달라야 한다. 미국이나 일본도 국내정치에서는 무섭게 갈라져 싸우나 안보분야 만큼은 초당적으로 대처하고 있다. 앞으로 우리 정치도 이와 같기를 소망해본다.

----

23) 이견은 일단 미뤄두고 의견을 같이하는 분야부터 협력한다는 뜻.
24) 일의 옳고 그름은 따지지 않고, 뜻이 같은 무리끼리는 서로 돕고 그렇지 않은 무리는 배척한다는 뜻.

남북정상회담, 그 역사적 탐색

제1차 남북정상회담, 신 한반도시대의 개막

2000년 6월 13일 김대중 대통령이 대한민국 대통령으로서는 최초로 평양 순안공항에 첫 발을 내딛었다. 놀랍게도 그 자리에는 김정일 국방위원장이 마중나와 있었다. 두 정상은 밝은 미소로 서로를 마주 대하며 포옹을 나누었다.

2000년 처음으로 국회의원에 당선되어 바쁜 나날을 보내고 있던 나는 이 장면을 TV화면을 통해 바라보고 있었다. 참으로 감동적이었다. 두 정상의 포옹과 함께 차디 찬 분열의 나날을 보내야 했던 민족의 역사가 한 순간 해빙되는 느낌이었다.

개인적으로도 남북관계에 인생을 걸었던 옛 순간이 생각났다. 1989년 남북교류협력의 물꼬를 터야 한다는 신념으로 임수경 방북을 주도하고 3년 넘게 어두운 감옥에서 젊은 시절을 보냈던 나날이 마치 한 편의 드라마처럼 지나갔다. 비단 나 한 사람만의 이야기가 아닐 것이다. 통일을 위해 자신을 희생했던 수많은 사람들의 땀과 눈물이 비로소 열매를 맺는 순간이었다. 그 날의 영상은 앞으로의 내 삶에서도 가장 인상적인 장면의 하나로 남을 것이다.

2000년 6월 13~15일에 있었던 제1차 남북정상회담. 평양 순안공항에 마중나온 김정일 국방위원장과 김대중 전대통령.

제1차 남북정상회담이 벌써 올해로 8주년을 맞는다. 8년 전의 사건이지만 여전히 우리 민족은 그 때 그 사건의 영향을 받고 있다. 물론 긍정적인 방향에서이다. 제1차 남북정상회담 이후, 21차례의 장관급 회담과 13차례의 남북경제협력추진위 회담이 진행되면서 이제 당국간 회담은 정례화와 제도화의 단계에 들어섰다.[25]

남북경협의 활성화는 물론이고 남북간 철도·도로 연결과 개성공단 사업도 제1차 남북정상회담의 성과로 합의된 것이다. 민간차원의 다방면적 교류협력 역시 구체적인 내용을 다 기억하기 힘들 정도로 획기적 진전을 이루고 있다. 특히 남북장성급회담의 지속적 개최를 통해 군사적 신뢰구축 조치의 첫 걸음을 떼고 한반도 평화체제의 가능성을 연 것은 제1차 남북정상회담이 없었다면 상상하기 어려운 일이었다.

---

25) 2007년 8월 말 기준.

하지만 제1차 남북정상회담의 가장 큰 성과는 6·15남북공동선언의 채택이었다. 이는 1991년 남북기본합의서 이후, 남북화해협력 시대를 이끄는 근본정신이 되고 있다. 그 내용은 다음과 같다.

6 · 15 남북공동선언

조국의 평화적 통일을 염원하는 온 겨레의 숭고한 뜻에 따라 대한민국 김대중 대통령과 조선민주주의인민공화국 김정일 국방위원장은 2000년 6월 13일부터 6월 15일까지 평양에서 역사적인 상봉을 하였으며, 정상회담을 가졌다. 남북 정상들은 분단 역사상 처음으로 열린 이번 상봉과 회담이 서로 이해를 증진시키고 남북관계를 발전시키며 평화통일을 실현하는 데 중대한 의의를 가진다고 평가하고 다음과 같이 선언한다.

1. 남과 북은 나라의 통일문제를 그 주인인 우리 민족끼리 서로 힘을 합쳐 자주적으로 해결해나가기로 하였다.
2. 남과 북은 나라의 통일을 위한 남측의 연합제 안과 북측의 낮은 단계의 연방제 안이 서로 공통점이 있다고 인정하고, 앞으로 이 방향에서 통일을 지향시켜나가기로 하였다.
3. 남과 북은 올해 8·15에 즈음하여 흩어진 가족, 친척 방문단을 교환하며 비전향 장기수 문제를 해결하는 등 인도적 문제를 조속히 풀어나가기로 하였다.
4. 남과 북은 경제협력을 통하여 민족경제를 균형적으로 발전시키며 사회, 문화, 체육, 보건, 환경 등 제반 분야의 협력과 교류를 활성화하여 서로의 신뢰를 다져나가기로 하였다.
5. 남과 북은 이상과 같은 합의사항을 조속히 실천에 옮기기 위하여 빠른 시일 안에 당국 사이의 대화를 개최하기로 하였다.

김대중 대통령은 김정일 국방위원장이 서울을 방문하도록 정중히 초청하였으며, 김정일 국방위원장은 앞으로 적절한 시기에 서울을 방문하기로 하였다.

2000년 6월 15일

대한민국 대통령	조선민주주의인민공화국
김대중	김정일

6·15남북공동선언은, 첫째 남북간 전쟁위험을 해소해나갈 수 있는 기초를 마련했다. 남과 북의 정상은 전쟁이 곧 민족의 공멸이라는 공

동인식을 확인하고, 적화통일도 흡수통일도 추구하지 않겠다고 약속했다. 전쟁방지가 가능하다는 믿음 속에서 남과 북은 평화를 만들어가는 방향으로 상호관계를 발전시킬 수 있게 되었다.

둘째, 한반도 문제의 해결구도에서 우리 정부의 주도권을 확보하는 계기를 마련했다. 김영삼 정부의 대북강경 정책과 IMF 외환위기의 여파로 1990년대 후반까지 한반도 문제에서 우리 정부의 주도권은 상당한 제한을 받고 있었다. 당시 IMF 외환위기를 성공적으로 극복한 김대중 전대통령은 북한과의 직접협상에서 남북한 문제의 당사자 원칙을 확인하여 북한 스스로 통미봉남 정책을 철회하게 했다.

셋째, 남북한 양측의 통일방안이 가진 공통점을 확인함으로써 남북연합 창설의 가능성을 높이게 되었다. 그때까지 남북한은 통일방안에서 서로간의 공통점보다는 차이점을 확대해석하여 명분싸움을 벌이는 경향이 있었다. 북측의 낮은 단계의 연방제 안은 연방정부로의 외교권, 군사권 이양을 유보한 것으로 남측의 국가연합제 안과 내용적으로 사실상 일치하는 것이다. 다시 말해, 6·15남북공동선언을 통해 우리의 통일방안을 북한측에 설득하여 수용하도록 한 것이다.

넷째, 남북경제협력과 남북경제공동체 형성의 이념적 근거를 마련하였다. "남과 북이 경제협력을 통해 민족경제의 균형적 발전을 추진"하기로 함에 따라 남북한은 2000년 7월 제1차 남북장관급회담을 개최하여, 경의선 구간의 철도·도로 연결에 합의하였다. 경의선 철도·도로 연결은 남북경협에 기초를 놓는 작업이었다. 바로 이 길을 통해 남측 기업인과 근로자들이 투자와 생산을 위해 북녘 땅을 오고 갈 것이기 때문이다.

다섯째, 남북정상회담 정례화의 기틀을 확보했다. 북한측의 거부반응에도 불구하고 김정일 국방위원장의 서울답방을 명문화했는데 이는 2007년 제2차 정상회담의 실마리를 제공한 것이다. 비록 김정일 위원장의 서울답방까지는 실현하지 못했으나, 이 조항으로 인해 이후에도 북한측에 남북정상회담 개최를 설득·견인할 수 있게 되었다.

제1차 남북정상회담의 영향은 비단 우리나라에만 그치지 않았다. 남북한의 급속한 접근은 미국으로 하여금 한반도 문제의 해결에서 주도권 상실이라는 위기의식을 가지게 하였고 북미관계 정상화에 발 빠른 행보를 보이게 했다.

제네바 합의에도 불구하고 1998년 1차 미사일 발사실험, 1999년 초 금창리 핵사찰 문제 등으로 북미 국교정상화는 별다른 진전을 보이지 않고 있었다. 그러나 제1차 남북정상회담의 성공적 진행으로 인해 북미 양국 모두 탄력을 받게 되었고, 결국 2000년 10월 북한 조명록 차수의 미국방문 당시 '북·미 공동 커뮤니케'가 채택되어 북미수교 직전까지 가게 된다. 비록 미국 대통령선거에서 부시 대통령이 당선되면서 중도무산되었으나 이 때의 성과는 차후 북미관계 정상화에 중요한 로드맵이 될 것으로 보인다.

이와 같이 제1차 남북정상회담은 대외적으로는 북미관계 정상화를 촉진하여 한반도 평화체제 구축의 가능성을 높였고 대내적으로는 남북 화해협력의 새로운 시대를 개척하였다. 후대 역사학자들은 한국 현대사의 시대구분을 6·15를 기점으로 양분하게 될 것이다. 1950년 6·25에서 2000년 6·15까지는 대결과 적대의 시대로 기록될 것이다. 그리고 2000년 6·15부터는 화해와 협력의 시대로 기록될 것이다. 대한민국 60년 이래 최고의 사건이 바로 2000년 6·15 남북정상회담이었다.

제2차 남북정상회담, 사실상의 한반도 평화체제

2007년 10월 2~4일 동안 제2차 남북정상회담이 평양에서 개최되었다. 7년 전 김대중 대통령과 달리, 노무현 대통령은 비행기가 아닌 자동차를 타고 경의선 도로를 통해 평양을 방문했다.

당시 노무현 대통령은 남과 북의 군사분계선에서 잠시 하차하여 대국민 메시지를 발표한 후, 도보로 북한측 지역에 진입했다. 남북 사이의 경계를 표시한 노란 색 줄을 뛰어넘는 그 모습은 7년 전과는 또 다른 차원의 감동을 선사해주었다.

제2차 남북정상회담은 2000년 제1차 남북정상회담과 달리 조금은 차분한 분위기에서 진행되었다. 하지만 그 차분함이 나에게는 또 다른 가능성으로 느껴졌다. 남북관계가 큰 틀의 정신을 합의하고 선포하는 단계에서 구체적 실천과제를 차분히 검토하고 그 방안을 모색하는 단계로 발전했음을 나타내는 것이었기 때문이다.

제2차 남북정상회담의 의의는 한반도 평화체제의 사실상의 구현을

2007년 10월 2~4일에 있었던 제2차 남북정상회담. 노무현 대통령과 김정일 위원장.

합의했다는 점이다. 현재 북핵문제 해결과정에서 한국과 미국, 북한 사이에는 '한반도 종전선언'이 논의되고 있다. 국제법적으로 한국전쟁은 종결된 것이 아니다. 1953년 정전협정은 전쟁을 잠시 중단할 것을 합의했을 뿐이다. 그러나 한반도는 현재 '사실상의 종전상태'이다. 종전선언은 바로 이러한 '사실상의 종전상태'를 국제사회의 합의로서 추인하는 '정치적 선언'이다. 이는 정전협정을 평화협정으로 대체·전환하는 작업의 촉진제가 될 것이다.

이에 더 나아가, 남북정상은 이번 회담에서 사실상의 평화체제 구현을 위한 구체적 실천과제를 합의했다. 그 대표적인 합의사항이 NLL 수역에 서해평화협력특별지대를 설치하기로 한 것이다. 양 정상은 제2차 남북정상선언 제3조에서 "서해에서의 우발적 충돌방지를 위해 공동어로수역을 지정하고 이 수역을 평화수역으로 만들기 위한 방안과 각종 협력사업에 대한 군사적 보장조치 문제 등 군사적 신뢰구축조치를 협의"하기로 합의했다. 또한 제5조에서 "해주지역과 주변해역을 포괄하는 '서해평화협력특별지대'를 설치하고 공동어로구역과 평화수역 설정, 경제특구 건설과 해주항 활용, 민간선박의 해주직항로 통과, 한강하구 공동이용 등을 적극 추진"하기로 했다.

두 차례 서해교전을 발생시킨 바 있는 NLL 수역은 정전체제의 불안정성을 응축하는 공간이었다. 이는 또한 남북한 접경지역 관리라는 점에서 DMZ 문제와 연동되는 것이다. 그런 점에서 '서해평화협력특별지대'는 DMZ 평화지대화를 불러오는 시발점 역할을 할 가능성이 크다. 다시 말해, 남북 양측이 군사적으로 대치하던 접경지역 전체를 평화적으로 활용할 수 있는 길이 열린 것이다. 이는 평화협정이 남·북-미·중 사이에 체결되기 이전에 사실상의 평화체제를 우선 구현하겠다는 민족적 의지를 대내·외에 과시한 것이라 할 수 있다.

또한 남북정상은 11월 제2차 남북국방장관회담 개최를 합의해냈다.

2000년 9월 제1차 남북국방장관회담이 개최된 후 중단되었던 것을 재개하는 것이다. 이를 통해 이미 정례화된 남북장성급회담과 함께 남북한 군사분야 협력의 제도적 틀이 완성되었다. 이 역시 사실상의 평화체제 구현으로 해석할 수 있다. 이와 같은 사실상의 평화체제 구현은 한반도 평화협정 체결과정에서 제기될 수 있는 쟁점을 사전에 해결하는 효과를 가질 것이며, 그 만큼 한반도 평화체제 구축은 탄력을 받게 될 것이다. 더불어, 그 과정에서 우리 정부의 간섭력이 증대하는 부수효과도 기대할 수 있다.

이와 함께 남북 정상은 이번 회담에서 남북경협의 큰 진전을 이룰 수 있는 합의사항도 도출해냈다. 제5조의 '경제특구 건설과 해주항 활용, 민간선박의 해주 직항로 통과, 한강하구 공동이용'은 제2, 제3의 개성공단을 의미하는 것이다. 남북경협의 전면화와 남북경제공동체 건설의 전망을 밝힌 합의내용으로 평가할 수 있다.

마지막으로 남북정상이 정상회담과 고위급 회담의 수시개최를 합의한 점에 주목해야 한다. 고위급 회담은 장관급 회담에 국한되었던 남북관계의 제도화 수준을 한 단계 더 높은 수준으로 업그레이드하는 것이며, 남북정상회담의 정례화는 남북관계의 제도화를 완성하는 것이라 할 수 있다. 이는 남북관계가 정상급에서 실무급까지 체계화·안정화되는 것으로 남북연합 운영기구를 예비하게 되는 것이다. 여기에 남북국회회담까지 정기적으로 개최된다면, 이것은 곧 사실상의 남북연합, 사실상의 통일을 의미한다.

이처럼 제2차 남북정상회담의 성과는 우리의 상상을 뛰어넘는 것이다. 한반도 평화·통일 프로세스를 맹아적 단계에서 발아적 단계로 상승시켰다는 평가도 충분히 가능할 것이다. 이제 문제는 실천이다. 2000년 남북정상회담 때처럼 남북간의 접촉을 활발히 이끌며 즉각적인 이행·실천을 추동해내야 한다. 이 것이 곧 17대 대통령과 18대 국회에게 민족사가 부여한 사명이요, 임무임을 명심해야 할 것이다.

남북정상회담 정례화를 위해

2004년 이래 나는 통일외교통상위원회에서 활동했다. 그 가운데 2005년 11월부터 2007년 상반기까지 2년 가량은 여당 간사로 활동했다. 상임위원회 회의에서 그리고 남북관계에 관한 인터뷰에서 나는 남북정상회담의 필요성과 중요성에 대해 자주 언급했다. 2007년 제2차 남북정상회담 때도 마찬가지였다. 나는 다음과 같이 말했다.

"2차 남북정상회담에서 가장 중요한 것은 남북정상회담 정례화입니다. 그것 만큼 확고한 통일의지를 보여주는 것은 없을 것입니다. 지금 마침 핵문제 해결과 북미관계 개선이 동시에 개선되고 있기 때문에 이제는 남북관계를 완전히 통일의 첫 단계로 제도화하는 것이 중요합니다. 경제특구를 신설하는 문제라든지 한반도 평화에 대한 의지를 확인하는 것 모두 중요합니다. 하지만 이 모든 것을 묶어서 매년 정상회담을 열게 합의하면 되는 것입니다. 그래야 장관급회담, 실무급회담이 정례화되고 남북각료회의가 열리고 국회회담도 열립니다. 민간교류가 제도화되는 것도 물론입니다."

우리나라가 한반도 정세에서 주도권을 가지는 유일한 길은 남북관계를 긴밀하게 유지하는 것이다. 물론 한미공조도 중요하다. 한미관계의 지렛대는 남북관계이고, 또한 남북관계의 지렛대는 한미관계이다. 그래서 남북관계가 중요하며 남북정상회담의 정례화가 필요한 것이다. 남북대화의 수준과 동북아에서 한국의 위상은 정비례한다. 남북대화가 중단된 상태에서의 한국정부는 한반도 문제의 종속변수일 뿐이다. 독립변수로서 기능하지 못한다.

2005년 통일외교통상위원회 국정감사. 당시 정동영 통일부장관과 남북정상회담 필요성에 대해 문답하고 있는 필자.

이런 이유로 나는 17대 국회 통외통위에서 활동하며 지속적으로 제2차 남북정상회담의 추진을 주장했다. 거의 매년 국정감사나 대정부질의에서 남북정상회담의 가능성을 타진하고 현황 및 준비상황을 검토했다.

2005년 9월 22일 통일부 국정감사로 기억한다. 당시는 우리 정부의 적극적 중재로 9·19공동성명이 창출된 직후였기에 북핵문제 해결에 대한 기대가 어느 때보다 높았던 때이다. 하지만 북핵문제가 해결되면 일단 그것으로 만족할 수 있는 미국이나 중국과 달리, 우리나라는 남북문제의 당사자로서 한반도 평화체제 구축과 통일 프로세스를 수립하고 실천해야 하는 또 다른 과제를 부여받게 된다. 또한 이 과정에서 미·러·중·일 4강이 각자의 이해관계를 옹호하기 위해 개입할 것이 명약관화하다는 점에서 미리 남북관계를 긴밀화하고 이를 통해 우리 정부의 주도성을 강화해야 할 필요성이 있었다.

그래서 당시 정동영 통일부장관에게 "제2차 남북정상회담이 2005년 연내에 개최되어야 하며, 이를 토대로 남북정상회담을 정례화, 연례화해야 한다"고 강조했다. 정동영 장관은 이에 대해 "적절한 시점에 남북정상회담이 열릴 수 있도록 노력"하겠다고 답변했다.

그런데 BDA 문제[26]가 갑작스레 제기되어 북핵문제는 다시 교착상태에 빠졌고, 결국 2006년 10월 핵실험 사태를 맞게 된다. 상황이 달라졌다. 위기는 도래했고, 보다 적극적 행보로 위기를 타개해나가야 했다.

그래서 2006년 11월 10일 국회 대정부 질의에서 "남북관계 복원이 6자회담 성공을 위한 확실한 레버리지[27]"라며 "대북 특사파견을 통해 인도적 지원 재개의사[28]를 밝히고, 남북장관급회담에서 이를 공식 결정해 남북정상회담 추진으로 이어가야 한다"고 주장했다. 그러나 당시 바로 남북정상회담이 추진되지는 못했다. 오히려 국내에서는 북한이 핵실험까지 했는데 남북관계를 근본적으로 재검토해야 하는 것 아니냐는 목소리가 높아졌다.

그 이후, 북미간의 접촉이 활발해지며 2·13합의가 창출되는 등 북핵문제가 극적인 돌파구를 찾아 위기가 해소되었다. 아쉬운 것은 북핵문제가 최악으로 치닫던 바로 그 시기에 대북특사가 파견되고 남북정상회담이 추진되었다면 현재의 시점에서 한반도 정세에 대한 우리 정부의 주도권이 보다 강력히 행사될 수 있지 않았을까 하는 점이다.

현재 북핵문제 해결이 북미 양자대화로 1994년 제네바 합의의 재판

---

[26] BDA(방코델타아시아) 문제: 미국 재무부가 9·19공동성명 직후, 북한이 마카오 주재 방코델타아시아 은행에서 위폐사업 등으로 조성한 불법 비자금을 관리하고 있다는 의혹을 제기, 북한에 대한 금융제재를 실시했다. 북한은 이에 반발, 6자회담을 거부하면서 북핵문제가 다시 한 번 교착상태에 이른다.
[27] leverage: 지렛대효과
[28] 2006년 7월 4일 북한 미사일 발사에 항의하여 남측이 쌀, 비료의 대북 인도적 지원을 중단하자 북측은 이에 반발, 남북대화를 중단해버렸다. 그로 인해 남북대화 재개가 대북 인도적 지원 재개와 맞물린 상황이 되었다.

'2007 남북정상회담의 성과와 향후 과제'에 대한 민화협 주최 토론회에 참여한 필자.

再版이 되지 않겠느냐는 우려가 제기되고 있다. 물론 남북경제협력이 지속적으로 진행되고 남북대화도 재개되어 활발히 진행되고 있다는 점에서 이는 지나친 기우일 것이다. 하지만 북한 핵실험 정국에서 우리 정부의 행보가 더욱 적극적이었다면 이런 우려도 나오지 않았을 것이다.

그러나 다행히 참여정부는 제2차 남북정상회담을 성과적으로 진행하였고, 그에 따라 사실상의 평화체제 구현이 본격적으로 논의되기 시작했다. 지나간 시간보다 앞으로 다가올 시간이 더 중요하다. 남북정상회담 연례화에 역시 정부와 정치권이 한마음으로 노력해야 할 것이다.

햇볕정책, 냉전과 분단의 벽을 허물다

햇볕정책, 일방적 대북지원 노선 아니다

우리나라의 통일·외교정책은 햇볕정책 이전과 이후로 나뉠 수 있다. 햇볕정책은 대결과 적대로 점철된 남북관계를 화해와 협력, 상생으로 되돌려놓았다. 햇볕정책은 '선先경제협력 후後정치군사', 즉 '정경분리'란 양대 원칙하에 북한의 개혁·개방을 유도하고 이를 바탕으로 추진하는 점진적 통일을 핵심기조로 삼고 있다. 지난 10년간 우리 정부는 이러한 정책기조를 북핵사태라는 악조건 속에서도 변함없이 견지하며 남북관계의 발전을 선도해왔다.

햇볕정책의 효용성은 2006년 북핵실험의 위기 속에서 실천적으로 검증되었다. 당초 북한이 핵실험을 단행하면 국민들이 동요하여 지난 1994년 같은 사재기 혼란이 일어나고 외국인 투자자본이 국내시장에서 대거 이탈할 것이라 예상했다. 그러나 이와 같은 위기는 도래하지 않았다. 개성공단, 금강산 관광 등으로 대표되는 햇볕정책의 성과가 남북관계를 구조적으로 안정화시켰고, 이로 인해 사태가 파국으로 이르지는 않을 것이란 믿음이 국내·외에 널리 퍼져 있었기 때문이다.

그런데 이와 같은 사실에도 불구하고 최근 햇볕정책을 근거 없이 비난하는 이들이 있다. 특히 2007년 대선에서 한나라당은 국민의 정부·참여정부의 햇볕정책이 '잃어버린 10년'을 불러왔다고 비난했다. 한나라당은 국민의 정부·참여정부가 햇볕정책을 구사하면서, 첫째 한미동맹의 균열을 초래했고, 둘째 포용의 미명 아래 북한의 핵개발을 두둔하고, 북핵문제에 안이하게 대응했으며, 셋째 국민의 세금으로 약 10억 9,130만 달러를 퍼주었다고 주장했다. 하지만 이러한 비판은 전적으로 햇볕정책에 대한 무지에서 비롯된 것이다. 햇볕정책은 결코 온건한 대북지원 노선이 아니다. 또한 기본적 사실관계를 왜곡하고 있다.

첫째, 햇볕정책이 한미동맹을 약화시켰다는 것은 주객이 전도된 주장이다. 햇볕정책이 한·미간에 약간의 논란을 불러왔던 것은 사실이다. 부시 미 대통령이 집권 초, 강경 일변도의 대외정책을 펼칠 때였다. 그러나 부시 대통령도 햇볕정책의 정당성만큼은 부정하지 못했다. 비공식 라인에서 네오콘 강경파들이 햇볕정책에 대한 불평을 늘어놓기는 했으나 국제사회의 광범위한 지지로 인해 공식선상에서는 그들조차 햇볕정책의 가치를 인정할 수밖에 없었다.[29]

무엇보다 국민의 정부·참여정부 10년간 한미공조에 결정적인 균열이 발생한 적은 단 한 번도 없었다는 점을 지적하고 싶다. 게다가 2006년 미국의 11월 중간선거 이후, 미국의 대북정책이 강경에서 포용으로 전환하면서 한·미간에는 기존에 존재했던 약간의 의견차이마저 해소

---

29) 2002년 9월 덴마크에서 열린 아셈(ASIA-EU) 정상회담에서 채택된 한반도 평화정치선언에서 햇볕정책에 대한 광범위한 지지를 표명했다. 또한 2002년 10월 16일 자크 시라크 프랑스대통령은 김대중 대통령에게 친서를 보내 햇볕정책에 대한 지지의사를 표명했다. 이와 같은 국제사회의 지지로 인해 제2차 북핵위기가 발발한 상황에서 부시 행정부도 리처드 바우처 국무부 대변인을 통해 2002년 10월 24일 햇볕정책에 대한 지지입장이 불변하다는 입장을 발표하였다.

되었다. 미국이 북미관계 정상화에 적극적으로 나서는 상황에서 햇볕정책 때문에 한미동맹이 약화되었다는 것은 한반도 정세의 발전상황을 인식하지 못하는 시대착오적 논리이다

우리는 지난 김영삼 정부 시절의 한미갈등을 기억해야 한다. 클린턴 행정부가 제네바 합의를 창출하며 북한에 대해 연착륙 정책을 구사할 때, 김영삼 정부는 대북 강경정책을 고집하며 한미갈등을 심각하게 발생시켰다. 당시 클린턴 행정부의 관료들이 "북한을 설득하는 것보다 한국을 설득하는 것이 더 힘들다"며 언론에 토로할 정도였다.

이와 같이 한미갈등을 야기한 것은 햇볕정책이 아니라 강경정책이었다. 햇볕정책 비판론자들은 명심해야 할 것이다. 한반도 정세의 발전상을 명확히 인식하지 못하고 구태의연한 냉전적 편견을 버리지 못할 때에 한미갈등의 주범은 햇볕정책이 아니라 그 자신들일 수 있다는 것을 말이다.

둘째, 국민의 정부·참여정부가 북한의 핵개발을 두둔하고 북핵문제에 안이하게 대응했다는 것은 전적으로 잘못된 주장이다. 국민의 정부·참여정부는 북한의 핵개발을 일관되게 반대했다. 북한의 핵개발을 막기 위해 다양한 해결방안을 강구했고, 이를 토대로 북한과 미국 그리고 국제사회를 설득했다. 현재 북핵문제가 완전한 해결을 눈 앞에 두고 있는데, 이는 우리 정부의 노력이 없었다면 전적으로 불가능했을 일이다.

현재 북핵문제 해결의 프로세스를 제공한 9·19공동성명[30]은 2005년 우리 정부가 전력지원을 매개로 북한을 설득하고, 이에 기반해 북한과 미국을 중재하여 창출시킨 것이다. 2006년 10월 북한이 핵실험을 강행한 이후에도, 우리 정부는 북미 양측에 포괄적·평화적 해결방안을 제시하는 등 2·13합의 창출에 결정적으로 기여했다. 국제정치 역학상 표면적으로 북한과 미국의 중재역을 담당한 것은 중국이었으

나, 중재의 내용을 작성한 것은 우리 정부였다.

북핵실험은 미국의 강경정책의 실패가 부른 결과였다. 1994년 제네바 합의 이후, 북한 핵문제를 완전히 해결할 수 있는 기회가 적어도 두 차례나 있었다. 2002년 북미 공동 커뮤니케가 합의되었을 때가 그 첫 번째요, 9·19공동성명이 합의되었을 때가 그 두 번째이다. 이 기회를 살리지 못하고 북핵실험의 파국을 부른 것은 햇볕정책을 구사한 우리 정부가 아니라 국제사회의 설득에도 불구하고 대북 강경책을 유지했던 부시 행정부였다.

그 점에서, 북핵실험 직후 10월 11일 김대중 전대통령이 "북핵실험은 미국 북핵정책의 실패" 때문이라 했던 것은 매우 정확한 지적이었다. 햇볕이 너무 많아서 북핵실험이 일어난 것이 아니라, 햇볕이 다른 외부요인에 의해 가려졌기 때문에 북핵실험이 일어난 것이다. 현재는 부시 행정부조차 햇볕정책의 정당성을 인정하고 북한을 포용하겠다며 북·미회담을 활발히 진행하고 있다. 현실이 이러한데 우리 사회 보수세력들은 언제까지 냉전의 우상에 갇혀 있으려 하는지 모르겠다. 이는 한반도 선진화의 밝은 미래에 마지막 남은 그늘이라 할 수 있다.

셋째, 10억 달러 상당의 돈을 북한에 퍼주었다는 주장은 통계를 부풀리거나 대북투자의 상세한 내역을 덮어놓고 진행하는 정치적 비난에 불과하다. 차관과 투자 그리고 지원은 각기 다른 개념이다. 2007년 5월 18일 남북철도 시범운행으로 전 국민과 온 민족이 기쁨에 겨워 할

---

30) 2005년 9월 19일 제4차 6자회담에서 합의된 북핵문제 해결 프로세스. 말 대 말, 행동 대 행동의 원칙에 따라, 북핵포기와 정치·경제적 보상을 동시이행하기로 함. 보상방안을 논의하기 위해 북미관계 정상화, 북-일관계 정상화, 에너지·경제지원을 위한 4개 실무그룹 설치를 합의했다. 2·13합의는 2007년 2월 13일 제5차 6자회담에서 합의된 9·19공동성명의 이행을 위한 구체적 실천방안이다.

때에도 한나라당은 남북철도연결사업을 위해 우리가 북측에 약 5,500억에 가까운 돈을 퍼주었다고 비난했다.

하지만 5,500억 가운데 1,800억은 휴전선 이북노선을 수리하는 데 드는 비용을 북한측에 차관형식으로 제공한 것이고 3,500억은 우리 측 노선을 수리하는 데 투입된 비용이었다. 즉, 북한측에 제공된 비용은 약 1/3에 불과하며, 그 것도 나중에 상환받을 비용이다.

〈표 1-4〉 한나라당이 정치적 공세로 제기한 대북 퍼주기 주장

- 2000년 남북정상회담에서 북한에 불법 송금: 4억 5,000만 달러
- 현대아산이 금강산 관광대가로 지불: 4억 6,564만 달러 (1999~2007)
- 금강산 관광시설(옥류관, 목란관, 기념품가게 등) 수익금: 1억 3,297만 달러
- 모란봉 교예단 공연관람료: 990만 달러
- 건설·시설투자 노동자 인건비 및 자재구입비: 139만 달러
- 금강산관광 도로포장 노무자 인건비: 211만 달러
- 금강산관광객 벌금 수입: 7만 달러
- 개성공단 토지대가 등으로 2,200만 달러가 지급되었으며, 공단 착공 이후 개성공단 근로자 임금으로 722만 달러 (2006년 말)

지금까지 한나라당이 제기한 대북 퍼주기 논란은 대부분이 이런 식의 통계왜곡이었다. 2007년 대통령선거 때에 언급한 '10억 달러 퍼주기'도 그 가운데 약 9억 달러는 현대아산이 개성공단 및 금강산 관광사업 등 남북경협사업의 선先투자금으로 지급한 것이며 우리 정부가 지급한 금액이 아니다. 나머지 약 1억 달러도 대부분 개성공단 및 금강산 관광단지에 고용된 북측 근로자에게 지급된 임금이나 자재구입비 또는 건설비였다.

개성공단의 임금경쟁력이 세계적으로 우수함은 이미 앞서 지적한 바이다. 전문가들에 따르면 개성공단의 노동생산성은 1인당 임금지불액의 8.7배라고 한다. 2006년 말 개성공단 임금지불 총액은 1,025만 달러이다. 이는 다시 말해, 이 정도의 비용으로 우리 기업들이 약

9,000만 달러의 효용을 거두어가고 있다는 말이 된다. 그런 데도 퍼주기로 비난할 것인가?

결론적으로, 한나라당이 주장한 내역은 우리 민간기업의 경제행위에 상응한 정당한 대가지급이며, 오히려 투입비용에 비해 훨씬 많은 유·무형의 이익을 창출해낸 매우 '경제적 투자'들이다. 부시 행정부의 대북강경책과 2002년 서해교전 등으로 햇볕정책이 위기에 빠져 있을 때, 전경련이 국내 대기업 400여 개를 대상으로 햇볕정책에 대한 여론조사를 실시한 적이 있었다. 당시 조사에서 기업인의 78.2%가 햇볕정책은 지속되어야 하며, 34%가 햇볕정책의 속도가 더 빨라져야 한다고 응답했다. 이미 그 때부터 기업인들은 정치인들에 앞서 햇볕정책의 경제적 효용을 실용적으로 평가하고 있었던 것이다.

1970년대 빌리 브란트 총리[31]가 '접근을 통한 변화'라는 에곤바 개념[32]에 기초하여 동방정책을 실시할 때에도 독일사회의 일각에서는 동방정책으로는 동독을 변화시킬 수 없고, 오히려 공산주의 정권의 생명을 연장시킬 뿐이라며 브란트 총리와 동방정책을 비판하는 이들이 있었다. 그러나 1990년 10월 3일, 독일이 45년 만에 통일되었을 때, 독일국민들이 떠올린 인물은 당시 서독총리 헬무트 콜이 아니라 동방정책의 창시자 빌리 브란트 전총리였다. 햇볕정책 비판론자들은 2002년 전경련 여론조사와 독일통일 이후, 동방정책의 평가전환이 의미하는 바가 무엇인지를 깊이 되새겨보아야 할 것이다.

---

31) 1969년 10월~1974년 5월까지 재임했던 서베를린의 수상.
32) 에곤바는 베를린 시정부 대변인이었던 1963년 투칭어 기독아카데미 연설에서 처음으로 동독과의 관계를 "접근을 통해 변화에 맞출 것"을 주장했다. 이후, 빌리브란트 총리의 외교보좌관으로 활동했다.

대북 강경정책의 허구성

햇볕정책 비판론에 대한 가장 빠른 반박은 역대 정부의 대북 강경정책이 어떤 결과를 낳았는지 살펴보는 것이라 생각한다. 특히, 국민의 정부·참여정부와 동일하게 북핵사태에 직면했으면서도 대북 강경 드라이브를 고집했던 김영삼 정부는 가장 유효적절한 정책비교의 사례이다.

김영삼 대통령의 문민정부가 출현할 당시, 많은 사람들은 역사상 최초로 정통성을 갖춘 민간 정부인만큼 남북관계에도 혁명적 변화가 도래하리라 예측했다. 과연 김영삼 대통령은 취임식에서 "민족보다 더 나은 동맹은 없다"고 선언하며 비전향 장기수 이인모 노인을 조건 없이 송환하는 등 전향적인 조치를 취했다.

그러나 김영삼 정부의 전향적인 대북정책과 이에 따른 새로운 남북관계 개선에 대한 기대는 북한의 핵개발 의혹에 대해 국내외 여론이 악화되면서 어긋나기 시작했다. 이로 인해, 남북관계에서 유화적인 입

통일연구원 초청 통일정책 토론회에서.

장을 보이던 김영삼 정부는 돌연 강경정책으로 급선회하기 시작한다.

당초 김영삼 정부는 북한이 NPT를 탈퇴하자 북한에 대해 중단된 남북고위급회담을 재개해 핵문제 등 현안을 비롯해 남북기본합의서 이행을 논의하자고 긴급제안(1993. 5. 20.)을 했다. 그러나 대화재개를 요구하면서도 김영삼 대통령은 취임 100일을 맞아 개최한 1993년 6월 기자회견에서 "핵무기를 가진 상대와는 결코 악수할 수 없다"고 강경한 방침을 천명한다.[33]

햇볕정책을 반대하시는 분들이 북핵문제에서 국민의 정부·참여정부에 요구했던 것이 아마도 이런 종류의 대응인 듯하다. 그런데 이와 같은 대응이 어떤 결과를 낳았던가? 우리 정부의 고립과 주도권 상실이었다. 남북관계가 꽉 막힌 상태에서는 한반도에서 어떤 상황이 발생했을 때, 사실상 우리 정부가 할 수 있는 역할은 아무 것도 없다. 한반도 정세의 핵심변수가 북한이고, 우리 입장에서 남북관계는 이 변수를 통제하는 유일한 수단이다. 이런 이유로 섣부른 대북 강경정책은 한반도 정세에서 우리의 입장을 반영할 수 있는 가장 유력한 통로를 스스로 포기하는 것일 수 있다. 이를 단적으로 증명했던 것이 김영삼 정부의 대북정책이었다.

1994년 6월, 미국이 영변 핵시설 폭격을 매우 구체적으로 검토하기 시작할 때, 우리 정부는 어떤 발언권도 행사할 수 없었다. 외신을 통해 전쟁위기를 알게 된 국민들이 라면 사재기에 나서고 있음에도 김영삼 정부는 손을 놓은 채 무기력하게 강경입장만 되풀이할 뿐이었다. 이 당시 그나마 의미있는 해법을 제시했던 것은 김대중 전대통령이 유일

---

33) 유호열, '전략과 일관성 부재로 변죽만 울린 노태우·김영삼 정부의 대북정책', 《신동아》 (2007. 6월호).

했다. 정치에서 은퇴하여 아태재단 이사장으로 재직하고 계셨는데, 미국 쪽에 특사파견을 통한 문제해결을 제안한 것이다.

우연의 일치라고 하기에는 너무 절묘한 타이밍에 미국은 카터 전대통령을 특사로 삼아 북한에 파견한다. 이로 인해, 제1차 북핵위기는 극적으로 해소되었고, 이 과정에서 남북정상회담이 합의·추진되기 시작한다. 그런데 온 국민의 기대 속에 남북정상회담이 준비되던 중, 1994년 7월 김일성 주석이 갑작스레 사망한다.

이는 또 다른 반전, 비극의 시작이었다. 당시 클린턴 미 대통령은 G7 정상회담 와중에도 기자회견을 열어 애도의사를 밝혔고, 로버트 갈루치 북미고위급회담 대표는 북한대표부를 찾아가 조문했다. 반면, 이와 대조적으로 김영삼 대통령은 당시 이병태 국방장관에게 전군비상경계태세를 지시했고, 우리 사회내 일각에서 제기되고 있던 '전략적 조문 필요성'[34)]에 대한 논의를 일방적으로 묵살한다. 또한 제네바 한국대사를 보내 미국의 조문행위에 대해 강력하게 항의하기도 한다.

김영삼 대통령의 이러한 행보는 북한측에 강렬한 반발을 불러온다. 그러나 김영삼 대통령은 이에 아랑곳하지 않고 대북 강경 드라이브를 지속한다. 특히 8·15 경축사에서 '민족공동체 통일방안'[35)]을 발표하며 통일국가의 이념과 체제를 '자유민주주의·시장경제 체제'라 못 박았는데, 일부언론이 북한 조기 붕괴설을 흘리고 있는 상황에서 이는

----

34) 이부영 당시 민주당 의원이 7월 11일 국회 외무통일위에서 "전략적 판단으로 북한주민들의 현재 심리적 상태를 고려해서, 국민들 일각의 양해가 있다면 같은 민족으로서 조문단을 파견하겠다는 의사표시를 할 뜻이 없는가"라고 질의하자, 언론의 십자포화가 뒤따르며 사회적으로 큰 논쟁을 불러왔다. 일명, 조문파동이라 칭한다.

35) 김영삼 정부의 '민족공동체 통일방안'은 노태우 정부가 발표한 '한민족 공동체 통일방안'을 수정·보완했다. '한민족 공동체 통일방안'은 남과 북의 체제의 상이성을 고려하여 통일국가의 이념과 체제를 구체적으로 언급하지 않고 있다.

대내·외에 우리 정부가 독일식 흡수통일을 고려하는 것으로 받아들여지게 된다. 이로 인해, 북한의 비난수위는 한층 가열되었고 남북간의 모든 대화채널은 막혀버린 채, 남북관계는 완전한 파행에 이르게 된다.

이것이 불러온 결과는 매우 참혹한 것이었다. 카터 전대통령의 방북과 조문 등으로 어렵게 북한과의 협상 돌파구를 찾은 미국이 우리 정부를 부담스럽게 느끼게 되었으며, 한미공조에도 금이 가기 시작했다. 이미 1993년 무렵부터 김영삼 대통령이 대북강경책으로 급선회하자, 북한은 남한을 배제한 채 미국만을 상대하는 이른바 통미봉남通美封南 정책을 본격화하고 있었다.

이런 이유로 북핵문제 해결과정에서 우리 정부는 가장 중요한 당사자임에도 불구하고 더욱 소외되기에 이른다. 그래서 그 해 10월 제네바 합의가 창출되는 과정에서 아무 영향력도 행사할 수 없었다. 심지어, 북한의 핵포기 대가로 제공되는 46억 달러의 경수로 건설비용 분담금 책정에서 어떤 의견도 반영시키지 못한 채, 그 액수의 대부분인 70%(약 32억 달러)를 떠안게 된다.

그럼에도 불구하고 김영삼 정부는 이를 반면교사로 삼지 못했다. 1994년 이후, 연이은 홍수 또는 가뭄으로 북한은 극심한 기아상태에 놓인다. 이 때, 적절한 방식으로 북한을 지원했다면 통미봉남의 족쇄를 풀어낼 수 있을지도 모르는 일이었다. 하지만 김영삼 정부는 이를 국내정치의 호재로 활용하려 할 뿐이었다.

1995년 6월, 지방자치단체장 선거를 앞두고 북한에 긴급식량지원 15만 톤을 지원하다가 국내 보수언론의 비판이 가해지자 중단하고 또 재개하는 등 오락가락 행보를 반복했던 것이다. 그래서 식량을 지원하고도 남북간에 신뢰를 구축하기는커녕 불신만 증폭시키는 결과를 낳는다. 이후, 김영삼 대통령은 계속 대북 강경 드라이브를 고집했고, 급기야 연착륙 정책을 벌이는 클린턴 정부와 충돌하며 한·미간에 격심한 갈등을 야기하기까지 한다.

이와 같이, 김영삼 정부의 대북정책은 철학도 전략도 심지어 최소한의 일관성도 없이 반공 이데올로기와 국내정치의 이해관계에 따라 표변하였다. 남북관계의 진전이 자기 당파의 정치적 이익에 도움이 된다고 생각하면 잠깐씩 유화국면을 열다가 국내 보수세력의 반발에 부딪히면 다시 강경정책으로 회귀하기를 임기 동안 수없이 반복했다. 그 결과, 북핵문제에서 철저한 방관자로 전락했고, 남북간의 불신을 증폭시켰으며, 동맹국 미국과의 공조에도 심각한 균열을 초래했다.

만약, 당시 김영삼 정부가 대북정책에서 조금만 인내심을 가지고 신중하게 대응했다면 어찌 되었을까? 북핵문제를 맞이하여 북한과의 대화를 지속하고 김일성 사망에 대해서도 조금 더 조심스럽게 대처하며, 대북 식량지원도 꾸준히 진행시켜갔다면, 아마도 남북관계는 지금보다 더 빠른 속도로 발전해갔을 것이다.

2000년에 열렸던 남북정상회담이 1994년 또는 1995년에 열렸을 것이며 개성공단도 1990년대 말 또는 2000년대 초반에 이미 시작되었을 것이다. 어쩌면 지금쯤 남북경제공동체로 진입하고 남북연합시대를 코 앞에 두었을지도 모른다.

한나라당은 국민의 정부·참여정부 10년간 북한에 퍼준 돈이 10억 달러라고 비난했다. 그러나 그 대부분은 개성공단, 금강산 관광, 철도사업 등에 투자된 돈으로 언젠가는 우리 경제에 이익이 되어 돌아올 투자금이다. 이를 퍼주기라 비난하는 분들은 일단 32억 달러의 경수로 건설비용을 아무런 대가 없이 소비해야 했던 과거에 대해 해명해야 할 것이다. 남북경협 투자금 10억 달러와 경수로 건설비용 32억 달러, 과연 어느 것이 퍼주기인가? 과연 햇볕정책은 실패한 것인가?

햇볕정책, 10년이 낳은 결실

햇볕정책 이전 50년간 우리나라는 북한과 대결·적대관계를 형성하면서 막대한 경제적 비용을 부담해야 했다. 2006년 현재 우리나라의 군사비 지출규모는 세계 11위로 219억 달러이다. 이는 무려 전 세계 군사비 지출액의 2%에 달하는 금액이다.[36]

남과 북의 군사적 긴장은 한국경제에 '코리아 리스크' 또는 '코리아 디스카운트'란 족쇄를 채워놓았다. 한반도에 군사적 위기가 도래할 때마다 우리나라에 투자된 외국자본이 대거 이탈했고, 주식시장은 폭락을 면치 못했다.

북한 전투기가 미국 정찰기에 접근하는 사건이 발생했던 2003년 3월 17일, 당시 500선 근처에 있던 종합주가지수는 하루 동안 22포인트(4.2%) 급락했고 외국인들은 619억 원을 순매도했다. 북한이 핵보유를 시인하면서 북한·미국·중국 3자회담이 종결됐던 2003년 4월 25일에도 종합주가지수는 21포인트(3.7%) 떨어졌으며, 외국인 순매도액은 1,165억 원에 달했다.

햇볕정책은 한국경제를 속박하는 이와 같은 굴레를 차츰 벗겨내고 있다. 지난 10년간 햇볕정책은 한반도에 평화와 안정의 분위기를 가져와 한국경제의 단계적 성장기반을 구축했고, 외국인들이 투자할 수 있는 바탕을 만들어냈다. 그 결과로, 북한이 핵실험을 강행하며 위기가 고조된 2006년 10월 종합주가지수는 1,300대 이하로 내려가지 않았고, 오히려 외국인들은 개인투자자들의 투매물량을 받으며 현물시장

---

36) 이명희, '한국 군사비 세계11위, 작년 219억 달러…북한 핵 보유국 인정', 〈국민일보〉 2007. 6. 12일자.

에서 5,500억 원 순매수를 기록했으며, 다음날인 10일에도 현물시장 1,300억 원, 선물시장에서 5,400개 계약이 넘는 순매수로 대응했다.[37)]

2007년 12월 현재 우리나라 주식시장 규모가 1000조이다. 1%만 폭락해도 10조 가까운 부가가치가 사라질 수 있다. 북한 핵실험 정국에서 국민과 외국인 투자자들이 조금만 흔들렸어도 이러한 혼란이 실제 현실에서 그대로 벌어졌을 것이다.

하지만 그런 일은 일어나지 않았다. 비록 핵실험으로 한반도 정세가 긴장을 향해 치달았지만 또 다른 한편에서는 남북교류협력이 여전히 활발하게 진행되고 있었다. 1997년 이전 45년간 남북교역액은 총 15억 5천만 달러였다. 그런데 지난 10년간 남북교역액은 총 70억 8천만 달러로 4.6배 증가했다. 현재 북한의 대외무역 총액에서 남북한 교역이 차지하는 비율은 1/3이다. 또한 개성공단의 월생산액은 1,700만 달러이고, 누적생산액은 2억 1천만 달러이다.

이처럼 남과 북의 경제적 의존성이 심화되고 있는 상황은 국민과 외국인 투자자들로 하여금 북한이 충동적 선택을 하면서 북핵위기를 극단으로 몰아가지는 않을 것이라 판단하게 했다. 이와 같이, 햇볕정책은 한국경제에 수치로 환산할 수 없는 커다란 혜택을 베풀었다.

햇볕정책의 혜택은 비단 경제에만 국한되지 않는다. 남북한 왕래인원은 1997년 이전 45년간 2,980명이었다. 그랬던 것이 햇볕정책이 펼쳐진 지난 10년간 37만 5,278명으로 126배 증가했다. 1일 평균 북한에 왕래하는 남측인사가 1,700명에 달한다. 이러한 남북한 인적 교류의 증가는 지난 50년간 심화되었던 민족적 이질화 문제를 완화시키고 동질성 회복을 촉진하고 있다. 또한 남북한 사이의 가장 대표적인 인

---

37) 국정브리핑, '북핵사태에도 외국인 투자 늘었다', 〈국정브리핑〉 2006.10.19일자.

〈표 1-5〉 남북관계의 비약적 발전을 보여주는 지표

구 분	1953~1997(45년)	1998~2007. 9.(10년)	비 고
남북교역액	15억 4,500만$	70억 7,900만$	4.6 배
남북간 선박 운항	1,083회	33,569회	31 배
남북간 항공기 운항	0	652회	-
남북왕래 인원	2,980명	375,278명	125.9 배
육로왕래 인원	0	1,451,599명	(일평균 1,700명)
육로왕래 차량	0	219,051대	123.9 배
이산가족 상봉	157명	19,457명	12.2배

도적 사안인 이산가족 문제에도 큰 진전을 보여 1997년 이전 157명에 불과했던 남북한 이산가족 상봉이 지난 10년간 1만 9,457명으로 급증했다.

이처럼 햇볕정책은 분단의 비극으로 지난 50년간 남북한 사이에 누적되어왔던 많은 문제를 불과 10년 만에 비약적으로 해결했다. 그런 점에서 햇볕정책 10년은 잃어버린 10년이 아니라 다시 찾은 10년이라 할 수 있다. 두려움과 공포에 빠져 대결과 적대로 일관하며 50년간 축적된 분단의 폐해를 당당한 자신감으로 남북화해협력에 앞장서며 10년 만에 해소하는 쾌거를 일구어낸 것이다.

이와 같은 성과를 일구어내는 과정에서 국민의 정부·참여정부는 참으로 많은 시련을 겪어야 했다. 햇볕정책으로 노벨평화상까지 수상한 김대중 전대통령은 햇볕정책에 대한 국제적 인정과 찬사에도 불구하고 일부 보수언론과 한나라당 등의 격렬한 비난에 연일 시달려야 했다. 부시 미 대통령이 취임하면서 비난의 수위는 더욱 높아졌다. 게다가 2002년 NLL갈등으로 일어난 서해교전은 국민의 정부와 김대중 전대통령을 큰 곤경에 빠뜨렸다.

그러나 김대중 전대통령은 흔들리지 않았다. 부시 미 대통령에게 햇볕정책의 정당성을 끈질기게 설파했고, 결국 국제사회의 지지에 힘입어 형식적으로나마 부시 행정부로 하여금 햇볕정책에 대한 공개적인 지지의사를 표명하게 했다. 김대중 대통령의 이러한 노력은 햇볕정책에 대한 국민의 지지까지 이끌어내었다. 제2차 북핵위기의 서막에서 벌어진 2002년 대선에서 햇볕정책 계승을 공약한 노무현 대통령이 당선될 수 있었던 것은 햇볕정책의 가치를 국민들에게 끈질기게 설득해 온 김대중 전대통령의 노력이 있었기 때문에 가능한 일이었다.

2000. 12. 10. 김대중 대통령이 노벨평화상을 수상한 후 연설하고 있다.(출처: 연합뉴스)

참여정부 5년 동안 햇볕정책이 겪은 시련도 국민의 정부에 결코 떨어지지 않는다. 일단 정권 초반기에 터진 대북송금특검38) 문제는 햇볕정책의 정당성을 근원적으로 위협했다. 대북송금특검은 분명 잘못된 결정이었다. 그러나 대북송금문제는 대북정책의 국민적 합의 창출의 중요성을 재인식하는 계기는 될지언정 햇볕정책의 정당성을 훼손하는 계기가 될 수는 없었다. 국·내외의 수많은 도전에도 불

---

38) 현대가 금강산 관광, 개성공단 사업 등의 독점권을 얻는 대가로 북한에 지불한 5억 원이 실은 남북정상회담에 대한 대가로 정부의 의해 지불된 것이란 의혹이다. 특별검사제가 도입되어 수사되었는데, 수사 결과 현대가 지급한 4억 달러는 대북경제협력사업의 선투자금 성격으로 밝혀졌고, 정부가 지원한 1억 달러는 정책적 차원의 대북 지원금 성격으로 규명되었다.

구하고 참여정부는 햇볕정책의 골간을 변함없이 유지해갔다.

일부 정책을 추진하는 과정에서 정경분리 원칙이 일관되게 지켜지지 못하고 상호주의 원칙이 기계적으로 적용되는 문제는 있었다. 대표적인 사례가 2006년 7월 4일 북한 미사일 발사실험 직후 11일 열린 제19차 남북장관급회담에서 쌀·비료지원을 중단한 것이다. 이로 인해 가장 중요한 시기에 남북대화가 중단되고 남북간 대화채널이 일정 기간 막혀버리는 사태가 벌어진다. 2006년 정기국회에서 나는 끊임없이 이 문제를 지적했고, 대북 인도적 지원 재개가 남북대화를 복원하고 북핵문제 해결의 레버리지를 확보하게 한다는 점을 강조해야 했다.

또한 북핵실험 당일 열린 대통령 기자회견에서 노무현 대통령이 대북 포용정책 재검토가 불가피하다고 하여 한바탕 소동이 일어나기도 했다. 물론 대통령의 본의가 와전되어 일어난 해프닝으로 금방 수습되었으나 햇볕정책에 대한 의지를 보다 명확히 해야 할 때에 일어난 일이었기에 다소 아쉬움을 남겼다.

그러나 남북관계에서 참여정부의 공功은 과過보다 크다. 위와 같은 흔들림이 있었지만 어려운 조건에서도 햇볕정책 기조를 포기하지 않아 북핵문제 해결의 실마리를 열고 남북관계 발전에도 큰 기여를 했다.

특히, 참여정부는 국민의 정부의 햇볕정책 성과를 계승하여 남북관계 제도화에 크게 기여했다. 참여정부 임기 동안 국회에서는 남북관계 발전법과 남북교류협력법이 통과되어 남북관계 발전을 위한 국내법 체계를 완비했고, 남북장관급회담을 실질적으로 정례화하여 남북간의 공식적인 대화채널을 안정화시켰다. 또한 2007년 10월 제2차 남북정상회담을 성사시켜 남북관계 제도화의 정점이라 할 수 있는 정상회담 정례화의 모멘텀을 확보하기도 했다. 그리고 개성공단사업을 성공시킨 점은 어떤 이의제기도 존재할 수 없는 업적이다.

햇볕정책은 이제 새로운 전환점을 맞고 있다. 북핵문제가 완전한 해결을 앞둔 상황에서 이제는 한반도 평화체제와 남북경제공동체라는 한 단계 업그레이드된 실천과제를 부여받고 있다. 아무쪼록 새롭게 출범하는 신정부가 국민의 정부·참여정부가 수행한 햇볕정책의 10년 성과를 발전적으로 계승하여 이러한 과제를 성과적으로 수행해 주길 바란다. 평화와 번영, 통일을 위한 민족의 전진은 계속되어야 할 것이다.

국가보안법은 역사 속으로 퇴장하라

국가보안법은 없다

이 땅에 진정한 의미의 '국가보안법'은 없다. 오직 국가보안이라는 허울을 쓴 정권유지법, 인권탄압법, 민족분열법이 있었을 뿐이다. 국가보안법은 헌법 위에 군림했고, 국민의 사상과 양심에, 행동과 신체에 채찍질을 가했다. 국가는 억압을 멈추지 않았고, 국민은 굴종을 끝없이 강요받았다. 그러나 갈라진 나라는 합쳐져야 하고 빼앗긴 인권은 되찾아야 한다. 그래서 국가보안법은 폐지되어야 한다. 존재이유가 없기 때문에 폐지되어야 하고 존재해서는 안되기 때문에 더더욱 폐지되어야 한다.

16대, 17대 국회의원으로 일하면서 국가보안법을 개정 또는 폐지할 수 있었던 두 번의 기회가 있었다. 그러나 그 두 번의 기회 모두 아쉽게도 실패하고 말았다.

국가보안법 왜 폐지되어야 하는가?

1948년 12월 국제연합 총회에서 채택된 세계인권선언 제18조는 '사람은 누구를 막론하고 사상, 양심 및 종교의 자유를 향유할 권리를 가진다'고 규정하고 있다. 그러나 불행히도 바로 그 해 그 순간, 1948년 12월 1일 대한민국에서는 시대의 악법인 국가보안법이 제정되었다. 이로써 대한민국은 반인권, 반민주, 반통일의 비극적 씨앗을 뿌리며 전 세계의 보편적 발전과 정반대의 길을 걷기 시작하였다.

국가보안법은 19세기의 발상으로 20세기를 호령했던 역사의 사생아이자 법의 존재의미를 부정하고 파괴하는 입법사의 돌연변이이다. 또한 그 스스로 '악법도 법'임을 증명하는 비극적 사례이기도 하다.

1) 국가보안법은 헌법과의 관계에서 위헌적이다

국가보안법 폐지의 가장 중요하고도 절실한 이유는 그 것이 대한민국의 헌법을 부정하고 파괴하고 있다는 데 있다. 헌법은 국가의 최고법이자 기본법이고 국민의 기본권 보장과 국가권력의 체계 및 그 통제를 규정하는 법이다. 따라서 모든 법질서는 헌법에 그 정당성의 기초를 두고 있으며 헌법이 정하고 선언하고 있는 가치를 침범할 수 없다. 그러나 유독 국가보안법은 이와 같은 법률의 위계를 무너뜨리고 스스로 헌법 위에 군림해왔다.

국가보안법은 우선 범죄와 형벌을 미리 법률로 규정해야 한다는 근대형법의 기본원리인 죄형법정주의를 부정하고 권력자가 마음대로 범죄와 형법을 전단하는 죄형전단주의로 한국의 법을 전락시켰다. 죄형법정주의의 근본적 의의는 국민 개개인의 자유와 권리를 보장하기 위하여 승인되는 국가권력의 자기제한으로 어떤 경우에도 훼손되어서는 안되는 철칙이다.

그런데 국가보안법의 조문은 대부분 매우 모호하고 불명확한 개념으로 구성되어 있다. 그래서 광범위하게 해석될 수 있는 '백지형법' 식의 요건을 갖추고 있으며, 이로 인해 명확성의 원칙을 파괴하고 있다.

미국의 대법관 올리버 웬델홈스는 "법이 보장해야 할 사상의 자유는 우리가 동의하는 사상의 자유가 아니라 우리가 증오하는 사상의 자유를 말한다"고 주장함으로써 법에 의해 자유가 제약될 수 있는 요건과 제약의 범위는 어떠해야 하는지에 대해 밝힌 바 있다.

국가보안법은 법 체제상으로는 헌법의 하위법이지만 실제로는 헌법의 상위에 군림하면서, 인감의 존엄과 가치를 규정한 헌법 제10조, 고문금지, 묵비권 보장, 형사피고인의 권리보장 등 신체의 자유를 규정한 헌법 제12조, 양심의 자유를 규정한 헌법 제19조, 언론·출판·집회·결사의 자유 및 허가·검열의 불인정을 규정한 헌법 제12조, 학문·예술의 자유를 규정한 헌법 제22조 등을 철저히 유린하여왔고 어떠한 자유도 국가보안법의 목적에 따라 재구성하는 초헌법적 존재로 반 세기를 버텨왔다.

2) 국가보안법은 형법과의 관계에서 중복적이다

국가보안법 폐지의 또 다른 중요한 논거는 이 법이 폐지되어도 국가안보에 아무런 영향이 없다는 점이다. 그 근본적인 이유는 국가보안법이 규정하고 있는 대부분의 조항이 이미 형법이나 기타 형사특별법규와 중복되어 있으므로 진정으로 위험성 있는 국가안보 침해사범은 충분히 규율할 수 있기 때문이다.

국가보안법 제3조의 반국가단체의 구성·가입·예비·음모 조항은 형법 제87조의 내란죄의 예비·음모 조항 그리고 제114조의 범죄단체조직죄, 폭력행위 등 처벌에 관한 법률과 중복된다. 또한 국가보안법 제4조의 목적수행은 형법의 각 조에 의해 대체가능하고, 국가보안법 제5조의 자진지원, 금품수수 조항은 형법의 공범규정으로 처벌가능하다. 국가보안법 제6조 잠입·탈출은 형법 제92조 외환죄, 제98조의 간첩죄 예비음모로 처벌가능하며 국가보안법 제8조 회합·통신과 제9조의 편의제공은 국가보안법 위반행위에 대한 공범유형으로 성립하는 경우에 형법에 의해 처벌한다. 국가보안법 제10조의 불고지죄는 범인은닉죄로도 처벌할 수 없는 단순 불고지범을 처벌하는 것으로, 반인륜적이며 불필요하다고 할 것이다.

또한 1953년 형법을 제정하던 당시, 김병로 대법원장은 "형법을 만들 때 국가보안법을 흡수할 것을 염두에 두고 만들었다"고 밝힌 바 있다. 국가보안법을 형법으로 대체할 수 있다는 말이다.

3) 국가보안법은 남북교류협력법 등과의 관계에서 상충적이다

정부의 통일정책의 수립은 명백히 국가보안법에 저촉됨에도 불구하고 그 동안 이른바 '통치행위론'으로 용인되어왔으며, 이 과정에서 국가보안법 위반문제를 피하기 위한 법적 근거를 마련하기 위하여 1990년 8월 1일 남북교류협력법을 제정하였다.

그러나 국가보안법 제2조는 명백히 북한당국을 반국가단체로 규정하고 있는데, 그 법률을 그대로 둔 채 반국가단체와 교류와 협력을 허용하는 남북교류협력법을 제정한 것은 실질적으로는 국가보안법을 폐지하는 것과 같은 결과를 가져오면서 두 법체계의 혼란만을 초래하고 있다.

실제로 국가보안법은 남북교류협력법과 거의 모든 법조문에서 근본

적으로 충돌하고 있다. 남북교류협력법 제9조의 왕래조항은 국가보안법 제6조의 잠입·탈출과 충돌하고, 남북교류협력법 제12조 교역 조항과 제19조 반입반출 조항은 국가보안법 제5조 자진지원·금품수수 조항 및 제9조 편의제공과 상충되며 남북교류협력법 17조 이하 협력사업 조항은 국가보안법 제7조의 찬양고무 및 제8조의 회합통신 조항과 근본적으로 충돌한다.

2004년 한국노총 초청 '국가보안법 어떻게 할 것인가' 강연회에서 국가보안법 폐지 필요성을 역설했다.

또한 남북교류협력법 제27조 내지 제29조 등에서 남북왕래·교류 등의 행위에 대한 독자적인 벌칙조항을 두고 있는데, 이는 사전승인 없는 남북간의 접촉행위가 단순한 질서범(행정범)으로 평가되는 결과를 가져옴으로써 국가보안법의 존재를 이미 부정하게 되는 것이다.

4) 국가보안법은 비상시기의 한시법이자, 군사정권에 강화되고 악용되어온 정권유지법일 뿐이다

국가보안법은 내란행위특별조치법 발의(1948. 9. 20.) → 여순반란사건 발생(1948. 11.) → 국가보안법으로 명칭변경을 거쳐 제정(1948. 12. 1.)되었으며, 일제시대 치안유지법을 승계한 극단적 좌우대립 시대의 산

물이다.

그리고 현재의 국가보안법은 1948년 제정된 국가보안법이 박정희의 군사쿠테타 세력에 의해 1961년 제정된 반공법과 합쳐져 전두환 군사정권(1980년)에 의해 본모습을 갖추게 된다. 특히 반공법을 흡수하면서 대표적 악법조항인 7조 찬양고무죄가 국가보안법으로 편입되었다.

즉, 이승만 정권 시대의 무자비한 좌익사냥의 도구(제정 국가보안법)와 박정희 군사쿠테타 정권의 정권유지 수단인 반공법이 전두환 학살정권에 의해 반인권·반민주 악법으로 통합된 국가보안법은 분단과 냉전, 독재와 인권탄압의 역사와 완전하게 한 몸이었다.

5) 국가보안법은 반민주 악법의 상징이다

국가보안법 적용과정의 가장 큰 특징은 수사 첫 단계인 연행에서부터 재판이 확정된 후 복역과정의 전향압력에 이르기까지 불법적인 공권력 행사로 점철되어왔다는 데 있다. 범죄의 진압을 위한 공권력 행사가 마찬가지의 '범죄적' 불법을 저지르고 있을 때, 그 공권력 행사는 도덕성과 신뢰성을 가질 수 없다.

국가보안법은 극히 예외적인 경우를 제외하고는 불구속 기소가 없으며 보석이나 구속적부심이 받아들여지는 경우는 없었다. 불법연행, 장기구금, 행방불명, 밀실수사와 고문, 조작, 감시와 감금, 차별과 소외……. 생각만 해도 섬뜩하고 공포스러운 단어들은 국가보안법이 역사와 국민에게 상처로 남겨준 슬픈 기억들이다.

국가보안법과 인권, 국가보안법과 민주주의, 국가보안법과 통일은 공존할 수 없는 대척점에 서 있다.

6) 국가보안법은 입법기관인 국회에 의해 제정된 법이 아니다

국가보안법은 '법은 국민이 선출한 국회에서 제정되어야 한다'는 법치주의와 삼권분립의 원리를 위반하였기 때문에 법률로서의 최소한의 요건을 갖추고 있지 못하다.

현행 국가보안법은 1980년 쿠데타 권력기관에 불과한 국가보위입법회의에서 제정되었으며, 이 때 흡수된 반공법 역시 5 · 16 군사쿠데타 이후 임의로 설치된 국가재건최고회의에서 제정되었던 것이다. 이 두 기관은 명백히 국회가 아닌 불법적 군사쿠데타 세력의 무단통치기구에 불과하다.

국가보안법은 인권과 민주주의 그리고 통일과는 결코 공존할 수 없는 대척점에서 고통스러운 한국 현대사를 만들어왔다. 그렇게 60여 년이 지났다. 시대는 바뀌었다. 2000년 남북정상회담 이후 마침내 냉전과 분단의 시계추는 멈추었다.

그러나 아직 국가보안법은 낡고 녹슨 칼을 놓지 않고 있다. 하지만 다행히 국가보안법으로 인한 구속자수가 급감하면서 사실상 사문화된 법이 되고 있다.

사료에 따르면, 국가보안법이 제정된 1948년 12월 1일 이후 제정 1년을 전후하여 11만 8,621명이 검거되었고 그 가운데 2만 5,863명이 기소되었다. 1961년부터 79년 사이 박정희 정권하에서 국가보안법과 반공법으로 기소된 인원은 6,944명이었다. 전두환 정권때에도 1,759명이 기소되고 1,368명이 구속되었다. 노태우 정권하에서는 국가보안법 위반혐의로 1,529명이 기소되었다. '막걸리 보안법'이라는 별칭답게 무자비하게 국민의 인권을 탄압했음을 구속자 숫자에서 확인할 수 있다.

노무현 정부 출범 이후, 국가보안법으로 인한 구속자수는 2007년 9

월 현재 158명이다. 김대중 정부 시절에는 총 1,164명이 국가보안법으로 구속되었고, 김영삼 정부 시절에는 1,966명이 구속되었다. 소위 민주화된 정부 이후에도 수많은 사람들이 국가보안법으로 인하여 구속되었지만 참여정부 이후에는 국가보안법으로 인한 구속자수가 눈에 띄게 감소하였다.

〈표 1-6〉 1961년 이후 정권별 국가보안법 및 반공법 기소·구속 인원

정부	기소 및 구속자 수
박정희 정권	국가보안법 기소 2,319명 반공법 기소 4,625명
전두환 정권	국가보안법 기소 1,535명 반공법 기소 224명 총 구속자 수 1,368명
노태우 정권	국가보안법 기소 1,529명
김영삼 정부	국가보안법 구속 1,966명
김대중 정부	국가보안법 구속 1,164명
노무현 정부	국가보안법 구속 159명

(2007. 9. 현재)

16대, 17대 국회 국가보안법 폐지를 위한 노력

17대 국회에 등원한 이후, 나는 바로 국가보안법 폐지를 위한 작업에 돌입했다. 그 첫 번째 노력은 2004년 7월 21일 열렸던 '국가보안법 폐지를 위한 간담회'였다. 간담회에서 나는 "지난 92년 헌법재판소 판결로 위헌결정이 난 국가보안법은 반인권적 반민주적이며 평화통일 추구에도 배치되는 등 많은 문제점을 안고 있어 폐지가 바람직하다"고 주장했다. 또, "형법상 내란·외환죄, 간첩죄 조항을 적용하면 되고, 공산당 활동에 대해서는 헌법과 정당법으로 해결할 수 있다"며 국보법

폐지 이후의 대체입법 필요성에도 반대입장을 분명히 했다.

그 날 간담회에 참여한 16명의 의원들과 함께 바로 '열린우리당 국가보안법 폐지 입법추진의원 모임(이하 입법추진의원모임)'을 만들기로 하고 준비에 돌입했다. 8월 4일에 1차 모임을 가질 무렵, 무려 61명의 의원들이 동참해주었다. 이상민, 이은영 의원과 함께 국가보안법 폐지 법률안을 작성하고 공동발의를 진행하였다. 8월 9일부터 31일까지 진행된 공동발의에서 열린우리당 의원의 과반이 넘는 87명이 국가보안법 폐지 법률안 발의에 동참하였다. 8월 25일에는 입법추진모임 19명이 내부 세미나를 통해 '폐지 후 형법보완'으로 의견을 수렴하였다.

전환점은 뜻하지 않은 곳에서 나타났다. 노무현 대통령이 2004년 9월 5일 MBC 시사매거진 2580에 출연하여 "국가보안법 폐지 후 형법 보완해야 한다"는 의견을 피력한 것이다. 당시 우리 당 과반수 이상 의원들의 국가보안법 폐지 주장에도 불구하고 안정적 개혁을 위한 의원모임 소속 일부의원들은 폐지는 성급하다면서 개정을 주장하고 나섰다. 때문에, 선뜻 당론을 확정하지 못하고 고심하던 원내 지도부는 대통령의 발언을 계기로 9월 9일 의원총회를 열고 '국가보안법 폐지 후 보완입법'으로 당론을 결정하였다.

그 때까지만 해도 곧 국가보안법이 폐지되는 분위기였다. 이미 한나라당 박근혜 대표가 4·13총선 직후인 4월 21일 기자간담회에서 "국가보안법 2조 반국가단체 규정에 대한 수정이 필요하다고 생각한다"며 가장 논란이 뜨거운 국가보안법 2조 정부참칭 문제를 포함한 개정을 검토할 용의가 있음을 밝혔고, 이어서 4월 29일 열린·한나라당 의원 연찬회에서 김덕룡 당시 원내대표 역시 "정부참칭 조항도 실효를 잃은 조항"이라면서 국가보안법 개정에 적극 나설 것으로 보였기 때문이다.

이 번에야말로 '잘하면 폐지, 못해도 개정은 하겠구나' 하는 생각이

2007. 8. 25. 국가보안법폐지 의원모임 세미나에서.

었다. 그러나 대통령이 직접 나서서 국가보안법 폐지 필요성에 대해 언급하자 박근혜 대표와 한나라당 입장이 돌변하였다. 한나라당은 전면전을 선포하고 국가보안법을 절대 폐지할 수 없고, 개정조차 언급할 수 없다는 분위기로 변해버렸다.

  이런 가운데 열린우리당은 국가보안법 폐지를 전제로 어떻게 보완입법할 것인가에 대해 토론을 통해 대안을 마련하기 시작했다. 대다수의 의원들은 형법을 통한 보완입법 의사를 밝혔지만 폐지에 반대했던 분들은 대체입법을 원했다. 수차례의 의원총회를 거쳐 격론을 펼치면서 열린우리당은 국가보안법 폐지를 위한 TF를 구성하여 보안입법에 대한 4가지 안을 마련하였다. 드디어 10월 17일 6시간 30분 동안 이어진 의원총회 끝에 "국가보안법을 폐지하고 형법의 내란죄 부분을 보완하는 입법을 추진"하기로 결정하였다. 그리고 2004년 10월 20일 당론으로 채택된 국가보안법 폐지법률안을 국회에 제출하였다.

당시 열린우리당이 만들었던 국가보안법 폐지 후 보완입법은 형법 87조에 '국토를 참절하거나 국헌을 문란하고자 폭동할 것을 목적으로 하는 결사 또는 집단으로서 지휘통솔 체제를 갖춘 단체를 구성하거나 이에 가입한 자는 처벌한다'는 '내란목적 단체조직' 항목을 신설해 국보법상의 '반국가단체' 조항을 대체하기로 한 것이었다. 또 형법 98조(간첩죄)의 '적국'을 '외국 또는 외국인의 단체'로 변경고자 했다.

〈표 1-7〉 2004년 열린우리당이 논의했던 국가보안법 폐지 후 보완입법안案

국가보안법	형법보안 1안 (내란죄 개정)	형법보안 2안 (외환죄 개정)	형법보안 3안 (1안+2안)	국가안전보장 특별법
북한에 대한 정의 (반국가단체)	87조 2 '내란목적 단체조직' 신설	102조 준적국 규정에 '국헌문란단체' 관련내용 신설	87조와 102조 동시개정	'국헌문란목적 단체'로 규정
찬양고무, 회합통신, 잠입탈출, 편의제공, 불고지죄	삭제	삭제	삭제	삭제
일반 이적행위	98조 간첩죄의 '적국'을 '외국 또는 외국인의 단체'로 변경	98조 간첩죄의 '적국'을 '외국 또는 외국인의 단체'로 변경	98조 간첩죄의 '적국'을 '외국 또는 외국인의 단체'로 변경	외환죄와 일반 이적에 해당하는 경우 구성요건 제한

그러나 한나라당이 전면전을 선언하고 장외투쟁으로 나가버려 더 이상 국회 회의장에서 정상적인 논의를 하는 것은 불가능해졌다. 한나라당은 국가보안법뿐만 아니라 소위 '4대 개혁입법'[39]을 모두 반대하면서 논의 자체를 거부했다. 2004년 12월 정기국회도, 2005년 2월 임

---

39) 4대 개혁법이란, '국가보안법 폐지', '진실규명과 화해를 위한 기본법 제정', '사립학교법 개정', '언론개혁 3개 법안 개정'을 말한다.

시국회에서도 한나라당의 거부로 국가보안법 문제는 논의를 하지 못한 채 손에 잡힐 듯 다가왔던 국가보안법 폐지는 실패로 돌아가고 말았다.

2000년, 16대 국회에서도 국가보안법 개정 움직임이 있었다. 16대 국회가 열리자 마자 2000년 7월 여야를 아우르는 '국가보안법 문제를 고민하는 의원모임'을 만들어 국가보안법 개폐논의를 본격화했다. 당시 민주당에서는 이재정, 송석찬, 정범구, 김성호 의원과 내가 참여했고, 한나라당 의원으로는 김원웅, 김홍신, 김영춘, 안영근, 오세훈 의원이 참여했다.

나의 일관된 소신은 국가보안법 폐지이다. 당시 함께 국가보안법 폐지를 추진했던 김영춘 의원은 국가보안법 폐지가 원칙이지만 폐지안으로는 한나라당 의원들을 설득하기가 불가능하므로 국가보안법 개정안을 제출하여 실질적인 변화를 이끌어내자고 말했다. 개정안은 한나라당에서도 보다 많은 의원들을 설득할 수 있을 것같다고 함께 추진하자고 했다. 2000년 정상회담 직후에 남북화해협력 무드를 타고 당시 이회창 한나라당총재도 국가보안법 개정문제에 전향적으로 임할 것을 밝힌 상태였다.

당시 정치에 갓 입문한 나는 '옳으냐 그르냐를 넘어서 실현 가능한가 아닌가'를 판단하는 것이 현실정치의 주요한 원리라고 생각하였다. 50여 년 이어져내려온 국가보안법의 두꺼운 벽을 조금이라도 깰 것인가 아니면 그냥 원칙적으로 폐지하자고 주장만 하고 실패하고 말 것인가 사이에서 선택해야만 했다. 그리하여 나는 국가보안법 개정을 추진하였다.

새로운 정치를 바라는 국민들의 바람도 국가보안법 개폐가 필요하다는 여론이 높았다. 2000년 당시 경실련 통일협회 설문조사에 따르면 16대 국회의원 96.5%가 국가보안법을 개폐해야 한다고 의견을 냈다.

소장파 의원들을 중심으로 국가보안법 개폐주장이 거세게 일자, 당시 민주당 이해찬 정책위의장과 서영훈 대표는 국가보안법을 16대 국회 첫 번째 정기국회에서 개정시키겠다고 밝혔다. 그런데 한때 국가보안법 개정을 검토할 수 있을 것처럼 말하던 이회창 총재는 보수단체들을 중심으로 강력한 반발이 일자 달라졌다. 김용갑 의원이 그 해 9월 대정부질문을 통해 "민주당이 조선노동당 2중대"라고 발언하는 등 당내 극우보수 의원들이 국가보안법 폐지 및 개정까지도 격렬하게 반대하고 나서자, 한나라당은 2000년 12월 개정도 할 수 없다는 입장으로 돌아서버렸다. 이로써 50여 년 만에 첫 번째 국가보안법 개폐기회는 사라지고 말았다.

2장
경제공동체의 길

부산에서 런던까지, 철의 실크로드
남북 저작권 교류의 새 장을 열다
북한 경제개발의 의미와 전략
북한경제, 중국에 종속되는가?
DMZ를 평화지대로

부산에서 런던까지, 철의 실크로드

유라시아 물류 대동맥, 철의 실크로드

화륜거의 소리는 우뢰와 같아 천지가 진동하고 기관차의 굴뚝연기는 하늘 높이 솟아오르더라. 차창에 앉아서 밖을 내다보니 산천초목이 모두 움직이는 것같고 나는 새도 미처 따르지 못하더라.

1899년, 〈독립신문〉에 게재되었던 우리나라 최초의 철도인 노량진-제물포간 경인철도 개통에 대한 기사의 일부분이다. 그로부터 107년 뒤인 2007년 5월 17일, 나는 경의선 철마 위에 올라 있었다. 분단 57년 만에 연결된 경의선 열차 시범운행에 국회 통일외교통상위원의 자격으로 동참하는 행운을 얻은 것이다.

민족의 뛰는 맥박처럼 우렁차게 울리는 열차의 기적소리, 문산에서 개성까지 가는 열차 속에서 나의 가슴은 마치 그 기적소리처럼 두근거렸다. 100년 전, 이 땅에서 처음으로 열차를 타본 우리 조상들의 심정이 아마도 이와 같았으리란 생각이 들었다.

우리나라는 세계에서 5번째로 고속철도(KTX)를 보유한 철도 선진국이다. 그러나 분단으로 인해 우리 열차들의 행로는 휴전선에 가로막혀

2007년 5월 17일 열린 남북철도연결구간 열차 시험운행. 반 세기 만에 철마가 달렸다.

앞으로 더 나아가지 못하고 있었다. 그래서 세계는 경의선 열차 시범운행이 있던 날, 우리를 가리켜 "한국이 드디어 세계와 연결됐다"고 했다. 이 말대로 휴전선이 활짝 열려 남과 북의 열차가 완전히 개통되는 날, 우리의 열차들은 대륙과 해양을 잇는 가교가 되어 유라시아 대륙을 질주하게 될 것이다. 그런 점에서 2007년이야말로 한민족 철도원년이라 부를 만하다.

북핵문제가 해결되어가고 있다. 한반도 평화체제와 남북 화해협력의 완성이 가시권에 들어오고 있다. 그에 따라 새로운 북방경제 시대가 열리고 있다. '북방경제 시대'란, 남북 경제협력과 한반도 평화정착이 본궤도에 오르고 북한의 개방이 가속화됨에 따라 가시화되는 한국경제의 북방전략이다. 개성공단 건설을 비롯한 남북 경제협력의 활성화와 북한 경제개발 지원을 통해 남북경제공동체 실현을 촉진하고, 경의선·동해선·경원선 연결을 토대로 유라시아 대륙을 관통하는 철의 실크로드를 완성함으로써 한민족의 대륙진출과 동북아-EU 경제권 통합을 선도하기 위한 Korean 프로젝트이다.

북방경제 시대의 1단계 과제는 철의 실크로드를 개척하는 것이다. 철의 실크로드는 한반도 종단철도(TKR)와 대륙횡단철도(TSR)를 연결하여 형성되는 유라시아 물류대동맥을 뜻한다. 미국과 유럽연합(EU), 동북아시아 등 세계 3대 경제축 가운데 전 세계경제의 27%를 차지하고 있는 유럽과 21%를 차지하고 있는 동북아시아를 하나로 이어내는 것이다.

철의 실크로드는, 첫째 남북경협을 활성화하고 남북경제공동체 건설을 촉진할 것이다. 남북 직교역의 경우, 해상운송에 소요되는 시간이 48시간이다. 반면에 철도수송의 경우, 17시간이다. 이러한 시간차이는 물류비용에서 약 3/5의 절감효과를 가져온다고 한다. 남북 직교역의 활성화와 개성공단 제품의 국제경쟁력 강화를 기대할 수 있을 것이다.

또한 한반도 종단철도(TKR) 건설이 북한의 경제발전에 미치는 긍정

〈표 2-1〉 시간절감 편익 : 평균 수송시간

(단위: 시간)

구 간	남북교역		한·일-중국		한·일-유럽·러시아	
	남측구간	북측구간	남측구간	북측구간	남측구간	북측구간
철도수송	3.3	14.0	8.3	14.0	8.3	29.0
해상운송	48.0		60.0		60.0	

〈표 2-2〉 운임절감 편익 : 철도수송과 해상운송의 운임

(단위: 7 TEU)

구 분	남북교역	한·일-중국	한·일-유럽·러시아
철도수송	187	338	478
해상운송	720	780	900

자료: 안병민, 『TSR-TKR 연결을 위한 국제컨소시엄 구성 타당성 연구』, (한국교통개발연구원, 2004)

적 영향도 고려해야 한다. 남북간 경의선 연결 및 북한철도 개·보수를 위해 투입되는 북한지역 투자가 북한경제 전체에 미치는 파급효과를 액수로 환산하면, 112억 달러라는 연구결과가 지난 2003년 4월에 발표된 바 있다.[1]

둘째, 철의 실크로드는 우리나라를 물류중심 국가로 성장시킬 것이다. 네덜란드의 경우, 영국, 독일, 프랑스 등 강대국에 둘러싸여 있었지만 오히려 이런 지정학적 특성을 적극적으로 활용하였고, 그 과정에서 로테르담 항, 스키폴 공항, 철도·도로를 잘 연결하여 유럽의 물류중심 국가로 성장하였다.

우리나라는 네덜란드와 지정학적, 지경학적 조건이 매우 유사하다. 동북아의 열강인 일본, 중국, 러시아에 둘러싸여 있는데, 이로 인해 서울을 중심으로 비행시간 3시간 거리에 인구 100만 명 이상의 도시를 43개나 두게 되었다. 현재 우리나라가 부산항, 인천공항 등 국제적인 물류센터를 보유하고 있고, 세계적인 철도강국임을 고려하면 한반도종단철도(TKR)와 대륙횡단철도(TSR)가 연결되었을 때, 우리나라는 세계 제1의 물류입국으로 발돋움할 수 있을 것이다. 안병민 한국교통연구원 북한교통정보센터 팀장에 따르면, 동북아 물동량 현황에 근거하여 철의 실크로드가 건설되었을 때에 남북한이 거둘 운임수입의 증가분은 남한이 1억 달러, 북한이 1억 5천만 달러라고 한다. 물류중심 국가로의 성장이 우리 민족에게 얼마나 큰 혜택을 안겨다주는지를 확인할 수 있는 수치이다.

셋째, 철의 실크로드는 동북아 평화와 번영을 촉진할 것이다. 한반도종단철도(TKR) 연결을 통해 남북한 사이에 물자와 사람이 자유롭게

----
[1] 최일봉. '남북 철도연결에 따른 경제적 파급효과 분석', 《산은조사월보》 2003년 4월호.

오고 가게 되면 철도가 상호소통의 통로역할을 하게 되면서 한반도는 '평화의 회랑'으로 자리매김하게 될 것이다. 또한 한반도가 남북으로 분단되어 있기 때문에 동북아 경제통합을 위한 과정에 난관이 많았던 것이 사실이다. 그런 점에서 동북아 환동해 경제권과 환서해 경제권의 접점지역인 한반도의 교통망이 연결되는 것은 동북아 경제·문화 통합에 크게 기여할 것으로 예측된다.

넷째, 한반도종단철도와 대륙횡단철도의 연결은 한·미·일 해양세력과 북·중·러 대륙세력의 미묘한 갈등과 마찰을 중단시킴으로써 동북아 각국간의 긴장상태를 완화시켜 동북아시아, 더 나아가 유라시아 지역의 협력과 통합의 시대를 선도하게 되는 효과를 가져올 것이다. 유럽철도망(Trans European Railway Network)이 형성됨으로써 유럽의 경제·사회·문화가 통합되고 EU결성이 앞당겨졌던 역사를 생각한다면 결코 허황된 꿈만은 아니다.

그런데 이와 같은 장밋빛 청사진에도 불구하고 철의 실크로드 건설을 위한 구체적 추진실적과 프로세스가 미비한 실정이다. 경원선 복원은 논의조차 되고 있지 않고, 철의 실크로드가 경유하게 될 국가들간

경의선 열차 시험운행에 탑승. 맞은편은 북측 관계자들이다.

의 협의체조차 마련되어 있지 않다. 또한 낙후된 북한철도를 현대화하는 데는 30억 달러 정도가 소요되어 국제 컨소시엄을 구성하지 않으면 안될 상황이다. 방향은 정해져 있고 과제는 산적한데 구체적 추진이 지연되고 있는 핵심요인은 중심국가가 제대로 서 있지 않기 때문이다. 철의 실크로드의 중심국은 한국이다. 부산에서 유럽까지 동북아와 EU를 잇는 유라시아 경제권 통합의 초대륙적 거대 프로젝트에 국가적 역량을 투입해야 할 것이다.

철의 실크로드와 남북철도 연결사업

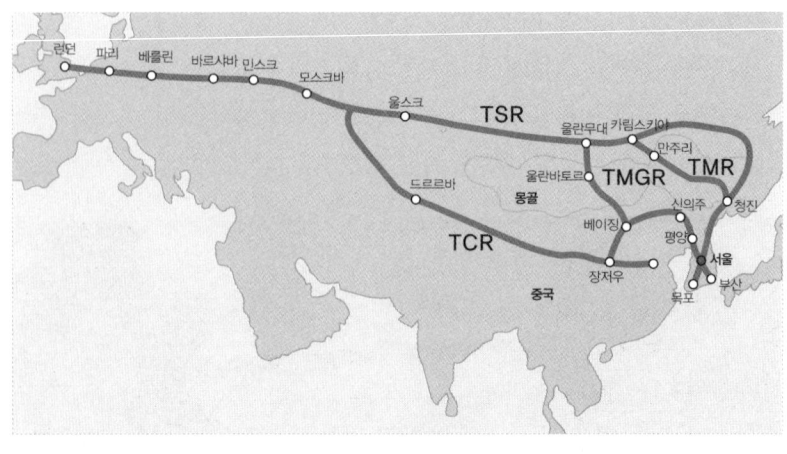

〈그림 2-1〉 유라시아 대륙횡단철도망

대륙횡단철도의 노선은 모두 네 가지이다. 가장 널리 알려진 시베리아횡단철도(TSR)[2]와 함께, 중국횡단철도(TCR)[3], 만주통과철도(TMR)[4], 몽골통과철도(TMGR)[5] 등이 있다. 하지만 이 4개 노선 중 한반도종단철도와 연결될 노선은 시베리아 횡단철도(TSR)이다. 4개 철도망 중 유일하게 브레스트6)까지 정기화물운송열차(Block Train)를 운행하고 있으며, 러시아의 노력으로 화물추적 자동화 장치가 장착되어 있는 등 다른 국제철도망에 비해 여건이 좋은 편이다.

그렇다면, 여기에 연결시킬 수 있는 한반도종단철도(TKR)의 최적노선은 어디일까? 우선 경의선부터 살펴보자. 남과 북은 2000년 7월 31일 제1차 남북장관급회담에서, 철도·도로 연결사업에 합의하고 9월 18일 공사에 착수하여 2002년 12월 31일 완공하였다. 이후, 군사적 문제로 철도운행이 이루어지지 않다가 지난 2007년 5월 13일 남북장성급회담에서 '열차 시험운행 위한 한시적 군사보장 조치'에 합의하면서 5월 17일 분단 이후 최초로 문산-개성 봉동간 열차 시범운행이 이루어지게 된다.

그리고 2007년 제2차 남북정상회담에서 문산-개성간 열차 정기운행을 합의, 12월 11일부터 매일 한 차례씩 화물열차가 남과 북을 오가고 있는 중이다. 또한 11월 21~22일 개성에서 경의선 개·보수를 위한 남북 실무진 접촉이 이루어져 2008년부터 경의선 현대화 작업을 추진하기로 합의했다. 현재 건설교통부는 경의선이 완전개통될 시, 북한은 연간 1,500억 원, 남한은 약 1,000억 원의 경제적 효과를 볼 것으로

----

2) 총연장 13,054km, 한국(부산)→북한(원산, 청진, 나진, 두만강)→러시아(연해주)→유럽 등 3개 지점에서 국경 통과.
3) 총연장 12,091km, 한국(서울)→북한(개성, 평양, 신의주)→중국(단동)→카자흐스탄→러시아→유럽 등 5개 지점에서 국경 통과.
4) 총연장 11,608km, 한국(부산, 서울, 신탄리)→북한(평강, 청진, 회령)→ 중국(도문)→만주→러시아→유럽 등 4개 지점에서 국경 통과.
5) 총연장 1,231km, 한국(부산, 서울)→북한(개성, 평양, 신의주)→중국(단동, 북경)→몽골→러시아↔유럽 등 5개 지점에서 국경 통과.
6) 구 소련 서부의 우안에 있는 하항(河港)이며, 모스크바와 바르샤바를 잇는 철도와 도로교통의 요지이다.

전망하고 있다.

　이와 같이, 경의선은 남북철도 연결사업에서 가장 빠른 진전속도를 보이고 있는 구간이다. 또한 북한내 철도노선 중 비교적 양호한 상태인 것으로 알려져 있다. 그래서 철의 실크로드를 이른 시기에 건설하고자 한다면 '경의선 축'(경의선-경부선)을 한반도 종단철도(TKR)의 중심 노선으로 삼아야 할 것이다. 비단 시간의 문제만이 아니다. 경의선-경부선은 남북한의 주요 산업거점을 직접 연결하는 동시에 수도와 인구밀집 지역을 통과한다는 강점이 있다. 경제적 타당성도 갖추고 있는 셈이다.

　하지만 약점도 있다. 경의선 축은 대對중국 운행에서 운임 및 수송시간의 절약이란 강점을 지니지만 대對러시아 및 유럽운행에서는 북한지역을 길게 우회해야 하는 단점을 가지고 있다. 그 만큼 물류비용이 증가하며, 유라시아 대륙을 관통하는 물류대동맥의 형성이란 철의 실크로드 프로젝트의 기본취지에도 부합하지 않는 노선이다. 그런 점에서 경의선은 시베리아횡단철도(TSR)보다는 중국횡단철도(TCR)와 연결되어 한·중 무역의 물류 보급로로 활용하는 것이 더 합리적이라 판단된다.

　동해선은 2002년 4월 5일 임동원 대통령특사 방북 당시, 복원이 합의되어 같은 해 9월 18일 착공되었다. 남측 복원구간의 토지매입 및 환경보전 문제가 대두되어 공사가 일정기간 지연되다가 2005년 12월 31일 완공되었고, 2007년 5월 경의선과 같은 날 열차 시범운행이 이루어졌다. 동해선 축은 북한이 한반도종단철도(TKR)의 중심노선으로 삼길 바라는 곳이다. 자원매장 지역을 경유하면서도 군사적 요충지와 인구밀집 지역을 우회하기 때문이다. 또한 컨테이너 처리능력 세계 5위인 부산항과 북한의 산업지구, 중국 길림성과 흑룡강성, 러시아 극동 천연자원 산지를 직접 연결함으로써 자원공급로로서 중요한 의미를 가지며, 시베리아횡단철도(TSR)와 연결되는 최단노선이기도 하다.

그래서 러시아도 이곳에 관심을 두었다. 그러나 2001년 북·러 정상회담 이후 러시아가 벌인 실태조사에서 부적합 판정을 받았다. 남측 동해선 구간이 존재하지 않기 때문이었다. 남측내 단절구간을 복원하여 휴전선 지역에서 강릉, 포항을 경유, 부산까지 연결하는 데 15년 이상의 긴 시간과 막대한 공사비가 소요되며, 서울 및 수도권 지역을 관통하지 않는 것도 경제성을 떨어뜨리는 또 다른 요인이다.

이처럼 현재까지 연결공사가 완료된 경의선과 동해선은 모두 만만치 않은 단점을 가지고 있다. 그러면 경원선은 어떠한가? 경원선이 한반도종단철도(TKR)의 대안으로 고려될 수 있다. 첫째, 인구가 밀집한 수도권과 한반도 북부의 산업단지 및 자원매장지를 동시에 경유하는 노선이다. 경의선과 동해선의 장점을 합성시켜놓은 구간인 것이다. 둘째, 수도권과 시베리아횡단철도(TSR), 만주통과철도(TMR)를 최단거리로 연결하는 노선이다. 이 것 역시, 만주통과철도(TMR)에 치우친 경의선, 시베리아횡단철도(TSR)에 치우친 동해선의 장점만 한데 모았다고 할 수 있을 것이다. 셋째, 남한내 단절구간이 31km로 시간과 공사비가 그리 크게 소요되지 않는다.

이 구간에 대한 복원공사는 이미 남측에 의해 1991년부터 준비되고 있었다. 설계 및 용지매입이 1992년에 완료된 상태인데, 휴전선 접경 지역이란 이유로 오랜 기간 미개발 상태로 놓여 있어야 했던 이 지역 주민들의 숙원사업이기도 하다. 이런 이유로 러시아는 2001년 두만강에서 평강까지 실태조사를 하고 경원선을 TSR과 연계되는 TSR의 최적노선으로 평가한 바 있다.

그런데 이에 대해 북한이 반대하고 있다. 이 지역이 중부전선 주력부대가 집중배치된 군사적 요충지라는 이유에서이다. 그러나 역설적으로 군사적 긴장지대이기 때문에 경원선을 한반도종단철도(TKR)의 중

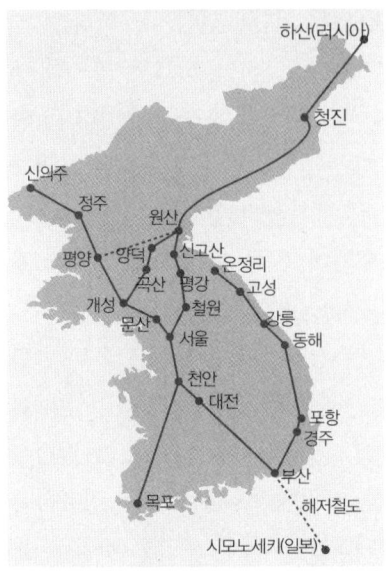

〈그림 2-2〉 한반도종단철도 개념도

심노선으로 삼아야 하는 것이다. 장기적 관점에서 경원선이 '평화의 회랑'이 되었을 때, 남북의 군사적 신뢰도 증진되고 남북 양측의 군사비 부담도 축소될 수 있을 것이다.

원래 제2차 정상회담에서도 경원선 복원문제가 주요의제로 다루어질 전망이었다. 그러나 이와 관련된 내용이 언급되지 않은 채, 정상회담이 종결되었다. 자세한 내막은 모르겠으나 북측의 거부감이 여전했기 때문으로 추정된다. 하지만 추후에도 남북 교통망 연결에 대해 북측과 계속 협의해나가야 하므로 정상회담, 장관급회담에서 경원선 복원문제를 의제로 상정하고 북측을 꾸준히 설득해나가야 할 것이다.

그래도 한 가지 희망적인 소식이 들리고 있다. 건설교통부와 경기도 제2청이 현재 경원선 종착역인 경기도 연천군 신서면 신탄역에서부터 강원도 철원군 철원읍 대마리 민통선까지 5.7km 구간을 복원하는 공사를 2007년 12월부터 시작한 것이다. 건교부는 남북간 합의가 이뤄질 경우에 1,800억 원 가량을 들여 철원 민통선-군사분계선-북한 평강까지 25.3km를 추가로 복원할 계획이라고 한다. TKR-TSR 연결을 통한 철의 실크로드 개척의 중요한 일보가 내딛어진 것이다.

한국과 철의 실크로드

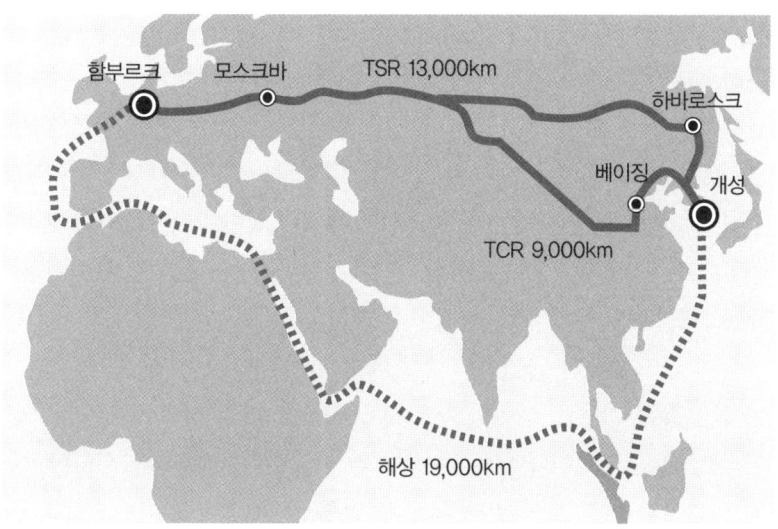

〈그림 2-3〉 철의 실크로드와 개성공단

누가 뭐라 해도 철의 실크로드 중심국가는 우리나라이다. 애초에 대륙횡단철도(TSR)가 동북아와 유럽, 대륙세력과 해양세력을 잇는 정치·경제·문화교류의 가교역할을 수행하지 못한 것은 순전히 남북분단의 현실 때문이었다. 그래서 철의 실크로드 프로젝트의 성패는 남북철도 연결사업의 성공에 달려 있으며, 그 핵심적 열쇠는 남과 북, 특히 우리나라가 쥐고 있다. 또한 철의 실크로드가 우리나라를 물류중심 국가로 도약하게 한다는 점에서 경제적으로 가장 큰 이해관계를 가지고 있는 게 우리나라이다.

그런데 현실은 어떠한가? 아직까지 국제철도협력기구(OSJD)[7]에도 가입하지 않은 상태이다. 이와 관련 2004년 국정감사에서 문제제기를 하고 조속한 가입을 위해 노력하도록 당부했음에도 3년이 지난 오늘에까지 우리 정부는 유효적절한 조치를 취하지 않고 있는 듯하다.

철의 실크로드를 위한 'TKR-TSR' 연결사업이 구체적으로 진전되지 못하고 답보상태에 빠진 것은 이를 국가적 정책으로 승화시키고 지속적으로 추진해야 할 정부내 정책 컨트롤 타워가 부재하기 때문이다. 남북 철도연결을 위한 사업에서 이미 관련부처—건교부, 통일부, 국방부, 환경부, 문화부, 철도청 등—간의 업무중복 혹은 공백현상 등 문제점이 드러난 바 있다. 한반도종단철도와 대륙횡단철도 연결사업과 관련한 업무도 건교부 남북교통팀, 통일부 경협과, 외교부 국제에너지물류과, 재경부 남북경제팀, 동북아시대위원회 등에 산재해 있다.

국제 철도상황이 급변하는 와중에 중국과 러시아가 북한과 연계하여 물류수송 기능을 강화하기 위해 노력하고 있는 상황이다. 그 양상이 상당히 공격적이다. 중국은 북한과 물류협력을 강화하고 있다. 중국 길림성과 나진 사이에 해운 및 철도 등을 활용한 연결 수송로를 구축하고 있으며, 독자적으로는 동북 3성을 관통하는 총연장 1,380km의 철도를 신설하고 있다. 이 철도가 부설되면 TKR-TSR 연결노선의 중국측 예상물동량 상당부분을 흡수하여 경제적으로 부정적 영향을 미칠 것이라고 한다.

러시아도 북한내 SOC에 대한 주도권을 잃지 않기 위해 발 빠르게 움직이고 있다. TKR-TSR 연결사업의 경제적 타당성 및 최적노선에 관한 객관적 수치가 2001년도에 러시아에서 수행한 실태조사에 근거

---

7) 국제철도협력기구(OSJD): 1956년 불가리아에서 결성. 구 사회주의권 국가 25개국이 가입. 주요 조직으로 장관회의, 철도책임자회의, OSJD위원회 등이 있으며 국가간 철도수송을 위한 선결조건 해결 및 국제적 협조체제를 조성하는 역할을 수행하고 있음. 대륙횡단철도가 경유하는 국가 중 우리나라를 제외하고 모든 국가가 가입되어 있어 사실상 하나의 국가에서 이동하는 것처럼 편리하게 화물수송이 이뤄지도록 뒷받침하고 있음.

하고 있다는 것만 보아도 그 양태를 충분히 짐작할 수 있다. 일본도 이 행렬에 동참하고 있다. 1988년 도쿄에서 사포로 지역까지 연결한 철도 노선이 있는데, 이를 사할린을 경유하여 연해주까지 연결되는 해저터널을 뚫어 대륙횡단철도(TSR)와 직접 연결시키려 한다는 이야기가 들려오고 있다.

그럼에도 불구하고 우리 정부에는 철도연결을 위한 예산과 정책집행의 전권을 가진 기구가 존재하지 않고 있다. 이로 인해, 당면한 현안조차 신속하게 대응하지 못하고 있는 실정이다. 이대로 가면, 동북아 물류중심 국가란 국가전략에 심각한 차질을 빚을 것이며, 북한내 건설사업에서도 주도권을 상실할 수 있다. 지금이라도 하루속히 철의 실크로드 개척과 물류중심 국가로의 도약이란 국가적 과제를 명확히 하고 이를 책임지고 이끌어갈 컨트롤 타워를 구성해야 할 것이다.

정부내 컨트롤 타워가 구성되면 우선적으로 추진해야 하는 것이 국가간 협의체의 건설이다. 한반도종단철도와 대륙횡단철도를 연결하기 위해서는 단절된 철로를 복원하기 위한 노력뿐만 아니라 국가간 화물운송을 위한 통관절차와 출입국 심사부터 운송계약 운송장 작성방식 등까지 세밀한 사항에 대해서도 국가간 협의가 이뤄져야 한다. 하지만 주요 당사국인 남·북·러 국가가 모두 참여하는 협의체는 정부간 협의체보다 느슨한 형태인 '남·북·러 철도전문가 회의'가 유일하며 이마저도 활성화되어 있지 않은 상태이다. 남·북·러를 주요 당사국으로 하고 중국, 몽골, 카자흐스탄 등 대륙횡단철도가 경유하는 동북아 지역 해당국가들의 교통장관이 참여하는 '동북아 교통장관회의' 또는 '남·북·러 철도협력위원회'와 같은 협의체를 구성할 필요가 있다.

이와 같은 국가간 협의체를 구성하면서 동시에 추진해야 하는 것이 '북한철도 현대화를 위한 국제 컨소시엄'의 구성이다. 북한지역 철도

열차시험운행 후, MBC 특집 TV토론에 출연하여 그 의의를 설명하는 필자.

시설은 제대로 된 유지·보수가 미흡해 평균속도가 시속 20~40km에 불과하다. 또한 러시아가 2001~2003년 사이에 조사한 바에 따르면 철로를 보수하고 신호체계를 자동화하는 데 드는 비용이 최소 24억 달러에서 최대 34억 달러가 소요된다고 한다. 우리나라 혼자서는 부담하기 힘든 비용이다. 게다가 북한이 국제금융기구에 가입되어 있지도 않고 대외 신인도도 낮아 개발도상국 지원차관 등을 통한 재원조달도 기대할 수 없는 형편이다. 국제 컨소시엄 구성을 통한 재원조달이 유일한 해결책이다.

국제 컨소시엄은 '남·북·러' 3개국이 주도국으로 참여하고 '일본·미국·EU' 등은 협력국으로서 참여하여 구성하는 것이 바람직할 것이다. 참여국가들의 정부뿐만 아니라 민간이 함께하여야 할 것이다. 또한 참여국들은 분담규모에 대해 책임과 의무에 따라 그 분담액을 사전논의해야 할 것이다. 또한, 민간의 투자 및 참여도 보장해야 사업의 효율성을 높일 수 있을 것으로 판단된다.

북핵문제의 완전해결이 가시권에 들어오는 상황인만큼 국제 컨소시엄을 구성할 때, 프로젝트 파이낸싱(Project Financing)[8] 방식을 채택할 수 있을 것으로 보인다. 프로젝트 파이낸싱은 미래 현금흐름에 대해 금융거래가 이뤄지는 것이므로 TKR-TSR 연결시 운임수입 등 경제적 타당성에 대한 실증적 조사를 실시한 후, 우선적으로 각국 정부가 참여하고 정부보증하에 일부 민간도 투자하도록 하면 국제 컨소시엄 구성이 훨씬 용이할 것이다.

아직까지는 우리나라가 북한내 SOC 건설에 우위를 점하고 있다. 하지만 차후 중국이나 러시아 자본의 북한내 SOC 진출이 본격화되면 이로 인해 주도권을 상실할 우려가 있다. 이를 예방하기 위해서라도 재원조달 문제를 비롯하여 운영과 관련한 문제를 논의할 수 있는 한국중심의 다자간 협력체 구성을 서둘러야 한다.

마키아벨리는 "행운은 준비된 자에게만 유효한 의미를 가질 수 있다"고 했다. 철의 실크로드 개척을 앞두고 있는 우리에게 큰 교훈으로 다가오는 말이다. 우리나라의 지정학적, 지경학적 조건이 아무리 유리하다고 한들 우리 자신이 실력이 없고 준비가 되어 있지 않다면 아무 소용도 없는 것이다. 지난 100년의 역사가 이를 증명한다. 같은 실수를 두 번 되풀이하지 않기 위해서라도 발 빠른 행보로 철의 실크로드 개척에 앞장서야 할 것이다.[9]

---

8) 프로젝트 파이낸싱(Project Financing)은 금융기관이 담보가 아닌 당해 프로젝트의 사업성과 사업의 신용만을 보고 자금을 지원하는 금융기법이다.
9) 2005년 국정감사에 발행한 자료집 『북방경제시대 1단계 · 블루오션, '철의 실크로드'』를 재구성했다. 당시 참고했던 연구문헌은 다음과 같다.
  ① '대륙횡단철도 운임현황 조사연구', 『건설교통부 연구용역보고서』(교통개발연구원 · 한국철도기술연구원, 2004.)
  ② 안병민, '남북철도 연결의 경제적 파급효과와 정책과제', 《경제정책연구》(2005. 여름호)
  ③ 안병민, '북한의 인프라 현황 및 향후 대책', 「임종석 의원실 간담회」(2005.)

남북 저작권 교류의 새 장을 열다

386세대로 불리는 우리에게 남북통일은 언제 어디에서나 심장을 뛰게 하는 인생의 이정표이자, 동시에 평생 내려놓을 수 없는 짐이다. 2000년 최연소 국회의원으로 당선되고 바로 통일외교통상위원회에서 활동하고 싶었지만 당시로서는 다양한 활동을 통해 먼저 국정운영 전반을 익히는 게 필요하다고 생각되어 교육위원회와 재정경제위원회에서 활동하였다. 그러나 남북관계 발전에 기여하고 싶은 꿈을 잠재울 길이 없었다. 그래서 남북관계를 위해 헌신했던 옛 동료들과 함께 실천적인 '남북교류'를 위한 단체를 하나 만들었다. 그 것이 바로 '남북경제문화협력재단' 이다.

2000년 정상회담 이후 남북간 경제교류, 문화교류는 급격히 늘어났다. 그러나 상호간에 신뢰를 바탕으로 지속적인 사업을 진행하지 못하고 일회성 이벤트나 구호를 위한 인도적 지원사업에 머무르는 경향이 많았다. 이를 극복하고 남과 북의 상호신뢰 속에 지속적인 경제·문화교류를 진행하고 싶었다. 한완상 전통일부총리를 이사장으로 모시고 '전대협 세대'의 청년들이 뭉쳤다. 여러 가지 시행착오도 많았지만 남북경제문화협력재단이 만들어진 2002년 이래 5년 가량 흘렀다. 한완상 총리님이 대한적십자사 총재라는 중책을 맡게 되어 2005

2003년 남북경제문화협력재단이 평양을 방문했을 때, 평양 순안공항에 마중나온 북측 민화협 관계자와.

년 8월부터는 내가 이사장을 맡아 활동해오고 있다. 남북경제문화협력재단이 추진해온 사업 가운데 '남북 저작권 교류사업'과 '김일성종합대학 전자도서관 사업'은 남북 경제문화 교류의 역사에 큰 획을 긋는 사업이다.

남북저작권 교류협력, 민족문화 재산을 지키는 일.

가요 '반갑습니다', '휘파람', 소설 《황진이》, 《임꺽정》 그리고 영화 '불가사리' 등등. 남북이 본격적으로 교류협력을 시작한 2000년 6·15 정상회담 이후, 이제 남쪽 사람들도 북한노래 하나쯤은 읊조릴 수 있고, 북한서적이나 영화를 보는 것도 그리 낯설지 않은 풍경이 되었다.

그 동안 남쪽에는 북쪽의 모든 예술작품들이 선전·선동 일색이라고 알려졌지만, 북쪽 작가들의 작품도 우리와 똑같은 창조의 고뇌와 길고 험한 산고의 과정을 거쳐 탄생한 창작물이라는 점을 부인할 수 없다. 분단역사 최초로 남쪽의 만해문학상을 받은 북쪽 소설, 홍석중의 '황진이'는 박경리의 '토지'나 조정래의 '태백산맥'처럼 사투리의 묘미와 민족적 정서를 고스란히 담고 있다. 벽초 홍명희의 손자인 홍석중 선생은 일찍이 고전에 통달했고, 장시간 토속언어의 취재를 통해 '황진이'를 써내려갔다고 했다.

북한의 문학작품과 영화, 음악 및 미술 역시 우리가 보호해야 할 민족의 문화재산이다. 경쟁적으로 북한의 소설이나 영화를 남쪽에 소개하려는 이들이 늘고 있고, 세계적으로 지적 재산권 보호가 중요한 과제가 되고 있는 점을 생각한다면, 북한작품들의 저작권 문제에 관심을 갖고 이를 보호하려는 노력을 기울이는 것은 결국 우리 모두의 재산을 보호하는 것이라 할 수 있다.

북한 저작물을 이용하려면 소송을 각오해야 한다?

그러나 그 동안 북한작품의 저작권을 둘러싸고 분쟁과 불협화음이 자주 들려왔다. 많은 사람들이 남북간 문화교류를 위한다는 좋은 의도로 북한 저작물을 남쪽에 소개하려고 노력해왔지만, 어려움도 많았고 피해사례와 법적 분쟁도 왕왕 있어왔다. 오죽하면 북한 저작물을 이용하기 위해서는 소송을 각오해야 한다는 말이 있겠는가.

국가보안법이 서슬 퍼렇던 시절에는 북한의 책을 읽는다는 것은 엄두조차 내지 못했고, 다만 출처 모를 복사본만이 암암리에 돌아다니곤 했다. 북한에 어떤 저작물이 있는지도 알 수 없었던 시절이었다. 때문에 북쪽의 책들이 표지만 바뀐 채 남쪽에서 출간한 저작물인 양 행세하던 시절도 있었다.

이후, 간혹 중국이나 일본을 통해 정보를 구하고 출판이나 상영계약을 성사시키기도 했으나 비용과 시간이 너무 많이 들었다. 정식계약을 체결하더라도 그 계약이 법적으로 유효한 것인지에 대해 확인할 방법도 없었다. 남북 분단상황을 이용한 브로커들 때문에 한 작품을 둘러싸고 두세 군데 업체가 판권을 주장하는 상황도 자주 벌어졌다.

1998년 KBS가 방영한 북한영화 '림꺽정'이 대표적 예이다. KBS는 분명 북측 목란비데오사를 통해 저작권 위임을 받은 미국 라인랜더상업회사와 남측의 (주)IMS와 계약하여 '림꺽정'을 수입·방영하였다. 그러나 이후 (주)우인방커뮤니케이션은 조선예술영화보급소로부터 저작권 위임을 받은 조선아세아태평양위원회와의 독점계약을 근거로 KBS에 소송을 제기한 것이다. 하지만 법원은 '저작권을 위임을 받았다고 주장하는 단체가 존재하는지 확인조차 되지 않으므로 저작권을 가지고 있다고 볼 수 없다'는 판결을 내렸다.

남북 당사자간 저작권 직접계약·체결로 저작권 교류 투명성과 안정성 높아져

이러한 상황 속에서 남북경제문화협력재단은 남북간 합법적인 저작권 교류가 절실히 필요하다는 문제의식을 가지고 문화협력사업으로서 저작권 센터 구성과 저작권 관련사업을 2003년 9월 북쪽에 제안하였다. 그 간 남북간의 사회문화 협력사업은 일시적 이벤트에 그치거나 인도적 지원분야에 국한되어 있다는 아쉬움도 컸고, 문화분야에서도 지속적인 교류협력 사업을 추진하여 수익을 창출할 수 있는 모델을 만들어보고자 계획하게 된 것이다. 이 모든 과정에는 신동호 위원장의 노력이 가장 컸다. 신동호 위원장은 신춘문예를 통해 등단한 시인이면서 민족문학에 관심과 애정이 깊어 북측과 실무협상장에서는 북측 사람들도 모르는 고전이나 이야기들을 읊으며 기선제압을 하곤 했다.

2003년 처음 북측과 논의를 시작한 이래, 여러 차례 의견교환과 실무접촉을 거쳐 2005년 3월 18일 남북간 최초로 직접적 저작권 양도계약서를 체결하기에 이르렀다.

북측은 처음부터 저작권 전부를 양도하고자 하였으나 우리는 우선 시범사업부터 실시할 것을 제안하였다. 남북간 저작권 교류에 있어 독점체계를 만들지 않고 신뢰가 쌓이는 대로 더 많은 사업자들을 연계시키려는 뜻이었다. 우선 시범사업으로 이미 국내에서 출간된 《임꺽정》, 《고려사》, 《황진이》 등 서적의 저작권 보상문제 그리고 '휘파람', '반갑습니다' 등 노래와 200여 종의 서적에 대한 이용권 및 재출판사업을 추진하기로 하였다. 그 결과, 지난 2005년 12월 13일, 홍석중 선생이 국내 출판사를 상대로 소설 '황진이' 저작권 소송을 처음으로 제기함으로써 북한작품들의 저작권 문제에 경종을 울리기도 했다.

이후 저작권 사업은 성공적으로 추진되어 2007년 상반기에는 북측 서적 출간이 쏟아졌다. 《겨레고전문학선집》, 《서산대사》, 《안중근 이등박문을 쏘다》, 《주몽》 등의 고전시리즈와 어린이를 위한 《남북동화모음》 등의 북한 책들이 서점에 등장했다.

서적뿐만 아니라 음악과 영화 분야에서도 북측과 저작권 교류사업이 있었다. 남측 가수가 부르는 북측 노래들로 통일음반 '동인'을 최초로 제작하였다. 또한 송혜교가 주인공이었던 영화 '황진이' 역시 우리측 영화사가 북측 작가에게 최초로 판권을 구입하여 만든 영화로 분단역사에 길이 기록되게 되었다.

이제는 남북경제문화협력재단이 저작권사업의 공식채널로 확고히 자리매김했다. 남북저작권 교류사업을 특집기사화했던 〈경향신문〉은

남북경제문화협력재단은 김일성종합대학 전자도서관 사업을 추진하고 있다. 전자도서관 사업의 장비를 둘러보는 필자.

'북한 저작물의 소개는 남북경제문화협력재단의 저작권 교류사업 이전과 이후로 나뉜다'고 표현했을 정도이다.

그간 북한에서도 저작권 보호를 위한 많은 제도적 변화가 있었다. 2001년 4월 제정된 저작권법 16조에 '개인의 이름으로 창작된 저작물에 대한 저작권은 그 것을 창작한 자가 가진다'라며 저작권에서만큼은 사적 소유를 인정하는 획기적인 규정을 두고 있다. 2003년 4월에는 베른협약[10]에 가입하였고, 2004년 6월에는 '저작권 사무국'이라는 기관을 신설하였다. 북한의 내각에 해당하는 정무원 산하에 신설된 '저작권 사무국'에서는 기존에는 노동당 산하 출판지도국 판권처와 저작권

---

10) 베른협약이란, '문학 및 미술 저작물 보호에 관한 국제협정'으로 우리나라는 1996년에 가입하였다.

처에서 수행했던 저작물 사업 및 저작권을 관리하는 업무를 총괄하고 있다. 2005년 4월부터는 북한 저작물을 남쪽에서 출판·상영하기 위해서는 북한 저작권자 및 저작권 사무국의 확인서를 반드시 받도록 변경되었다.

북측과 저작권 사업을 추진한 이후 들은 뒷얘기에 따르면, 대남 경제사업을 하는 사람들 간에는 저작권 사업에 임하는 사람들에게 좋은 아이템을 잡았다고 부러워들 한다고 했다. 무형의 지적 재산권으로 수익을 창출할 수 있다는 것이 그들로서도 좋은 경험이었나 보다.

민족공동체 형성 위해 남북 저작물 교류가 활성화되어야

남북이 직접적으로 저작권 계약을 체결할 수 있게 됨으로써 앞으로 저작권 교류의 투명성과 안정성이 높아지게 되고, 나아가 남북간 저작물의 교류도 더욱 활성화될 것으로 기대된다. 향후 북한 저작물을 더욱 활발히 이용하기 위해서는 남북간 저작권 보호 특별협정을 체결하고, 저작권관리위원회나 저작권위탁관리대행기구와 같이 저작물 교류를 위한 기구를 신설하여야 할 것이다. 이러한 법적·제도적 문제들도 이제부터 심도 깊게 논의되어야 할 것이다.

분단 60년, 반 세기가 넘는 길고도 긴 단절의 세월 만큼이나 남과 북의 사회적, 문화적 차이도 커졌다. 문화적 차이를 극복하고 민족공동체를 형성하는 길은 꾸준한 사회·문화교류 외에는 달리 방법이 없다. 북한사람들의 생각을 담은 책을 읽고, 사회상을 보여주는 영화를 보고 실제로 만나고 교류하는 과정에서 비로소 남과 북은 하나의 민족으로 돌아갈 수 있을 것이다. 남과 북의 저작권 교류가 중요하고도 반드시 투명하게 진행되어야 하는 까닭이 여기에 있다. 앞으로도 남북 저작권 교류협력이 백두와 한라를 하나 되게 하는 밑거름이 되기를 기대한다.

북한 경제개발의 의미와 전략

인도적 지원에서 경제개발 지원으로

　우리나라의 본격적인 대북 경제지원은 1995년부터 진행되어왔다. 구소련이 해체되고 이로 인해 소련 등 동구 사회주의권과의 우호무역이 사실상 중단되면서 경제적 어려움을 겪기 시작하던 북한은 90년대 중반부터 계속된 수해와 가뭄 등으로 경제와 식량사정이 극도로 악화되기 시작했다. 이에 따라, 우리 정부는 식량난으로 고통받는 북한동포들이 현실적인 곤경을 벗어날 수 있도록 긴급하게 쌀 15만 톤의 식량지원을 실시하였으며 민간부문 역시 다양한 경로를 통해 지속적으로 북한의 식량난 지원을 모색해왔다.

　이로 인해, 지난 12년간 일반적으로 '대북지원'은 경제난으로 어려움을 겪고 있는 북한동포들을 돕기 위한 긴급구호 차원의 식량, 비료 및 의료품 등의 무상원조를 의미해왔다. 즉, 대북지원이 긴급구호 차원의 인도적 지원과 동의어로 여겨지게 된 것이다. 물론 지금까지의 대북 인도적 지원은 북한의 식량난을 호전시켰고, 북한동포들의 경제적 생존유지에 큰 도움을 주었다. 그러나 최근 이와 같은 지원방식이 여러 측면에서 한계를 보이고 있다.

식량이 부족하면 식량을 보내주고, 의약품이 부족하면 의약품을 보내주는 방식의 인도적 지원은 기본적으로 소비적 성격을 가질 수밖에 없다. 그런데 이것이 장기화될 경우, 국내 및 국제사회 기부자의 피로감을 유발하게 된다. 이러한 피로감은 국민들 사이에도 전파되는데, 일부 보수세력이 그동안 끊임없이 제기해온 '대북 퍼주기 논란'도 알고 보면 인도적 지원의 소비적 성격이 유발하는 피로감에 기대어 유포된 것이었다.

이와 더불어 인도적 지원은 임기응변적 성격을 가진다. 그래서 지원 대상인 북한이 자생력을 제고하여 경제난을 근본적으로 해결하는 데에는 큰 도움을 줄 수 없다. 그런 점에서 대북지원의 방식전환이 필요하다. 기존의 인도적 지원방식에 머무른다면 지원의 목표조차 달성할 수 없을 뿐더러 지원금액과 그 효과를 비교해볼 때, 효율성이 떨어져 대북지원을 지속해갈 수 없을 것이다.

따라서 대북 경제지원의 방식을 생산적·구조적·장기적 성격의 '개발지원'으로 전환시킬 필요가 있다. 이를 통해 대북 경제지원 사업에 대한 국민과 국제사회의 지지를 다시 확보하고, 그것의 효율성을 제고하며, 더 나아가 북한경제의 성장잠재력 배양을 통한 북한 경제난의 근본적 해결을 도모해야 한다.

개발지원은 장기적 관점에서 해당국가의 사회경제적 개발을 돕기 위한 지원을 가리킨다. 인도적 지원이 식량과 의약품 부족으로 극단적인 생명위협에

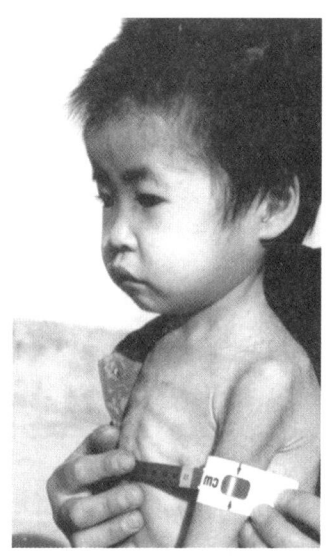

오랜 기근으로 인하여 영양실조에 걸린 북한 어린이. (출처: 연합뉴스)

놓인 개인 또는 집단을 긴급구호하는 것이라면 개발지원은 식량과 의약품의 부족을 만성적으로 야기하는 사회경제적 조건을 체질적으로 개선시켜주는 것을 말한다. 예를 들어, 식량위기에 처한 국가에게 비료, 농기구 및 농업기술을 지원하여 농업생산력을 제고, 식량위기에서 근본적으로 벗어나도록 하며, 전염병 등 질병위협에 시달리는 국가에게는 의료품과 함께 병원시설 확충 및 의료기술을 지원하여 더 이상 그와 같은 질병위협이 발생하지 않도록 하는 것이 개발지원이다.[11]

이와 관련해 주목할 것은 북한도 개발지원의 필요성을 인식하고 있으며 또한 바라고 있다는 것이다. 지난 2005년 9월 북한은 "2006년부터 UN의 인도적 지원을 더 이상 받지 않고 개발지원을 수용하겠다"는 입장을 UN측에 통고했다. 뿐만 아니라, 인도적 지원사업을 펼치는 평양 상주 국제 NGO 단체들도 북한에서 떠날 것을 요구했다. 개발지원으로의 전환 필요성을 단지 우리만 느끼고 있었던 것은 아닌 것이다.

한국사회에서 북한 개발지원이 의제화되기 시작한 것은 2004~2005년 무렵부터였다. 대북 인도적 지원이 10년 가까이 진행되면서 이에 대한 문제의식이 사회 전반적으로 널리 확산되고 있을 때였다. 그리하여 남북관계 전문가 및 정책 담당자들 사이에서는 지난 10년간 진행되어 온 대북 경제지원을 평가하고 새로운 활로를 모색하는 논의가 활발히 진행되고 있었다. 그러면서 인구에 회자되기 시작한 것이 개발지원이란 개념이었다. 나 또한 이 문제의식에 공감하면서 연구와 토론을 거듭한 끝에 『대북 경제지원의 대전환』이란 제목으로 2004년 국정감사에 맞춰 자료집을 발간하기도 했다.

----
11) 김석진, '대북 개발지원의 과제와 추진방향', 《KIET 산업경제》 (2006. 5월호)

북한 개발지원 문제와 관련해 정부는 2004년 6월 15일 북핵문제 해결과정에서 포괄적 경제지원 계획을 추진하기로 결정하고 관계부처 태스크포스 팀을 결성, 약 1년간의 논의를 거쳐 2005년 5월, 그 내용을 확정했다. 그리고 2005년 6월 당시 정동영 통일부장관이 대북특사로 파견되면서 이 내용을 김정일 위원장에게 전달한다. 그것이 바로 20년간의 '포괄적·구체적 경제협력계획'[12]이다. 이 내용은 2007년 제2차 남북정상선언의 경제부문 합의에 거의 그대로 반영되어 있다. 남과 북이 이미 3년 전부터 북한개발 지원의 필요성에 공감하고 그 계획과 실천방안을 공동으로 모색하고 있었던 것이다.

　　이처럼 북한 개발지원 프로젝트가 우리 정부에 의해 이미 4년 전에 수립되었으며, 남북정상회담을 통해 북한과의 합의도 사실상 이루어졌다. 그렇다면 이제 구체적 실천방도를 모색해야 할 때이다. 이와 관련해 나는 두 가지 과제를 해결해야 한다고 생각한다. 첫째, 개발지원자금의 조성문제이다. 개발지원자금의 규모와 조성방법 및 지원방식에 대한 모색이 필요하다. 둘째, 국제협력방안이다. 개발지원은 단지 정부차원에서만 이루어지지 않는다. 국제기구 또는 국제 NGO가 다자간 지원의 형태로 참여한다. 이러했을 때, 북한 개발지원에 참여하는 다른 국가의 정부, 국제기구 및 국제 NGO와 우리 정부가 어떤 협력틀을 구축하고 상호간의 네트워크를 어떻게 구성할지에 대한 방도가 모색되어야 한다. 이에 대해 그 동안 내가 고민했던 바를 제시해보고자 한다.

---

12) '포괄적·구체적 경제협력'은 그 첫 단계로 '7대 신동력 사업'을 구상하고 있는데, 그 목록과 내용이 2005년 9월 22일 통일부 국정감사에서 상세히 보고된 바 있다. '7대 신동력 사업'은 ①에너지 협력, ②철도 현대화, ③백두산 관광, ④남포항 현대화, ⑤북한 산림녹화, ⑥남북공동 영농단지 개발, ⑦남북공유하천 공동이용을 가리킨다.

'10년 100억 불 대북 경제개발 차관' 프로젝트

북한 개발지원의 범주는 무척이나 광범위하다. 북한경제가 오랜 기간 어려움에 처해 있었던 만큼 경제·사회적 인프라를 다시 새롭게 창조하는 방식으로 확충해야 한다. 앞으로 북한 경제개발 지원은 '산업인프라 구축을 중심으로', '단계적, 지속적 방법으로', '차관형식으로'라는 세 가지 원칙에 따라 추진되어야 할 것이다.

이와 관련하여 한국개발연구원(KDI)은 2002년 말 북한경제를 기준으로 할 때, 100억 달러(약 1조 2천억 원)~200억 달러(약 2조 4천억 원) 정도의 외부자본 유입이 있으면 연간 7%의 성장을 이룰 수 있을 것으로 추계하였으며, 한국산업은행도 북한의 산업수준을 한국의 70년대 초로 가정하고, 이를 남한의 50% 수준으로 끌어올리려면 앞으로 10년에 걸쳐 약 217억 달러의 자금이 필요하다고 추정한 바 있다.

그렇다면 우리 정부가 부담해야 할 금액은 어느 정도일까? 나는 '10년 100억 달러'가 타당하다고 생각한다. 나머지 100억 달러는 주변 강대국의 지원, 국내 민간단체의 지원, 국제기구 및 NGO의 지원으로 충

남북경협추진위 합의에 따라 원자재를 북한에 제공하고 완제품을 들여오기로 했다. '물고기 집는 법'을 가르쳐주는 남북경제교류의 좋은 예이다. (출처: 연합뉴스)

당할 수 있을 것으로 보인다. 북핵문제 해결과정에서 북한이 핵을 포기하는 대가로 에너지·경제지원이 제공될 것이다. 그 비용은 6자회담 참가국들 사이에서 분담될 것이며, 이를 논의하기 위해 에너지·경제지원에 대한 실무 협의체가 설치·운영되고 있다. 그리고 한일 국교정상화 당시 배상받은 3억 달러 상당의 자금이 우리나라의 경제발전 비용으로 쓰인 것처럼 북일관계 정상화와 함께, 수십억 달러의 식민지 피해 배상금이 북한에 지불될 것이며, 이 또한 북한경제 발전에 사용될 것이다.

지금까지 대북지원에서 민간차원의 지원이 20~30%를 차지해왔다. 독일의 경우, 동독에 대한 경제지원이 활성화되면서 정부차원의 지원보다 민간차원의 지원이 대폭 증가하여 전체 지원규모의 75%를 차지했다고 한다. 우리와는 경우가 다를 수 있으나 남북교류가 활성화될수록 이런 추세가 나타날 가능성이 있다. 그리고 핵문제가 해결되고 북한이 개혁·개방에 적극 나설 경우, 세계 각국은 공적 개발원조를 통해 경제개발 지원에 나서게 될 것이며, 국제통화기금(IMF), 세계은행(IBRD)과 아시아개발은행(ADB) 등 국제금융기구의 차관제공도 가능해질 것이다. 이러한 국제사회의 지원 가능성은 단지 아이디어에 불과한 시나리오가 아니며, 모두 충분한 가능성을 가지고 있다는 점에서 북한 개발지원의 전망은 밝다고 할 수 있다.

이와 같이 주변 강대국 및 국제사회의 개발지원이 활발하게 이루어진다고 했을 때, 우리 정부가 총규모의 50%는 부담해야 북한 개발지원을 주도할 수 있다. 북한 경제발전의 기여도가 향후 한반도 정세에 지대한 영향력을 결정한다고 했을 때, 남북경제공동체 건설과 통일을 꿈꾸는 우리로서는 이 정도 금액의 부담을 각오해야만 한다.

10년간 총액 100억 달러, 연간 10억 달러는 무척 많게 보일 수 있다. 그러나 1년 정부예산에 비교해보면 그리 부담스러운 금액이 아닐 수 있다. 지난 2002년 〈중앙일보〉는 남북협력기금에 매년 정부예산의 1%를 출연하자고 제안한 바 있으며, 이를 시작으로 '예산 1%' 주장은 대북지원 민간단체들과 통일문제 전문가들을 중심으로 계속되어왔다. 정부도 이러한 주장에 대해 '전체 재정 형편상 가능하다면 매년 정부예산 1%를 고정적으로 출연하는 방안을 검토하는 것이 필요하다고 판단된다'라는 입장을 밝히고 있다.

우리나라의 2008년도 일반회계 기준 예산안은 132조 9,300억 원이다. 〈중앙일보〉의 주장대로 예산 1%를 북한의 개발지원 금액으로 쓸 경우, 2008년도 예산안 기준 1조 3,293억 원이 된다. 반면, 연간 10억 달러이면 환율의 등락폭을 고려할 때 1년에 9,000억 원~1조 원 정도 되는 금액이다. 결코 무리한 금액이 아닌 것이다.[13]

북한개발지원금으로 연간 1조 원 상당의 지출이 필요하다는 것은 여러 전문가들의 공통된 의견이기도 하다. 2000년 대우증권이 분석한 보고서는 북한 경제재건을 위해서 매년 1조 5,000억 원(약 12억 5천만 달러)씩 10년 동안 우리 정부로부터의 지원이 필요하며, 이 정도는 국내총생산 0.3%에 해당하는 것으로 큰 부담이 안되는 액수라고 강조했다.[14]

그렇다면 이 자금을 어떻게 조성하고 북한에 어떤 방식으로 지원할 것인가. 자금조성 방안에는 1)남북협력기금 확대, 2)경제개발계획을 지원하기 위한 특별기금 설치, 3)정부 출연금 확대 등 세 가지 방안을 검토해볼 수 있다. 이 외에 예산편성이 어려울 경우 국공채 발행이나 산업은행이 제안한 바 있는 '평화통일복권' 발행 등도 상정해볼 수 있

---

13) 통일부에 대한 권영길 의원 2004년 국정감사 요구자료.
14) 서정아, '대북 지원, 큰 부담 안된다', 〈머니투데이〉 2000. 6. 19일자.

는 대안이다.

　조성된 자금의 지원은 차관형식으로 이루어지는 것이 적합하다고 생각한다. 인도적 지원의 경우 무상원조가 가장 바람직한 지원형식이다. 하지만 개발지원에서는 오히려 차관제공이 가장 바람직한 지원형식일 수 있다. 아무런 대가 없이 제공하는 원조에 비해 경제개발을 통해 상환해야 한다는 의미가 담긴다는 점에서 차관은 지원대상 국가의 도덕적 해이를 방지하고 책임감을 고양시킬 수 있으며 남남갈등을 미연에 방지할 수 있다는 점에서도 장점을 가진다.

　마지막으로 (가칭) 남북개발협력재단과 (가칭) 남북개발협력연구소 창설을 제안하고 싶다. 나는 이와 유사한 맥락에서 2005년 9월 22일 통일부 국정감사에 참석하여 (가칭) 남북경제협력공사의 창설을 정동영 통일부장관에게 제안하기도 했다. 그때의 문제의식은 남북 경제교류가 활성화됨에 따라 통일부 홀로 이 모든 업무를 담당할 수 없고, 그런

2005. 10. 28. 개성공단내에 최초로 남과 북의 공무원들이 함께 일하는 '경제협력협의사무소'가 개설되었다. 국회대표로 참석하였다.

점에서 남북경협의 실무집행을 담당하는 반관반민 기구를 창설, 통일부는 정책수립이나 조정역할과 같은 전략업무에 전념해야 한다는 것이었다.

이와 같은 반관반민 기구는 다른 분단국가에서도 그 사례를 찾아볼 수 있다. 중국과 대만은 대만의 해협교류기금회라든가 중국쪽의 해협양안관계협회 등 반관반민 형태의 기구가 양안간의 경협문제를 담당했고, 독일도 구서독의 상공신탁처란 기구가 민간투자를 유도하는 등 경제협력 업무를 담당한 바 있다.

남북경제협력공사가 경협사업을 지원하는 반관반민 실무기구라면 (가칭) 남북개발협력재단은 각국 해외원조담당기구와 유사한 역할을 수행하는 기구로서, 북한개발지원사업에 참여한 각 정부부처, 지자체, 민간을 조정통합하는 반관반민정책협의체이다. 또한 남북한 개발협력연구소는 북한의 경제발전계획을 남과 북의 공동연구를 통해 수립하는 기구이다. 이를 통해 남한의 경제발전 노하우를 북한에 전수하고, 개발지원 차관도 이 기구의 연구성과에 밑바탕하여 제공한다면 북한개발지원금이 시의적절하게 사용될 수 있을 것이다.

세계적인 투자의 귀재 워렌 버핏은 "기업의 오늘이 아닌 미래를 보고 투자해야 한다"는 말을 한 적이 있다. 북한 개발지원에 대한 우리나라의 투자에 딱 들어맞는 이야기인 것같다. 연간 10억 달러, 10년간 100억 달러는 우리가 감당할 수 있는 현실적 대북개발 지원규모이다.

북한개발협력회의를 열자

북한 경제개발 지원에서 국제협력을 어떤 방식으로 추진할지에 대해서는 분명한 방침을 세워둘 필요가 있다. 여기에 참여할 국가 및 단체가 다종다양할 수 있기 때문이다. 일단 북핵문제가 해결되면 6자회담에 참여한 미·러·중·일 4강 국가는 모두 참여할 것으로 판단해야 한다. 이들 국가 중 어느 한 나라도 한반도 정세에 대해 소홀히 하는 국가는 없다. 한반도에서의 정치적·경제적 주도권이 동북아 지역에서의 위상을 결정한다는 점에서 모두 상당한 개발지원과 투자를 선행할 것이다.

또한 지난 10여 년간 북한에 대한 지원을 지속해온 EU도 개발이 본격화되면 지원규모를 늘릴 것으로 예측되며 UN산하의 국제기구와 국내·외 NGO의 활동도 활발해질 것이다. 이에 더하여, 국제금융 질서의 핵심리더인 IMF와 세계은행, 아시아개발은행도 북한에 대한 금융지원을 실시할 가능성이 크다.

이와 같이 많은 수의 파트너들이 북한개발 지원에 참여할 경우, 파트너들 사이의 협력과 역할분담이 매우 중요한 문제로 대두될 수밖에 없다. 이들 사이의 원활한 협력과 효율적 역할분담을 이끌어내면서도 북한개발 지원사업에서 주도권을 확보하는 것이 우리 정부에게 주어진 과제이다.

우선 국제협력체의 설립을 생각해볼 수 있다. 명칭이나 형식은 여러 가지일 수 있는데 국제협의체는 파트너들 사이의 정보를 공유하고, 개발지원 사업의 규모와 내용을 협의·조율하며 재원조달을 용이하게 하는 기능을 수행할 것이다.15) 국제협력체의 의사결정권이 IMF식으로 출자비율에 따라 나눠지거나, 혹 그렇게 되지 않는다 해도 개발지원금을 가장 많이 부담하는 국가의 발언권이 가장 클 수밖에 없다는 점에서 북한 개발지원금 200억 달러 중 절반을 부담하는 우리나라가 주도

---

15) 김석진, '대북개발지원의 과제와 추진방향'.《KIET 산업경제》(2006. 5월호) p.43.

권을 행사하는 데는 큰 어려움이 없어 보인다. 물론 여기에 참여하는 국가 및 단체들이 미·러·중·일 4강이거나 그 뒷받침을 받고 있다는 것을 고려할 때, 우리 정부의 신중하면서도 적극적인 대처가 변함없이 요구된다.

국제협력체의 설립에서 하나의 준비과정으로 제안하고 싶은 것이 북한개발협력회의의 개최이다. 이는 쿠바협력회의를 벤치마킹한 것인데 쿠바는 1991년, 1993년 유럽 NGO와 쿠바의 국영 연구기관인 유럽연구센터의 공동주최하에 쿠바협력회의를 개최한 바 있다. 특히 1993년 회의에서 쿠바는 자신이 제안한 300개의 프로젝트 중 60개에 대해 해외 NGO의 자금원조를 받게 되었고, 이를 통해 스페인, 벨기에, 이탈리아, 프랑스 등 8개국과 정식으로 협력체제를 구축하였다.[16]

이와 같이 한국 NGO와 북한의 공동주최로 다자기구(유엔 등), 양자기구(정부 산하 개발협력기구), 국제 NGO로 북한개발협력회의를 개최하는 것이다. 그리하여 북한의 지역, 부문에서 다양한 프로젝트를 개발해서 협력회의에 제안하고, 이에 대해 관심을 갖게 된 지원기구와 상담을 진행, 자금을 조달하여 해당 국가들과 협력체를 건설하는 것이다.[17] 북한개발지원 사업을 위해 창설되는 (가칭) 남북개발협력재단이 회의에서 한국 NGO를 통솔하는 역할을 하고, (가칭) 남북한 개발협력연구소는 국제사회에 제안할 다양한 프로젝트를 기획하는 역할을 맡아야 할 것이다.

국제사회 우방국가와 단체들이 빈곤에 허덕이던 북한 국민들을 돕

---

16) 김수암, 『북한 개발지원의 과제와 추진 전략』, 우리민족서로돕기운동본부 평화나눔센터 정책자료집, 2005, p.102.
17) 김수암, 위의 자료, p.102.

겠다고 이곳저곳에서 나서고 있다. 하물며 같은 민족인 우리 정부와 시민단체가 가만히 있어서야 되겠는가? 대북 퍼주기 논란은 인도적 품격이 결여된 주장이며, 민족의 먼 미래를 바라보지 못하는 단편적 시각일 뿐이다. 북핵문제 해결이 머지 않았다. 지금부터 준비해야 할 것이다. 그리하여 그 과정에서 우리 정부의 위상을 새롭게 함은 물론이요, 남북경제공동체의 국제적 이해와 동의를 모색해야 할 것이다.

북한경제, 중국에 종속되는가?

북한, 중국의 동북 4성으로 전락할 것인가?

북·중 교역액은 2003년 사상 처음으로 10억 달러를 넘어섰고, 2007년에는 16억 9,960억 달러를 돌파했다. 북한 시장에서 판매되는 소비재의 80% 이상이 중국산 제품[18]이라고 하니 중국에 대한 북한의 경제적 의존도가 어느 정도로 심각한지 알 수 있다. 최근 몇 년간 북한의 대외무역에서 북·중무역이 차지하는 비중은 약 40% 정도인 것으로 추정된다. 만약 남북교역을 제외할 경우, 그 비중은 50%를 상회할 것으로 보인다.

〈표 2-3〉 북 - 중 무역 추이

(단위: 백만 달러, %)

구 분	총 교역액	증가율(%)	수출	수입
2000년	488	31.8	37	461
2001년	737	51.1	167	570
2002년	738	0.1	271	467
2003년	1,023	38.7	395	628
2004년	1,377	34.9	582	795
2005년	1,582	14.9	497	1,085
2006년	1,696	7.6	468	1,232

자료: 무역협회(www.kita.net)

〈한국일보〉 취재팀이 만난 중국 단동의 상인 류劉모 씨는 "기자양반, 평양에 가보셨소? 거기 주민들이 입고 있는 의류와 소지품을 살펴보시오. 90% 이상이 중국산입니다. 거의 대부분이 바로 이 곳 단동을 통해 넘어간 겁니다"라고 말하며 최근 북한경제에서 중국이 차치하는 위상을 자신감 있게 드러냈다. 그에 따르면, 평양에서 중국산 수입품은 번듯한 상점에서 팔리지만 조잡한 북한산은 거리의 좌판으로 밀려났다고 한다.[19]

〈표 2-4〉 중국의 연도별 대북투자 실행액

(단위: 천 달러)

연도	2001	2002	2003	2004	2005	2006(1~6월)
투자액	2,600	1,503	3,626	8,998	53,690	58,740
건수	2	4	5	8	13	14

자료: 중국상무연감('연합뉴스' 2006년 9월 4일)

또한 단순교역을 넘어 중국의 북한에 대한 투자열기도 고조되고 있다. 북한은 중국의 동북 3성들이 앞을 다투어 관심을 갖는 새로운 시장으로 부상하였고, 특히 자원개발에 대한 관심과 열기가 높아지고 있다. 최근 중국의 대북 투자열기를 두고 시사지 《요망동방주간瞭望東方週刊》은 '중국인은 (한국전쟁에 이어) 다시 압록강을 건넌다. 이번엔 상인으로서', '조선(북한)에서 금 캐기 그 전망은'이란 헤드라인을 통해 압축적으로 드러내고 있다.[20]

이런 상황은 우리로 하여금 북한경제가 중국에 종속화되지는 않을까 하는 걱정을 가지게 한다. 그런 이유로 중국인 사업가 P모씨의 이

---

18) 그 외 한국과 일본물자가 각각 5%를 차지한다고 한다.
19) 한국일보 취재팀, '[新중화시대] (4) 신의주 접경 中 단둥', 〈한국일보〉 2007. 6. 13일자.
20) 남성욱, '평양시장 선점하는 중국자본', 〈프레시안〉 2005. 4. 7일자.

야기는 그냥 흘려듣기 힘들다. 그는 "북한경제는 중국에 100% 종속된 상태"라고 했다.

이와 같이 종속화의 우려를 낳을 정도로 북한의 대중국 경제의존도는 심각한 현실이다. 이는 2000년대 들어 새롭게 나타난 현상이다. 냉전시대부터 혈맹관계를 맺어온 북한과 중국이지만 1992년 한·중수교 이후에는 수년 동안 냉각기를 가지며 소원해진 관계였다. 북한이 제1차 북핵위기로 고립된 가운데에도 중국은 한참 경제성장에 열을 올리며 북한에 대해 애써 무관심했다. 양국간 인적 교류와 경제지원은 점차 저조해졌고, 1999년에는 북·중 교역이 3.7억 달러까지 떨어지기까지 했다.

그러나 부시 행정부가 중국을 전략적 경쟁자로 지목, 정치와 경제 양 측면에서 견제하고 동시에 제2차 북핵위기에서 강경한 태도로 일관하자 북한에 대한 중국의 태도는 또 다시 변화하게 된다. 북한의 안보적 중요성을 재인식한 중국은 북중경제관계를 복원하고 대규모 경제원조도 재실시한다. 북한도 미국 주도의 경제제재로 체제 생존을 기약할 수 없었기에 중국에게 자신의 경제적 생존을 의탁할 수밖에 없었다. 이런 이유로 많은 이들이 북·중 경제관계의 심화를 정치적 측면에서 해석하고 있다.

2005년 평양을 방문한 후진타오 중국 국가주석과 김정일 위원장. (출처: 연합뉴스)

북·중 경제관계의 정치적 함의는 중국이 북한을 6자회담에 끌어낼 때 단적으로 드러났다. 2003년 2월 북한이 미국과의 양자대화를 요구하면서 모든 접촉을 거부하자, 중국은 '기술적 어려움'을 핑계로 북한에 석유를 지원해주던 송유관을 3일 동안 폐쇄했다. 꼭 그것 때문이라고 할 수는 없겠지만, 그 직후 북한은 중국의 제의를 받아들여 6자회담에 참여한다.

하지만 북한과 중국의 경제적 밀착, 그에 따른 북한의 대중국 경제의 존도 심화를 이처럼 정치적 측면에서만 고찰하기엔 선뜻 이해가 가지 않는 부분이 있다. 중국 자본의 행보가 아직 시장도 형성되지 않은 가난한 나라인 북한에 투자하는 것 치곤 너무 과감해 보이기 때문이다. 자칫 수요와 공급의 균형이 깨질 경우, 막대한 손해를 볼 수 있는데, 이런 위험성을 감수하면서까지 북한시장에 진출하는 이유는 과연 무엇일까?

혹시 중장기적인 관점에서 시장진출 발판을 마련하는 데 2~3년을 투자하고, 시장을 개척하고 나서 최종적으로 시장을 점령하는 것이 목표는 아닐까? 그래서 이런 목표를 달성하기 위해 착실히 단계를 밟아 나가는 것은 아닐까?[21]

이와 관련해 주목할 것이 동북공정의 경제버전으로 불리는 '동북진흥계획'이다. 이는 2002년 11월 중국공산당 16차 대표대회에서 발표된 것으로 그 동안 경제성장 과정에서 소외된 동북지역(만주)의 본격적 개발을 공표하고 그 구체적 계획을 담고 있는 보고서이다.

그런데 이 보고서의 2005년 업그레이드 버전인 36호 문건은 북한을 직접적으로 언급하며 북·중 접경지대의 도로·항만을 개발하여 북·중교역을 활성화하고 두만강 일대의 개발사업을 적극 추진할 것에 대

----
21) 남성욱, 앞의 기사.

해 명기하고 있다.

이와 관련해 전문가들은 제36호 문건은 동북 3성 지역의 경제개발전략을 국제 지역개발(development regionalism)의 관점에서 보다 구체화한 것으로 확대해석할 필요는 없다고 해석하기도 한다. 그러나 그 이전 11호 문건이 북한에 대해 직접 언급하기보다 최대한 에둘러 표현했던 것을 고려한다면 그냥 지나칠 수만은 없는 내용이다.

〈표 2-5〉 동북 진흥의 경과

> □ 2002년 11월 중국공산당 16차 대표대회에서 '동북지구 등 노(老) 공업기지의 조속한 조정과 개조를 지지' 한다는 원칙적 입장이 담긴 보고서를 채택.
> □ 2003년 10월 5일 당 중앙과 국무원 명의의 '중공 중앙 동북지구 등 노 공업기지 진흥전략 실시에 관한 의견'이라는 소위 11호 문건 발표.
> □ 2004년 3월 전국 인민대표대회 추인을 얻어 4월 실무기구로서 '진흥동북 영도소조판공실'을 국무원 국가발전개혁위원회 산하에 설치.
> □ 2005년 6월 소위 36호 문건 발표 '국무원 판공청, 동북 노 공업기지의 대외개방의 진일보 확대를 촉진할 것에 관한 실시의견' 발표

현재 북한의 대중 무역적자는 갈수록 누적되어가고 있는 형편이다. 2004년 2억 1,400만 달러였던 것이 2006년 7억 6,400만 달러로 증가하여 3년 사이에 3배의 증가폭을 보였다. 이는 추후 심각한 대중국 외채 문제를 남길 것이며 한반도 통일과정에서도 중국이 정치적 영향력을 발휘하는 수단이 될지도 모른다. 또한 중국의 대중국 투자가 현재 추세대로 지속될 경우, 북한이 중국자본에 위계적으로 편입되어, 중국의 자원 및 노동력 공급기지로 전락할 가능성도 있다.

이것이 의미하는 바는 무엇인가? 동북지역의 개발이 북한지역과 연계되어, 궁극적으로 한반도가 중화경제권에 편입되고 북한이 중국의 동북 4성으로 전락하는 것이다. 민족 내부의 상생적 분업체계를 구축하여 세계를 향해 뻗어가는 남북경제공동체를 꿈꾸는 우리로서는 신

경쓰지 않을 수 없다. 그런 이유로 '동북진흥계획'을 편한 마음으로 바라볼 수만은 없다. 앞으로 중국자본의 북한시장 진출을 면밀히 관찰하고 대책을 강구해야 할 것이다.

중국경제의 북한진출, 치료약인가? 진통제인가?

북한의 대중국 경제의존은 고사위기에 빠진 북한경제에 숨통을 틔어주고 경제안정을 도와준다는 점에서 분명 긍정적 효과를 가지고 있다. 2006년 핵실험 정국에서 북한이 극단적 선택을 하지 않아 사태가 비교적 빠른 시기에 수습된 것도 중국의 경제적 역할이 상당했다.

미국 주도의 대북 경제제재가 가속화되는 시점에서 중국이 북한의 경제적 생존을 도와줌에 따라 북한이 제2차 핵실험 등으로 성급히 사태를 악화시키지 않도록 한 것이다. 그러나 이러한 긍정적 효과는 장기적으로 부작용을 일으킬 가능성이 크다. 마치 순간의 고통을 잊게 해주는 진통제를 과다복용하면 부작용으로 건강을 더 해치게 되듯이 말이다.

전문가들에 따르면, 북한의 대중국 경제의존은 북한 경제성장의 정상경로를 왜곡시키는 결과를 낳고 있다. 이러한 문제는 북한과 중국의

〈표 2-6〉 2006년도 북한의 대중국 주요 수출품목

(단위: 백만 달러, %)

순위	코드	품목명	2005년	2006년	
			금액	금액	증가율
1	26	광, 슬랙, 회 (철광석)	92	118	28.3
2	27	광물성 원료 (철광석)	112	102	-8.8
3	62	의류 (면직물 재료)	58	63	8.6
4	03	어패류 (오징어, 조개)	92	43	-53.2
5	72	철강 (철광석)	72	35	-51.1

자료: 무역협회(www.kita.com)

무역구조에서부터 드러나고 있다. 북한의 대중국 수출품은 수산물 및 단순 원자재에 그치고 있는 반면, 대중국 수입품은 석유와 함께 경공업 제품, 기계설비 등이 주종을 이루고 있다. 특히 중국자본은 북한의 지하광물 자원에 각별한 관심을 가지고 있다.[22]

이와 같은 무역구조는 북한이 내수경제를 확대하고 자본을 형성할 기회를 중국에 의존하게 함으로써 북한내 산업을 자신의 체질과 특성에 맞게 육성할 수 있는 기회를 박탈하고 있다. 다시 말해, 북·중무역이 북한의 1차상품과 중국의 2차상품이 교환되는 방식으로 이루어짐에 따라, 양국간 무역의 확대가 북한의 생산설비와 기술력을 확충하여 북한의 산업발전을 촉진하는 것이 아니라 잠식하는 역효과를 내고 있는 것이다. 중국산 소비재가 중국자본의 투자로 건립된 백화점[23]에서 팔리고, 이로 인해 북한산 소비재가 길거리 좌판으로 밀려나는 모습이 바로 이러한 현실을 단적으로 증명하는 것이라 하겠다.

이와 더불어, 북·중 경제관계에서 북한경제의 생산과정이 중국의 자본투자에 전적으로 의존하는 모습이 발견되고 있음에 주목해야 한다. 현재 북한 제조업계는 생산을 위한 원자재와 부품 및 설비의 대부분을 중국에 의존하는 것으로 알려져 있다. 탈북자들의 증언에 따르

----

[22] 중국 투자기업들은 북한의 광산개발 영역에서 합작을 본격 추진하고 있는 것으로 알려져 있다. 2003년 옌벤 천지공업무역유한회사는 북한 무산광산에 인민폐 1억 위안 규모의 설비를 투자하고 옌벤의 난핑세관을 통하여 철광분을 수입하고 있다. 무산광산은 아시아에서 제일 큰 철광 생산기지로 12억 톤 이상의 철광석이 매장되어 있으며 연간 생산능력이 800만 톤에 달한다. 또한 송천광산(납, 아연 등), 혜산탄광, 리원광산(운모), 창도광산(중정석) 등에도 수억 위안의 중국자본이 투자되고 있다. (조명록 외,『북한경제의 대중국 경제의존도 심화와 한국의 대응방안』. 대외경제정책연구원, 2005.)
[23] 2004년 8월 중국 심양의 중쉬(中旭) 그룹의 정창바오(曾昌飈) 회장은 홍콩언론과의 인터뷰에서 "제일백화점 10년 임대권을 따냈고 2004년 말 개장을 목표로 내부수리를 하고 있다"며 합의내용을 공개했다. 제일백화점은 평양에서 규모가 제일 큰 백화점이다.

면, 7·1경제관리개선조치 이후에 북한기업들은 생산 원자재, 부품 및 설비의 47.8%를 중국 수입품으로 조달한다고 한다.[24]

〈표 2-7〉 기업의 중국산 원자재·설비 조달방식

	응답자수 (명)	비율(%)
국가계획에 의해 공급받음	17	20.2
기업 자체 또는 상급기관과 무역 통해 조달	39	46.4
기업 자체적으로 장마당(시장) 통해 조달	28	33.3
합 계	84	100

자료: 대외경제정책연구원 (탈북자 84명 대상 설문)

또한 중국으로부터 유입된 현금으로 수출 및 경제활동이 가능한 구조가 고착화되고 있다. 북·중무역에서 대부분 중국기업이 북한기업에 미리 현금이나 현물로 자금을 대여하고 이를 이용하여 북한기업이 상품을 생산하고 수출하는 것이 일반적 방식으로 자리잡았다. 이렇듯 생산에 필요한 초기자금을 중국자본으로 조달하는 북한기업이 늘어난다는 것이야말로 북한경제의 대중국 의존도를 대표적으로 보여주는 예라고 할 수 있다.

특히, 화교자본이 북한에 진출하여 사금융을 운영하고 있으며, 이를 개인뿐만 아니라 기업이나 공장도 활용하고 있다고 한다. 탈북자들에 따르면 북한기업이나 공장이 화교자금에 의존한다는 사실을 알고 있거나 들은 적이 있다고 응답한 사람이 70.8%로 나타났는데, 이를 통해 북한의 공장, 기업소의 자금원이 어디인지를 유추해볼 수 있다.[25]

----
24) 조명록 외, 앞의 보고서, pp.141~151.
25) 조명록 외, 앞의 보고서, pp.172~174.

〈표 2-8〉 북한 공장 및 기업소에 대한 화교의 자금대여

	응답자수 (명)	비율 (%)
자주 있는 일이다	17	20.2
비교적 자주 있는 일이다	31	25.8
약간 있는 일이다	25	20.8
들어본 적 없다	35	29.2
합 계	84	100

자료: 대외경제정책연구원 (탈북자 84명 대상 설문)

이와 같이 중국자본은 북한에서 산업생산의 초기단계에서 가장 중요한 두 축인 생산설비 및 부품의 공급과 금융을 장악하고 있다. 중국자본의 투자가 없으면 북한경제가 더 이상 작동할 수 없을 지경이다. 이대로 가면, 북한경제가 중국경제의 일부로 흡수되는 경제종속이 현실화될 날도 머지 않아 보인다.

이는 결과적으로 남북 경제협력과 경제공동체 건설에 악재로 작용하고 있다. 물론 북한의 대중국 경제의존이 북한으로 하여금 시장경제를 선행학습하게 하고, 그리하여 남북경협을 촉진하는 순기능을 발휘할 수도 있다. 그러나 동시에 남북경협의 레버리지leverage[26]를 약화시킬 가능성도 있다.

남북경협은 한국내 정치상황이나 국제사회의 여론 등의 영향에 따라 부침을 거듭하게 되는 데 반해 북·중 경제교류는 양 국가간의 전통적 우호관계에 기초하고 있기 때문에 진전속도가 남북경협의 속도보다 빠르다. 이러한 진전속도의 차이는 한국정부 및 기업의 대북투자 여지를 축소시키고 있다. 중국이 선정한 북한의 광물자원과 인프라 영역은 한국정부 및 기업에게도 가장 매력적인 투자대상이다.

----
26) 지렛대 효과

〈그림 2-4〉 중국 동부지역 철도·도로 개발 프로젝트

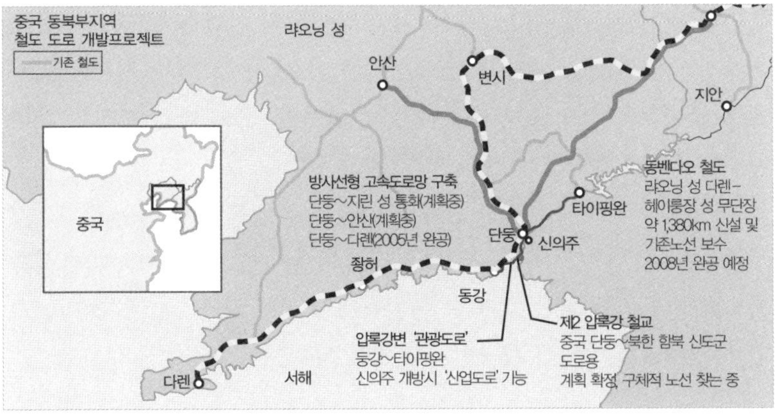

(출처: 〈동아일보〉 2006. 3. 20일자)

> '중국, 북한 재창조하기로' 시도
>
> 미국 하와이 아시아태평양전략연구소에서 활동하고 있는 알렉산드르 만수로프 연구원은 2006년 3월 〈크리스천사이언스모니터〉 인터뷰에서 "중국이 대북전략을 바꾸기로 결정했다"고 주장하며 "중국이 6자회담을 넘어 그들의 방식대로 북한을 재건rebuild하고 재창조reinvent하기로 했다"고 덧붙였다.
>
> 민화협 상임의장을 맡고 있는 정세현丁世鉉 전통일부장관도 2006년 3월 초 정보기관 관계자들을 대상으로 강연을 하는 자리에서, 북한의 중국경제 종속화 경향을 지적한 뒤 "남북경제공동체 구축노력을 서둘러야 한다"고 촉구했다.
>
> 미국 스탠포드대에서 동아시아 정세에 관한 책을 준비중인 스콧 스나이더 전 아시아재단 서울사무소장 역시 "중국의 대북투자는 '위장된 경제원조'라는 분석에 눈길이 간다"는 말로 북한경제의 중국종속화를 경계했다.

(2006. 3. 20일자 〈동아일보〉 '동반성장? 중국 위성국가화?' 중에서)

이러한 문제점은 결국 남북한 통일경제 구축에 장애물로 작용할 것이다. 남북경협이 추구하는 민족 내부의 상생적 분업체계는 우리 기업의 자본과 기술이 북한에 직접 투자되어 고용을 창출하고 그 과정에서 선진적 경영기법과 기술이 북한에 전수되는 것을 목표로 한다. 이는 북한산업의 온전한 발전을 지향하며, 향후 고도화된 한국경제와 결합하여 시너지 효과를 발휘, 남과 북의 동시적 선진화를 추구한다.

반면, 중국의 대북한 투자 및 경제지원은 자국 본위의 이익을 추구하면서 추진되는 것이다. 그리하여 투자대상의 선정 및 집행이 북한의 독자적인 발전요구, 즉 선진화에 부합하기보다는 중국의 경제적 이익에 부합하는 방향으로 전개될 수밖에 없으며, 그에 따라 북한의 산업발전을 중국 친화적으로 이끌며 기형화시킬 수 있다. 이것이 바로 우리가 북·중 경제관계의 심화가 현단계에서 남북한에 주는 정치·경제적 혜택에 안주할 수 없게 하는 이유이다. 북·중 경제관계의 심화를 북한산업의 온전한 발전 및 통일경제 발전에 긍정적으로 기여할 수 있게 견인하는 대책이 시급히 요구된다 하겠다.

남북경협 활성화가 대안이다

현단계 북·중 경제관계의 심화는 아직까지 경제종속이 현실화되지는 않았지만, 그 가능성을 충분히 함축하고 있는 단계라 할 수 있다. 하지만 지금 시점에서 어떻게 대응하느냐에 따라 향후의 추이는 얼마든지 달라질 수 있다. 만약 방관하면 우리가 우려하는 북한의 대중국 경제종속이 현실화될 것이요, 적극 대응하면 오히려 남북경협의 호재로 활용할 수 있을 것이다.

북한의 대중국 경제종속화에 대한 우려가 높아지던 2006년, 나는 이 문제에 대한 우리 정부의 인식과 정책방향을 점검해봐야겠다고 생각했다. 그래서 4월 17일 통외통위 현안 질의에서 통일부측에 "북한의 대중국 경제의존도 심화가 남북경협의 레버리지를 약화시키고, 북한을 동북 4성으로 전락시킬 수 있다는 우려를 전하며, 이에 관해 우리 정부가 마련하고 있는 대응방안은 무엇인지"에 대해 질의했다. 정부측 답변은 "북·중경협의 확대는 북한이 변화하는 과정에서 불가피한 현상으로 일부 부작용도 있으나 순기능도 있다. 정부 또한 북·중 경협의 확대화, 대중국 경제의존도 심화에 대한 일부의 우려를 염두에 두면서 남북경협이 북·중경협과 균형적으로 발전할 수 있도록 노력하겠다"는 것이었다.

이를 통해 정부도 북한의 대중국 경제의존도 및 종속화에 대해 인지하고 있음을 확인할 수 있었다. 하지만 문제의식의 깊이가 다소 얕고 기본적 대응방안이 제시되고 있지 않은 것은 아닌가 하는 걱정도 들었다. 그래서 내 나름의 방안을 간략하게나마 제시해보려 한다.

북·중 경제관계의 심화가 경제 종속화로 이어지는 것을 방지하고, 이를 남북한 통일경제 구축의 호재로 활용하기 위해서는 무엇보다 남북경협의 경쟁력을 강화해야 할 것이다. 이를 위해서는, 첫째 제도적·물적 인프라 확충을 통해 남북한 직교역을 확대해야 한다. 법적·제도적 측면에서 보면, 우리는 중국보다 훨씬 유리한 입장에 처해 있다. 남북 투자보장합의서에 명확히 제시되어 있듯이, 남북한은 투자에 관한 보호가 되어 있고, 이중과세방지장치가 있으며, 분쟁을 상호 우호적으로 해결할 수 있는 분쟁해결 제도가 있다. 그리고 북한의 경제사정을 감안하면서 교역을 확대할 목적으로 합의된 청산결제제도도 있다.

중국 단동에서 바라본 신의주. 압록강철교로 중국과 북한 사이에 열차와 트럭이 쉴 새 없이 오가고 있다. (출처: 연합뉴스)

더 중요한 것은 1991년 남북 기본합의서 체결 당시, 남북한 거래에 '민족 내부간 거래'의 성격을 부여함으로써 무관세로 교역을 할 수 있다는 점이다.

물적 인프라에서도 우리는 중국에 비해 훨씬 유리한 입장이다. 경의선, 동해선의 철도 및 도로가 개통되어 있어 남북한 사이에 군사적 보장조치만 합의된다면 언제든지 상시 운행될 수 있다. 이를 통해 남북한 직교역이 이루어진다면 북·중 접경지대에서 이루어지는 변경무역27)의 효과를 충분히 만회할 수 있을 것이다. 이와 관련해, 2007년 제2차 남북정상회담에서 중요한 진전이 있었다. 개성-문산간 경의선 철도 정기운행에 합의했으며, 개성-신의주 철도 및 개성-평양간 고속도로의 공동보수 및 공동이용에 합의했다. 이러한 합의사항이 실천·이행되면 남북한 직교역은 지금보다 더 높은 수준으로 활성화될 것이다.

둘째, 제2, 제3의 개성공단 사업을 추진해야 한다. 이를 통해 북한의 광물자원이 중국으로 반출되지 않고 해주 또는 원산 등에 설치된 남북경제특구에 유입되어 가공·생산되도록 해야 할 것이다. 이 과정에서 남측 자본의 투자는 더욱 확대될 것이며, 남북한 기술협력으로 남측의 공업기술이 북측에 전수되어 북한의 산업고도화에 이바지할 것이다.

이와 관련해서도 2007년 제2차 남북정상회담에서 중요한 합의가 있었다. 남북한 접경지대에 서해평화협력특별지대를 조성하면서 해주에 경제특구를 설치하기로 합의했고 안변, 남포에 남북공동으로 조선소를 건설하기로 했다.

셋째, 남·북·중 3각 경제협력을 추진해야 한다. 북한과 중국이 추

---

27) 북·중 국경에서 보따리 장사 형태로 이루어지는 변경무역은 북·중교역에서 30%의 비율을 차지하는 것으로 알려져 있다.

진하고 있는 경협사업에 한국기업이 진출하는 방안을 모색해봐야 한다. 예를 들어, 중국기업이 북한 나진에서 원산까지 도로를 개보수하는 조건으로 나진항 3, 4부두 조차권을 갖기로 계약했다고 하는데 나진 지역은 시베리아 횡단 철도와 북한 철도가 연계되는 지역이다. 그런 이유로 이 곳에서 남·북·중 3자 공동 협력사업을 추진하게 된다면 인프라 구축에 드는 비용을 분담하면서 동시에 북한지역의 인프라에 대한 한국의 영향력을 유지할 수 있다는 장점이 있다.

또한 중국을 통과하는 철도망과 경의선을 연계하는 3국 철도협력 사업을 추진할 수 있고, 중국과 북한의 접경지역에 대한 경제특구 추진 등도 가능한 방안이다. 백두산 지역 관광사업에도 한국기업이 참여할 여지가 있다. 이렇듯 이미 중국과 북한이 합의한 경제협력 사업이나 변경지역에서 새로운 3자 공동 경제협력 사업 모델을 개발하여 한국기업들이 진출한다면 3국 공동의 경제적 이익을 창출함과 동시에 북한의 일방적인 중국경제 의존현상을 완화할 수 있을 것이다.

이와 같은 사업추진에 중국이 반발할 수 있다는 우려가 제기될 수 있는데 중국의 국가전략이 동북아 경제협력의 증진과 중심국가로의 도약이란 점을 고려한다면 충분히 설득 가능한 일이라 판단된다. 남·북·중 3각 경제협력이 주변국의 협력하에 동북아 중심국가로서 중국의 위상을 확고히 할 것이라 설득하는 것이다.

위기가 험상궂은 표정을 짓고 있을 때, 그 뒷면에는 기회가 미소짓고 있다는 말이 있다. 개성공단이 안정화되고 있고 제2차 남북정상회담의 성과로 인해 남북경협의 활성화 기반이 마련되었다. 그런 만큼 우리는 종속화의 위험성을 함축한 북·중 경제관계의 심화를 민족 공동번영의 교두보로 역이용할 수 있는 용기와 지혜를 가져야 할 것이다.

DMZ를 평화지대로

남북한 공동의 블루 오션, DMZ

1953년 정전협정의 체결과 더불어 3년간 끌어온 한국전쟁이 종결되었다. 잿빛 포연이 사라지며 푸른 산하는 민족상잔의 상처를 안은 채 원래의 고요한 모습으로 돌아갔다. 종전과 함께 남과 북은 즉시 2km씩 후퇴했다. 군사분계선 남북 4km, 동서 248km, 총면적 992km²(약 2억 7천만 평)에 달하는 광대한 면적의 완충지대가 형성되었다. 사람들은 이 곳을 DMZ(Demilitarized Zone: 비무장지대)라 부르기 시작했다. 군대의 주둔과 무기의 배치, 군사시설의 설치가 금지되었다.

또한 이와 별도로 유엔사령부는 군사분계선 방위의 편의를 위해 남측지역에 민간인 통제구역을 설치했다. DMZ 남방한계선을 기점으로 5~20km 폭으로 설정되어 총면적이 1,369km²에 달하고 있다. 그리하여 남북한 접경지역 2,303km²의 땅이 사람의 손때가 거의 묻지 않은 채 '남겨진 땅', 청정지대로 남아 있게 되었다.

DMZ는 한반도 분단의 비극을 상징하는 땅으로 여겨왔다. 견고한 철책과 그 철책 너머의 수많은 총부리 그리고 탱크와 대포들, 우리가 지금까지 DMZ란 말을 들으면 떠올리곤 하던 영상들이다. 데탕트의 훈풍도 이 곳에서 만큼은 그 따스함을 유지할 수 없었다. 그러나 최근 10년간 남북화해협력의 획기적 진전은 DMZ에 대한 우리의 고정관념을 바꾸어놓고 있다. 이제 DMZ는 살아 있는 전쟁박물관이 아니라 평화의 모태가 될 남북한 공동의 블루 오션이라고 나는 확신한다.

DMZ는 생태의 보고이다.[28] 포탄이 휩쓸고 지나간 폐허의 땅을 들풀과 들꽃들이 가득 메워 아름다운 풍경으로 탈바꿈되었다. 맑디 맑은 하천에는 생전 처음 보는 산천어들이 한가로이 노닐고 있다. 이제는 다시 볼 수 없다고 했던 산양떼가 무리지어 다니고, 몽골고원의 독수리가 떼를 지어 날아와 웅대한 날개를 펼치고 있으며 오리산에서 분출한 철원 용암대지와 운석이 떨어져 파였다는 해안분지가 자리잡고 있는 곳이 바로 이 곳 DMZ이다.

어디 그 뿐인가? DMZ는 우리 문화와 역사의 보고이기도 하다. 고구려의 부흥과 대륙경영의 꿈을 향해 무모하게 돌진하던 궁예의 도성이 DMZ 한가운데에 위치하고 있다. 고려 말부터 청화백자를 빚어내던 방산백자 가마터가 있으며, 구 철원 시가지에는 철원역, 월정역, 철원 제일감리교회 등의 근대 건축유적이 남아 있다.

〈그림 2-5〉 DMZ

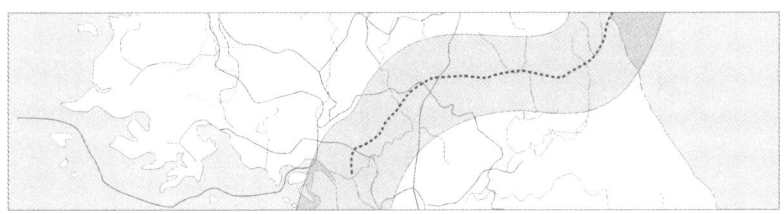

DMZ, 군사분계선 남북 4km, 동서 250km에 이르는 지역이다.

---

28) DMZ의 생태문화환경에 대한 정보는 인터넷 사이트 'Korea DMZ' (http://www.korea-dmz.com)에 수록된 함광복 강원도민일보 논설위원실장의 글에서 인용한 것이다.

최근 많은 사람들이 DMZ의 이러한 생태적, 문화적 가치 그리고 여기에 함축된 미래적 가치에 주목하여 DMZ를 평화지대로 전환해야 한다고 말한다. 나도 이러한 주장에 전적으로 동감한다. 중무장한 비무장지대라는 역설을 깨고 남북대결의 완충지대를 만남과 소통의 장으로 바꾸어야 한다. 또한 이 곳을 생태문화지대로 가꾼다면 해외 관광객을 유치할 뿐만 아니라 '지속가능한 개발'이란 세계적 시대정신을 우리 민족이 몸소 실현해낼 수 있다. 이는 남북통일의 세계사적 의의를 보다 확고히 하는 작업이 될 것이다. 민족 구성원 모두가 DMZ의 생태적, 문화적, 미래적 가치를 공유하고 발전시키기 위해 공동의 노력을 기울여야 한다.

DMZ를 '생태문화 지대'로 가꾸자

최근 DMZ에 부동산 투기의 조짐이 보인다고 한다. 심지어 DMZ 북측지역이 행정착오로 인해 남측지역으로 오인되면서 매매된 경우도 있다고 한다. 부끄럽고 황당한 얘기이다. DMZ를 찾는 외국인 관광객의 숫자가 증가하고, 제2차 남북정상회담에서 DMZ의 평화지대화가 의제로 채택될 수 있다는 언론보도가 나오자 일부사람들이 투기차익을 노리고 이 지역을 미리 선점하려 했던 것이다. 이미 수많은 국토가 난개발로 망가진 상태에서 DMZ마저 그렇게 될 수 있다고 생각하니 용납하기 어렵다.

DMZ는 남북협력을 통해 '생태문화지대'로 가꾸어져야 한다. 그 개발방식은 철저히 생태적 관점에서 친환경적으로 이루어져야 한다. 나는 생태원리주의자는 아니다. 경제의 중요성을 부정하지도 않는다. 오히려 경제를 중요시하기에 DMZ의 생태문화적 가치보존과 친환경적

개발을 주장하는 것이다.

　우리는 왜 외국인 관광객들이 제대로 된 편의시설조차 잘 갖추어져 있지 않은 DMZ를 찾는지, 그 이유를 진지하게 생각해보아야 한다. 어떤 이는 우리 입장에서는 비극적인 분단현실이지만 그들에게는 이색적으로 느껴질 수 있고, 그래서 이를 체험해보고 싶어서라고 말할 것이다. 물론 이것도 틀린 말은 아니다. 하지만 나는 더 근본적 이유가 따로 있다고 생각한다. DMZ가 조성하고 있는 원시적 생태계의 가치 때문이다.

　얼마 전 언론보도에서 미국 칼럼리스트 앨런 와이즈너가 DMZ를 다녀본 후 쓴 '한국 DMZ의 교훈'이란 글에서 'DMZ는 인간 없는 50년 세월이 빚어낸 기적'이라며 'DMZ 공유지를 보존함으로써 대체 불가능한 많은 생명종을 살리고 DMZ를 전 세계가 아끼는 독특한 연구지, 역사현장으로 남겨야 한다'고 말한 것을 본 적이 있다. 자연의 경이로움과 그 속에서 살아가는 인간 존재의 본질과 역설을 논한 그의 책 《인간 없는 세상》에서 그렇게 적고 있다.[29]

　아마도 DMZ를 찾는 외국인 관광객들의 심정이 이와 같을 것이다. 와이즈너 만큼 그 느낌을 논리적으로 구술하지는 못해도 그 마음은 오히려 더 절실할지 모른다. 문명의 작위적 구속에서 벗어나 마음의 피로를 풀고, 스스로를 정화시키려는 생각에서 DMZ를 찾고 있는 것이다. 그런데 이곳에 모텔이 들어서고 유원지가 조성된다고 생각해보자. 과연 외국인들이 이곳을 찾을 것인가? 아마 국내 관광객들도 처음 몇 번 다녀온 다음에는 발길을 끊을 것이다. 명심해야 할 것이다. DMZ의 경제적 가치는 생태·문화적 가치에서 유래한다는 것을

----

[29] 정연선, 'DMZ는 50년 세월이 빚어낸 기적', 〈강원일보〉 2007. 11. 6일자.

말이다.

2007년 10월 노무현 대통령은 DMZ를 평화생태공원으로 조성하겠다는 계획을 발표했다. DMZ 평화지대화의 방향을 제대로 잡았다는 점에서 환영할 만한 일이다. 그러나 두 가지 아쉬움이 남는다. 첫째, 공원이라는 개념의 제약성이다. 현재 DMZ 생태지역은 동서횡단으로 넓은 지역에 걸쳐 광범위하게 분포되어 있다. 또한 그 활용에 대해 정부뿐만 아니라 경기도, 강원도 및 그 산하 지자체들이 큰 관심을 가지고 있다. 이러한 상황은 생태지역의 광역성과 이해당사자의 복수성으로 요약될 수 있다. 다시 말해, 공원이라는 단수적 표현은 이 문제를 다루는 적합한 개념이 아닐 수 있다.

둘째, 생태적 가치에만 주목하여, DMZ에 분포한 역사·문화유적의 가치가 등한시될 우려가 있다. 철원의 궁예도성, 방산 백자가마터, 구 철원 시가지의 근대 건축물 등은 역사적 가치가 큰 유적들이다. 남북한이 공동발굴·조사하고 유적지로 조성한다면 생태자원과 함께 시너지 효과를 발휘해 상당한 해외관광객을 유치할 수 있을 것이다.

이러한 측면에서 나는 평화생태공원을 '생태문화지대'란 이름으로 교체하자고 제안하고 싶다.

DMZ를 '생태문화지대'로 가꿈에 있어 우선적으로 추진해야 할 것은 첫째, 그 방안을 토의하고 실천할 수 있는 남북한 협의체의 창설이다. 이를 통해 DMZ의 생태환경 및 유적조사를 남북 공동으로 추진해야 할 것이다. 2007년 10월 국제수달총회에 참여한 남북한 수달연구자들이 북한강 DMZ에 서식하는 수달의 보호를 위한 조사를 실시하기로 협약을 맺었다고 한다.[30] 이와 같은 민간전문가들의 노력을 남북한 정부가 수렴하여 DMZ 생태환경 및 유적조사를 체계적·광역적으로 실시해야 할 것이다.

둘째, DMZ 남측 지역의 '생태문화지대' 조성에 관심을 가진 각 지

2000년, DMZ 시찰중 철원의 옛 조선노동당사 앞에서.

자체와 시민단체의 의견조정 및 역할분담을 위해 거버넌스[31] 체계가 구축되어야 한다. 그리하여 '생태문화지대' 조성과정에서 정부와 각 지자체 또는 각 지자체 상호간에 발생할 수 있는 갈등[32]을 예방해야 할 것이다. 또한 일부 환경단체가 DMZ 난개발을 우려해 이 문제에 신

----

30) 이 협약은 일본 조선대(조총련 계열) 야생생물연구실을 매개로 이루어졌다. 조선대 연구실이 북한 국가과학원과 협약을 맺은 후, 다시 한국수달연구소 및 한국야생동물연구소와 협약을 맺는 방식이었다. 남북한이 각자 2~3년간 수달생태를 조사한 후, 그 결과를 조선대 연구실을 통해 교환하기로 했다. (류찬희, '남북 함께 DMZ 생태계 연구할 날 어서 오길' 〈서울신문〉 2007. 10. 15일자)
31) 공치(共治) 또는 협력통치를 뜻한다. 정부주도의 일방적 행정이 아닌, 정부와 시민사회의 소통과 합의에 기반한 네트워크적 행정을 의미하는 말이다.
32) DMZ 생태문화지대 조성의 행정집행 주도권을 놓고 중앙정부와 경기도 또는 강원도 간의 갈등이 발생할 수 있으며, 각 군소 지자체 간에도 시설유치, 예산분배 등으로 과열경쟁이 일어날 수 있다.

경을 곤두세우고 있는 것으로 알려져 있다. 이러한 환경단체의 견해를 사전에 반영해 여기에서 발생할 수 있는 갈등도 미연에 방지해야 한다. 그랬을 때, DMZ 생태문화지대 조성사업의 체계성과 효율성을 담보할 수 있을 것이다.

DMZ를 진정한 비무장지대로 만드는 것이 우선이다

DMZ를 사이에 두고 남북 양측은 수십만 병력과 최첨단 무기를 배치시키고 서로를 겨냥하고 있다. 사실상 DMZ는 약 4km의 완충지대를 사이에 두고 형성된 실질적 중무장지대이다. 그런 점에서 DMZ의 평화지대화를 위해 선결적으로 추진해야 하는 과제는 DMZ를 진정한 의미의 비무장지대로 만드는 것이다.

DMZ의 진정한 비무장지대화, 더 나아가 평화지대화[33]를 성취하기 위해 추진해야 하는 과제는 세 가지이다. 첫째, 남북 양측이 DMZ내에 설치한 전방관측소(GP)와 추진철책선[34]을 철거해야 한다. 국제법상 DMZ내에는 어떤 군병력 및 군사시설도 배치될 수 없다.

그런데 남북한은 각자 상대 군 동향을 관찰하는 전방관측소를 비무장지대내에 설치하고 있다. 우리 군의 경우, 약 80~100여 개의 전방관측소에 2,500명 가량의 병력을 배치시켜놓고 있으며, 자동소총과 각종 중화기로 중무장하고 있다. 북한도 280여 개의 전방관측소에 약 1만여

---

33) 비무장지대화란 DMZ의 군사적 긴장이 약화된 상태를 말하며, 평화지대화란 남북한이 DMZ를 평화적으로 이용하는 상태를 말한다.
34) 비무장지대 안으로 침범해 들어간 철책선.

비무장지대내 지뢰위험 표시판. (출처: KOREA-DMZ www.korea-dmz.com)

명의 중무장 병력을 배치시켜놓았다고 한다. 남북 양측이 서로 자신들에게 유리한 방어지점을 찾아 밀고 들어오면서 구축된 진지체계이다. 추진 철책선도 마찬가지 이유로 설치된 것이다.35) 이 두 종류의 불법시설물을 남북 양측이 동시에 철거해야 한다. 이를 통해 일단 정전협정상의 비무장지대의 의의를 있는 그대로 실현하는 것이 DMZ 평화지대화의 첫 걸음이라 할 수 있을 것이다.

둘째, 남북 양측에 의해 DMZ에 매설·살포된 대인지뢰36)를 동시에 제거해야 한다. 1997년 노벨평화상을 받은 국제대인지뢰회의(ICBL)는 전 세계에서 대인지뢰가 가장 많이 매설된 곳으로 DMZ를 꼽고 있다. 한국전쟁 때 매설된 지뢰, 그 이후 군 작전상 매설·살포된 지뢰가 뒤섞여 DMZ는 완전히 폭탄밭을 이루고 있다. 워낙 많은 양의 대인지뢰가 매립·살포되었기에 그 제거에 상당한 시간이 필요한 것으로 보인다. 대인지뢰가 제거되지 않고서는 이 지역에서의 민간인 출입은 사실상 불가능하다. DMZ의 평화적 이용을 위해 남북한 정부와 군 당국은 이에 대한 합의서를 체결하여 동시이행의 원칙하에 대인지뢰를 제거

---

35) 2005년 6월 경기도 연천의 전방관측소에서 발생한 김일병 총기난사 사건에서 볼 수 있는 바, 생활조건이 대단히 열악하다고 알려져 있다. 군 인권의 향상을 위해서도 남북 양측의 합의로 조속히 철거되어야 한다.

36) 신형지뢰는 비행기, 장갑차 등에서 살포된다. 일명 플라스틱 지뢰이다.

해나가야 할 것이다.

　이미 한국지뢰제거연구소장(김기호)은 세계 최초로 수목을 뿌리째 뽑거나 지뢰를 폭파하지 않고 탐지수거하여 대관을 분리하며 지뢰를 재처리하는 친환경적인 지뢰제거공법을 개발하여 DMZ의 평화지대화 실행에 대비하고 있다.

　셋째, 군사분계선의 국경화와 전방배치 부대의 국경수비대화이다. 물론 이것이 DMZ의 민간인 출입 및 남북한 국경통과의 완전자유화를 의미하는 것은 아니다. 이는 남북한 경제통합 및 북한경제개발의 성과 정도에 따라 점진적으로 진행될 사안이다.[37] 남북한이 군사분계선에서의 무력대치를 중단하고 국경을 공동관리하는 것으로 이해하면 될 것이다.[38]

　2007년 제2차 남북정상회담에서 노무현 대통령은 김정일 위원장에게 DMZ의 평화지대화를 제안했다. 하지만 김정일 위원장은 "속도가 너무 빠르며, 아직은 때가 아니다"라며 완곡히 거절했다고 한다. 그 이유는, 첫째 북측 전방관측소에 배치된 1만여 명의 병력 철수시 발생할 수 있는 북한군부의 반발, 둘째 원거리 정찰장비가 발달한 우리 군에 비해 이 부분의 능력이 부족한 북한군의 사정, 그로 인한 북한군의 정찰능력 약화, 셋째 장사정포[39] 후방 재배치에 따른 야포우위 전략의 무력화 등에 대한 우려 때문인 것으로 판단된다.

---

37) 남북연합 단계에서도 남북한은 국가 대 국가로서 존립하며, 그에 따라 각자의 군대를 유지한다. 만에 하나 발생할 수 있는 분쟁의 여지를 없애기 위해서 남북한 사이의 일정한 완충지대는 당분은 계속 유지될 수밖에 없다. 또한 국경의 성급한 개방은 동·서독에서 볼 수 있는 것같은 북한 주민의 국경탈출을 야기할 수 있다. 남북관계의 악화를 불러올 수 있으며, 통일 프로세스에 대한 통제력을 상실할 수 있다.
38) 이상의 내용은 서재철 녹색연합 녹색사회국장이 2007년 10월 25일 발행 《한겨레 21》에 실은 'DMZ를 진정한 비무장지대로'란 기사에서 참조했다.

이를 통해 DMZ 평화지대화가 한반도 평화체제 구축 및 군축과 연계될 수밖에 없는 문제임을 알 수 있다. 그러나 이것이 꼭 먼저 선행되어야 평화지대화가 성취될 수 있는 것은 아니다. 그 이전이라 해도 단계적·점진적으로 추진할 수 있는 부분에서는 최선을 다해야 할 것이다.

이번 정상회담에서 합의된 '서해평화협력특별지대'가 설치될 지역은 NLL과 DMZ를 동시에 포함하고 있는 지역이다. '서해평화협력지대'의 성공에 최선을 다해야 한다. 그래서 DMZ의 평화지대화가 주는 경제적 효용성을 북한정부가 몸소 체험하게 해야 한다. 그렇게 되면 개성공단 설립 당시, 그 지역에 주둔하던 북한 인민군을 철수시킨 것과 같은 결단이 다시 한 번 내려질 수 있을 것이다.

248km, 992km^{2}의 DMZ는 세계가 부러워 하는 역사문화 콘텐츠로 가득하다. 나는 확신한다. DMZ가 평화지대가 되고, '생태문화지대'에 친환경 역사문화콘텐츠를 갖춘 평화마을이 조성된다면 평화와 생태보호를 염원하는 세계인의 발길이 끊이지 않을 것을…….

---

39) 사거리 54~60km의 대구경 화포로 군사분계선에서 수도권까지 타격할 수 있다고 한다. 우리 군도 이에 대항해 MLRS 다연장 로켓(MLRS-ATACMS 발사시), K-9(40km)를 배치하고 있다.

3장
평화의 실천

2+2 평화협정
북핵문제의 끝이 보인다
NLL은 영토선이 아니다
평화의 완성, 군축
독일통일의 교훈과 한반도 통일

2+2 평화협정

세계최장 54년 정전협정 체제

 1953년 7월 26일 북·중·미 3국 대표가 정전협정서에 서명하면서 한국전쟁이 마침내 종결되었다. 민족사의 최대비극으로 수백만 명의 목숨을 앗아가며 3년 동안 이어진 전쟁이었지만 휴전협정 조인식은 단 11분 만에 간단히 마무리되었다. 그러나 끝이 아니었다. 정전停戰 또는 휴전休戰, 이는 말 그대로 전쟁을 멈추고 잠시 쉬기로 약조했을 뿐이다. 그리고 50년이 흘렀다. 세계 역사상 정전협정이 이토록 오랜 세월 유지된 경우는 없었다. 우리나라가 유일하다. 그래서 우리는 전쟁상태도 평화상태도 아닌 이와 같은 기묘한 현실을 정전체제라 부르고 있다.
 정전체제는 언제든지 붕괴될 수 있는 불안정한 체제이다. 협정관리 기구인 군사정전위원회가 활동하고 있으며, 남북한 군사적 충돌을 방지하기 위해 비무장 지대를 설치하기도 했으나 이와 상관 없이 지난 50년 동안 남한·미국-북한 사이에는 국지적 군사분쟁이 수차례에 걸쳐 발생했다.
 대표적인 군사분쟁만 총 8차례에 달한다. 모두 자칫 잘못하면 전면

1953년 7월 26일, 아이젠하워 대통령이 백악관 집무실에서 정전협정에 서명하고 있다.
(출처: 미 국립문서 기록보관청 NARA)

전으로 치달을 수 있었다. 이러한 사태는 모두 정전협정의 불안정성에 기인한다. 새로운 형태의 '평화체제'가 출현하지 않는 한 이러한 군사분쟁은 앞으로도 계속 일어날 가능성이 있다.

평화체제는 전쟁의 법적 종결 및 전쟁방지와 평화유지를 위한 제도적 장치를 의미한다. 평화체제를 구축한다는 의미는 이같은 제도적 장치를 마련함으로써 정전상태를 평화상태로 전환하고, 상호 적대적 관계를 초래했던 긴장요인들을 해소함으로써 항구적 평화정착을 실현하는 행위라 할 수 있다.[1]

당초 한국전쟁에 참여했던 당사자들은 정전협정 효력 발휘 3개월 후, 정전협정을 평화협정으로 대체하기 위해 '각기 대표를 파견하여 한 급 높은 정치회의를 소집'하기로 정전협정 제4조에서 약속했다. 그리하여 1954년 4월 26일 스위스 제네바에서 정치회담이 열렸으나 아무런 성과 없이 결렬되고 만다.

그 이후, 북한은 끊임없이 평화협정 체결을 우리나라 또는 미국측에 요구했다. 또한 그 입장을 때와 조건에 따라 조금씩 수정해왔다. 우리나라도 1974년 6월 18일 박정희 대통령 연두기자회견에서 남북불가침협정 체결을 제의한 이래, 평화체제 구축을 지속적으로 주장해왔다. 그러나 양자간의 입장이 계속 엇갈리면서 별다른 성과를 내지 못했다.

---

1) 허문영 외, 《한반도 평화체제: 자료와 해제》, 통일연구원, 2007, p.2.

〈표 3-1〉 정전협정 발효 이후 발생한 주요 군사분쟁

발발시기	군사분쟁 상황
1967년 1월 19일	남한 해군 구축함 제56호, 동해안 휴전선 부근 육지 근접 지점에서 북쪽 해안포와 교전, 침몰. 승무원 사망 11명, 부상 30명.
1968년 1월 23일	미국 전파 수집용 최첨단 첩보함 푸에블로Pueblo호, 북한 원산 앞 영해(12마일) 침해, 영해침해 시인 후, 12월 23일 승무원 82명 석방. 함정은 미반환.
1968년 11월 2일	남한 동해안 울진·삼척에 북한 무장게릴라 침투, 서울 청와대 지근거리까지 접근 성공. 교전(김신조 부대 서울 침투사건)으로 체포 5명, 자수 2명, 사살 100여 명, 남측 군인 사상 70명이라고 발표됨.
1969년 4월 15일	미 공군 고공첩보정찰기 EC-121기, 함경도 영공 진입으로 북한 공군기에 의해 격추.
1969년 8월 17일	미 육군 헬리콥터 중부 휴전선 월경. 북한영공 침공으로 격추됨. 미국측의 영공침공 사실 시인 후, 승무원 2명의 시체 인도.
1976년 8월 18일	비무장지대상의 판문점 공동경비구역내에서 미군-북한군 충돌, 미군장교 2명 사망. 공동경비구역내에 있는 미루나무를 미군측이 사계청소를 위해서 도끼로 자르다가 그 것을 저지하는 북한군과 충돌한 사건.
1999년 6월 15일	연평도 북서방 해상에서 남·북한 해군 충돌, 북한측 함정 1척 침몰.
2002년 6월 29일	연평도 해상에서 남·북한 해군 재충돌, 남한측 함정 1척 침몰.

이에 반해, 미국은 평화체제 구축에 이렇다 할 관심을 표명하지 않고 있었다. 이랬던 미국이 평화체제에 관심을 기울이기 시작한 것은 1993년 제1차 북핵위기가 발발하면서부터이다. 평화체제 구축의 마스터키를 쥐고 있는 미국이 한반도 북핵위기에 직면해서야 이 문제에 관심을 기울이기 시작했다는 점이 자못 역설적이다.

그 첫 시작은 1996년~1999년 4자회담이었다. 북한은 1990년대 들어 정전체제를 무력화시키기 위해 여러 조치를 연속적으로 취하기 시

〈표 3-2〉 평화체제 남북한 입장 비교

연대	남한	북한
50년대		• 남북한 평화협정 제의 - 1954. 6. 15. 북한 외무성 남일, '제네바 정치회의' 최종회의

60년대		• 주한미군 철수를 전제로 한 남북평화협정 제의
		  - 1962. 10. 23. 최고인민회의 김일성 연설
		  - 1969. 10. 8. 북한정부 비망록

70년대	• 남북불가침협정 제의
	  - 1974. 6. 18. 박정희 대통령 연두 기자회견
	• 정전협정 효력유지를 조건으로 유엔사령부 해체 동의 표명
	  - 1975. 10. 21. 김동조 외무부장관 제30차 UN총회 정치위 연설
	• 남북한 당사자 해결 원칙에 입각한 정전협정 대체방안 모색용의 표명
	  - 1976. 5. 13. 박동진 외무부장관 성명
	• 남북한 및 미국이 참여하는 3자 당국회담 제의
	  - 1979. 7. 1. 한미정상회담 공동성명
		• 주한미군 철수를 전제로 한 남북평화협정 체결
		  - 1970. 6. 22. 북한정부 비망록
		  - 1973. 4. 15. 최고인민회의 제5기 제2차 회의 김일 보고
		• 북미 평화협정 체결
		  - 1974. 3. 25. 최고인민회의 제5기 제3차 회의 채택 대미서한
		  - 1979. 7. 10. 외교부 대변인 담화

80년대	• 정전협정 유지하에 군비경쟁 지양 및 군사적 대치상태 해소
	  - 1982. 1. 22. 전두환 대통령
	• 정전협정을 항구적 평화체제로 대체용의 표명
	  - 1988. 10. 18. 노태우 대통령 제43차 UN총회 연설
		• 북미 평화협정 체결 및 남북 불가침선언 동시체결을 위한 3자회담 제의
		  - 1984. 1. 10. 중앙인민위원회 · 최고인민회의 연합회
		  - 1986. 1. 1. 김일성 신년사
		  - 1988. 11. 7. 중앙인민위원회 · 최고인민위원회 상설회의 · 정무원 연합회의 '포괄적 평화방안' 제의

90년대	• 남북 평화협정 체결
	  - 1990. 8. 15. 노태우 대통령 광복절 45주년 경축사
	  - 1991. 7. 12. 노태우 대통령 평통자문의 제5기 출범식 개회사
		• 북미 평화협정 체결
		  - 1991. 1. 1. 김일성 신년사

90년대	• 1992. 2. 19. 남북기본합의서 5조
	  – '남과 북은 현 정전상태를 남북 사이의 공고한 평화상태로 전환시키기 위하여 공동으로 노력하며, 이러한 평화상태가 이룩될 때까지 현 군사정전협정을 준수한다'고 합의
	• 남북 당사자 해결, 남북 합의서 존중, 관련국의 협조와 뒷받침 등 한반도 평화체제 구축을 위한 3원칙 제시
	  – 1995. 8. 15. 김영삼 대통령 광복절 50주년 경축사
	• 정전체제의 남북한 평화체제로의 전환을 한반도 냉전구조 해체의 과제로 제시
	  – 1999. 5. 김대중 대통령 CNN 기자회견
		• 새로운 평화보장체계 수립을 위한 북미협상 제의
		  – 1997. 4. 28. 외교부 성명
		• 대미 잠정협정 제의
		  – 1996. 2. 22. 외무부 대변인 담화

작했고 이에 한미 양국은 1996년 4월 16일 제주도에서 개최된 정상회담에서 남북한, 미국, 중국이 참여하는 한반도 평화와 안정을 위한 4자회담을 제의한다. 북한은 이를 수락했고 4자회담은 1996~1999년에 걸쳐 진행되었다.

제네바 정치회담 이후 43년 만에 재개된 평화체제 논의였으나, 이 또한 별다른 성과를 남기지 못하고 무산된다. 진정한 평화를 얻는 길, 평화협정 체결을 통해 정전체제를 평화체제로 전환시키기 위한 작업은 또 다른 위기를 맞아서야 재개되기 시작한다. 부시 행정부 출범 이후, 대북 강경정책이 야기한 제2차 북핵위기가 바로 그 것이다.

평화협정과 평화체제 Peace Regime

'평화협정'은 한반도 평화체제 구축을 위해 필수불가결한 요소로 '평화체제Peace Regime'가 평화협정보다 포괄적인 개념이다. 평화체제는 그 성격상 한미동맹 체제 및 한미상호방위조약, 미군주둔 등 상호

안보협력 등을 포함한다. 즉, 평화협정에 이어 항구적인 평화정착을 위한 평화관리기구의 설치와 군비통제, 안전보장 체제 등을 포괄하여 평화체제로 부를 수 있다.

평화체제를 포함한 한반도 정세의 여러 현안은 그 문제의 성격이 대단히 복잡하고 중첩적인 성격을 가지고 있다. 각 현안이 전적으로 남북 양자 사이에서 논의되고 해결될 수 있는 것들이 아니다. 남북 분단의 역사적 유래와 한반도의 지정학적 특성 등이 복잡하게 얽히면서 필연적으로 미·러·중·일 4강의 이해관계가 개입될 수밖에 없도록 구조화되어 있다.

한반도 평화체제만 해도 그렇다. 당위적 측면에서 정전체제를 해체하고 평화체제로 전환하는 데 그 누구도 반대하지 않을 것이다. 그러나 문제는 한반도 평화체제의 구축이 주변 강대국의 세력관계를 변동시킬 주요 동인을 제공할 수 있다는 점이다. 그래서 미국이건 중국이건 또는 러시아이건 일본이건 특별한 변수가 제기되지 않는 한 한반도 정세의 현상유지를 선호할 수밖에 없다.

지난 시기, 미국이 평화체제 구축에 별다른 관심을 기울이지 않은 것도 실제로 관심이 없어서라기보다는 관심을 가져서는 안되었기 때문이다. 비록 불안정한 정전체제라지만 이 체제 안에서도 동북아 지역에서 미국의 영향력은 거의 절대적이다.

그런데 이를 괜히 평화체제로 전환시켰을 때, 중국과 러시아가 남진하여 영향력을 확대하기라도 한다면 이는 긁어 부스럼을 만드는 셈이다. 그래서 미국으로서는 정전체제의 불안정성이 동북아에서의 자기 위상을 결정적으로 훼손하지 않는 한, 이 체제를 그대로 유지하는 것이 국익을 위한 최선의 선택, 합리적 선택이었다.

내가, "북핵위기는 미국으로 하여금 평화체제 논의에 참여하는 계기를 제공한 점이 역설적"이라 말한 것도 이러한 맥락에서 한 이야기었다. 다시 말해, 북핵위기가 미국으로 하여금 정전체제의 불안정성을 그대로 방관할 수 없게 한 것이며, 그래서 차라리 한반도 평화체제 논의를 주도하여 동북아에서의 미국의 위상을 새롭게 제고하는 선택을 하게 한 것이다. 제2차 북핵위기에서 미국이 한반도 평화체제 구축을 용인하게 되는 과정을 살펴보면 이러한 나의 주장이 매우 간명하게 이해될 것이다.

지난 2002년 농축우라늄(UEP) 의혹으로 제2차 북핵위기가 발발했을 때, 북한의 대응방식은 제1차 위기 때와 크게 달라진 바 없었다. 벼랑 끝 전술이었다. 하지만 상대는 대외 강경노선을 추구하던 부시 행정부였다. 당시 부시 행정부는 클린턴 행정부의 대북정책을 "잘못된 행동에 대한 보상"이라며 모조리 부정하고 있었다.

이런 와중에 북한은 2002년 10월 25일 외무성 담화를 통해 "미국이 불가침조약을 통해 우리에 대한 핵 불사용을 포함한 불가침을 확약한다면 미국의 안보상 우려를 해소할 용의가 있다"는 입장을 천명한다. 북한은 이러한 입장을 이후에도 계속 천명하는데 2005년 7월 담화에서는 "조선반도에서 정전체제를 평화체제로 전환하게 되면 핵문제의 발생근원이 되고 있는 미국의 대조선 적대시 정책과 핵위협이 없어지는 것"이라며 자신의 생각을 더욱 분명히 나타낸다.

사실, 북한의 제안이 아니더라도 북핵위기는 본질적으로 정전체제의 불안정성에서 기인하는 것이었다. 선택은 두 가지이다. 하나는 정전상태를 깨고 다시 전쟁에 돌입하는 것이며, 또 하나는 정전체제를 평화체제로 전환시켜 위기의 근본요인을 제거하는 것이다.

대개의 경우, 후자를 선택할 것이다. 하지만 제2차 북핵위기 초반 국면을 주도하던 것은 부시 행정부의 네오콘 강경파였다. 그들은 2002년 북한을 이란, 이라크와 더불어 '악의 축'으로 선포했으며, 이라크 다음의 공격목표가 북한일 수 있음을 간접적으로 시사하고 있었다. 그래서 전자의 대안을 선택할 가능성도 없지 않아 보였던 것이 사실이다.

하지만 우려했던 파국적 상황, 제2의 한국전쟁은 도래하지 않았다. 우선 미국이 미-이라크 전쟁의 깊은 수렁에 빠져들어가고 있었다. 또한 북한에 대해 깊은 이해관계를 가진 중국의 존재가 부시 행정부로 하여금 북한에 대해 이라크식 해법을 적용할 수 없게 했다. 그러나 무엇보다 우리 정부의 역할이 부시 행정부로 하여금 전쟁이란 극단적 선택을 할 수 없게 했다.

제2차 북핵위기에서 북·미간의 심각한 대치상황을 연출하던 상황에도 국민의 정부·참여정부는 햇볕정책을 유지하면서 남북관계를 지속적으로 발전시키고 있었다. 또한 미국에 대해서도 핵시설 폭격과 같은 군사적 해법이 돌이킬 수 없는 결과를 불러올 수 있다는 점을 꾸준히 설득해갔다.

이와 같은 우리 정부의 역할이 빛을 발한 것은 제4차 6자회담 공동성명, 즉 9·19공동성명의 창출과정이었다. 2005년 2월 10일, 북한은 핵보유를 공식선언하며 6자회담 참여를 거부하였다. 이에 우리 정부는 2005년 6월 정동영 통일부장관을 대북특사로 파견하여 전력지원을 매개로 북한의 6자회담 복귀를 이끌어냈다. 이와 같이 우리 정부는 제2차 북핵위기가 파경에 이를 때마다 적극적인 중재노력으로 북한과 미국 사이를 오가며 6자회담의 모멘텀을 끊임없이 재생시켜왔다.

그런데 바로 이 시기에 부시 행정부의 외교·안보라인이 재편되고 있었다는 점을 우리는 주목해야 한다. 초기 대외 강경정책을 주도하던 체니 부통령, 럼스펠드 국방장관 등 네오콘 강경파의 영향력이 축소되고 라이스 국무장관, 젤리코 국무부 고문 등의 전통적인 온건파 외교라인의 영향력이 증대하고 있었다.

지금까지 알려진 바에 따르면, 2005년 젤리코 고문이 '광범위하고 새로운 대북접근 구상'을 라이스 장관에게 전달하였고, 라이스 장관은 이를 2006년 초 『전략개념보고서』로 구성하여 부시 대통령에게 전달했다고 한다. 그 구상은 레이건-부시 행정부 시절 '악의 제국'이라던 소련과 진지한 협상을 통해 핵군축 및 군비통제에 성공했던 경험에 비추어, 한반도 정전체제를 영속적인 평화조약으로 바꾸고 한국의 통일을 지원하며, 동북아의 새로운 평화안전의 다자틀을 꾸민다는 것이었다.[2]

이 것이 의미하는 바는 무엇인가? 미-이라크 전쟁 장기화, 중국의 존재와 같은 객관적 요인과 더불어 우리 정부 주도의 적극적 중재노력이 정전체제의 극대화된 불안정성에 직면한 부시 행정부로 하여금 '군사적 해법'이 아닌 '평화체제로의 전환'이란 올바른 선택을 하도록 이끌어낸 것이다. 그리하여 9·19공동성명 제2항에서 '6자회담 직접관련 당사국들은 별도 포럼에서 한반도 평화체제에 관한 협상을 가질 것'이란 내용으로 한반도 평화체제 구축에 대한 국제적 합의를 창출해낼 수 있었다.

물론 네오콘 강경파의 입지가 완전히 사라진 것은 아니었다. 9·19

2005년 북핵 6자회담. 9·19공동성명 2항에서 '한반도 평화체제에 관한 협상'을 해나가기로 합의했다.

---

2) 윤덕민, '한반도 평화체제와 미·북 관계', 《주요 국제문제 분석》 2007·37호, 2007, p.4.

평화의 실천 167

공동성명으로 북핵문제가 해결되고 한반도 평화체제가 새롭게 구축될 것이란 기대가 높아지고 있을 때, 갑작스레 방코델타아시아(BDA) 문제가 돌출하면서 6자회담이 다시금 좌초하게 되었고 2006년 7월 북한의 제2차 미사일 발사실험과 10월의 핵실험까지 북핵위기는 다시 한 번 긴장의 극대화를 향해 달려갔다.

그러나 한 번 잡힌 물길을 되돌리긴 어려운 법이다. 더군다나 그 것이 정도正道라면 이따금 장애물에 부딪혀 역류하는 듯하다가도 물은 도도히 흘러 대하大河를 향해 나아가게 마련이다. 사실상 북핵실험은 파국이 아니라 정전체제의 불안정성을 남북한과 4강 국가들에게 재차 확인하게 하고, 평화체제 전환의 당위성을 깊게 각인시키는 계기가 되었다.

북핵실험 한 달 뒤, 미국에서 11월 중간선거가 열렸다. 공화당의 참패였다. 이는 부시 행정부의 대외 강경정책이 불러온 미국의 국익훼손과 국제사회에서의 위상하락에 대한 국민의 심판이었다. 결국 부시 대통령은 2006년 11월 18일 베트남 하노이에서 열린 APEC 정상회담에서 "북핵문제 해결을 전제로 한국전 종전선언에 김정일 위원장과 더불어 서명할 용의가 있다"는 의사를 노무현 대통령과 후진타오 주석에게 전달하게 된다. 한반도 평화체제에 대한 역대 미국 대통령의 발언 중 가장 명시적이고 구체적인 발언이었다.

1954년 제네바 정치회담이 무산된 이후, 북한은 1962년부터, 우리 정부는 1974년부터 평화체제 구축을 줄기차게 주장해왔다. 그런데 2007년에 이르러 미국도 그 것의 필요성을 인정하고 이에 동참하겠다는 명확한 의사를 밝히게 된 것이다. 실로, 위기의 극단에서 돌파구를 찾고 평화체제의 서막을 연 것이다. 그렇다면 이제 남은 것은 구체적인 프로세스이다. 그 동안 남북한 사이에 존재해온 쟁점사항에 대한 이견만 해소된다면 평화체제로의 전환은 북핵문제의 해결과 동시에 성취될 수 있을 것이다.

2+2 평화협정, 한반도 평화체제의 해법

2007년 10월 2일부터 4일까지 평양에서 개최된 제2차 남북정상회담은 8개 항목과 2개 별도의 항목을 담은 '남북관계 발전과 평화번영을 위한 선언'(이하 2007 남북정상선언)을 발표하였다. 2007 남북정상선언의 제4항은 한반도 평화체제 구축에 관한 것인데 '남과 북은 현 정전체제를 종식시키고 항구적인 평화체제를 구축해나가야 한다는 데 인식을 같이하고 직접 관련된 3자 또는 4자 정상들이 한반도 지역에서 만나 종전을 선언하는 문제를 추진하기 위해 협력해나가기로 하였다'고 되어 있다.

김만복 국가정보원장이 2007년 10월 8일 국회 정보위에 출석하여 증언한 데 따르면 "북핵 포기를 전제로, 남·북·미 정상간 종전선언을 체결할 의지가 있다는 부시 대통령의 의사를 노무현 대통령이 전하자, 김정일 위원장이 '의미가 있다'며 긍정적으로 언급"했고 그에 따라 도출된 합의라고 한다.

나는 제2차 북핵위기가 발발한 이래, 평화체제로의 전환을 제도적으로 보장하는 평화협정을 우리 정부가 주도적으로 준비해야 한다고 주장해왔다. 2·13 합의가 이루어진 이후, 나는 기회가 닿을 때마다 이러한 주장을 우리 정부와 여야 의원들에게 더욱 강력하게 제기했다. 미·러·중·일 4강의 경우, 북핵문제 해결로 일단 만족할 수 있을 것이다. 그러나 우리나라는 그 이후, 남북 경제공동체 건설과 한반도 통일까지 염두에 두어야 하는 상황이다. 평화협정 체결을 적극적으로 준비하면서 새롭게 도래하는 한반도 평화체제가 우리의 민족적 과제에 부합하는 방향으로 디자인되도록 해야 한다.

그런 점에서 이번 2007 남북정상선언에서 한반도 종전선언에 대한 합의가 창출된 것은 매우 뜻깊은 일이라 할 수 있다. 종전선언은 평화협정의 사전작업이다. 한국전쟁의 종결을 정치적으로 선언하여 평화협정을 통한 전쟁의 공식적 종결과 평화상태로의 전환작업을 촉진하고자 하는 것이다.

<그림 3-1> 북방한계선과 남북 양측 주장 공동어로구역

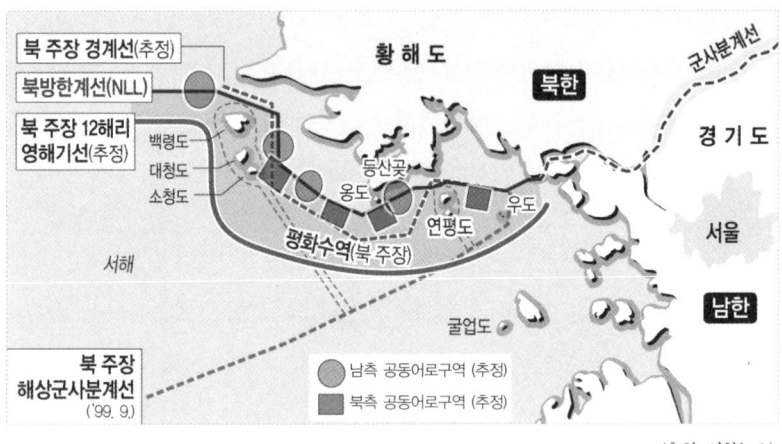

(출처: 연합뉴스)

그런데 이와 같은 전체적 의의 만큼이나 중요한 것이, 이 선언에 평화협정 당사자 문제와 형식에 대한 해법이 내재적으로 응축되어 있다는 점이다. 그 동안 남북한 사이에는 평화협정 당사자 문제와 형식에서 적지 않은 견해차가 존재해왔다. 우리 정부는 줄곧 당사자 해결원칙에 의거하여 남북한 평화협정 체결을 주장해왔으나 북한은 이와 관련해 다른 입장을 견지해왔다. 1962년 주한미군 철수를 전제로 남북한 평화협정을 주장해왔던 것에서 입장을 바꿔 1974년부터 북미평화협정을 제기해온 것이다.

북한, 중국, 미국이 서명한 정전협정문 원문

　　북한이 평화협정 당사자에서 우리나라를 제외시켰던 이유는, 첫째 우리 정부가 정전협정 체결에 직접 참여하지 않았으며, 둘째 전시작전권이 미국에 있으며, 셋째 과거 우리 정부(이승만 정부)가 정전협정에 반대했기 때문인 것으로 알려져 있다. 이러한 논리에 근거하여 북한은

평화의 실천　171

우리 정부와는 별도의 불가침선언을 맺고 평화협정은 미국과 맺는다는 원칙을 지금까지 유지해왔다. 특히 북한은 1991년 남북기본합의서에서 남과 북이 불가침 선언을 한 만큼 평화체제 구축을 위해 남은 과제는 미국과의 평화협정이라는 입장을 1990년대 들어 계속 견지해오고 있었다. 그런데 이 번에 '3자 또는 4자 정상의 종전선언'을 남북한 정상이 합의했다는 것은 북한이 기존입장의 변경을 시사한 것으로 해석할 수 있다.

광복 60주년 기념 SBS 토론회 '한반도 평화의 길'에 출연한 필자.

평화협정의 당사자 문제와 형식은 자칫하면 지루한 명분싸움을 불러올 수 있는 것이다. 이로 인해 평화협정이 시작되지도 못하고 좌절될 수 있다. 나는 이 것의 해법이 철저히 현실에 입각하되 미래지향적 실용적 입장에서 마련되어야 한다고 생각한다.

이러한 관점에서 나는 2004년 국정감사부터 평화협정의 당사자 문제와 형식의 해법으로 남북한이 주도하고 미국과 중국이 보증하는 2+2 방식을 제안해왔다. 남·북·미·중 4국은 1950년 한국전쟁의 실질적 당사자들이다. 특히 북한에 의해 한국전쟁이 발발했을 때, 미군은 한반도에 있지 않았다. 그 시점에서 북한군을 상대한 것은 한국군이었다. 이는 분명한 역사적 사실이다. 이를 부정하고 정전협정에 참여하지 않았다는 이유로 남한이 배제되어야 한다는 북한의 논리는 지나친 명분론이다.

또한 남한을 제외한 북미평화협정은 한반도 평화문제를 전적으로 미국의 영향하에 맡길 수 있다는 위험성을 내포한다. 이는 7·4남북공동성명과 6·15남북공동선언에서 확인한 민족문제의 자주적 해결원칙에 위배된다. 게다가 북한이 북미평화협정의 주요 근거로 제시하는 한국군의 전시작전권은 약 5년 뒤인 2012에 우리에게 환수될 예정이다. 그렇다면 그 때 가서 다시 남북한 평화협정을 체결해야 한다는 말인가? 북한은 남북기본합의서 체결 당시, 남북 불가침과 함께 '남과 북이 현 정전상태를 공고한 평화상태로 전환(제5조)' 하기로 합의한 점을 분명히 기억해야 할 것이다.

무엇보다 평화협정이 2+2방식으로 체결되어야 하는 것은 남북한 공동의 미래에 이 것이 가장 부합하는 방식이기 때문이다. 평화체제의 미래는 남북한이 민족공동의 번영을 추구하면서 각자의 전통적 우방국인 미국, 중국과 우호친선 관계를 확대발전시키는 것이다. 이를 위해서는 미국과 중국이 한반도에 대해 행사하는 현실적 영향력을 인정하되 민족문제에 대한 외부간섭을 최소화시키는 2+2 평화협정이 가장 바람직한 대안이다. 이 틀 안에서 남과 북이 평화협정[3]을 조인하고, 이어 미국과 중국을 포함한 4개국이 포괄적 한반도 평화조약에 조인함으로써 남과 북의 평화협정을 보증하면 되는 것이다.

송민순 외교통상부장관 역시 2007년 10월 26일 외교안보연구원 주최 세미나 연설을 통해 "앞으로 수립될 한반도 평화체제는 이를 실제로 지켜나갈 남북이 주도적 역할을 하고 미국과 중국은 1953년 정전협정 체결시에 관여했던 지위를 반영하는 차원에서 적절한 역할을 하면

---

3) 통일을 지향하는 민족 내부의 특수관계에서 협정이란 명칭이 부합하지 않는다면 '합의서', '의정서' 등의 명칭을 쓸 수 있을 것이다. 일단 이 글에서는 용어상의 소통을 위해 '협정'이란 말로 통일한다.

될 것"이라고 밝혀 2+2구상을 정부입장으로 공식화한 바 있다.

당사자 문제와 형식의 해법이 이와 같다면, 그 다음에 검토할 문제는 평화협정의 시기와 주한미군, 평화체제 관리기구 문제이다. 평화협정의 시기에 대해 우리 정부는 완벽한 추진여건이 아니더라도 어느 정도의 조건이 성숙하면 남북한 평화협정을 체결하고, 이후 점차 보강해 나가겠다는 입장이다. 북한은 미국에 대해 가능한 빠른 시기에 평화협정 체결을 요구하고 있다. 그러나 미국은 북핵폐기를 확고부동한 전제로서 제기하고 있다.

일단 평화협정 체결시기와 관련해 6자회담의 실무그룹 중 하나인 '한반도 평화체제 포럼'을 최대한 활용해야 할 것으로 보인다. 이 자리에서 남·북·미·중 4개국이 구체적 로드맵을 합의해 실천하면 될 것이다. 2007 남북정상선언문에 담긴 바와 같이 3, 4개국 정상들의 정치적, 상징적 종전선언을 1단계로 이끌어내고 북핵폐기를 전후하여 한반도 평화협정을 체결하는 단계로 나아가는 것이 가장 현실적인 대안이 아닐까 판단된다.

당초 주한미군 문제는 한반도 평화체제에서 가장 민감한 사안이었다. 그러나 이에 대해서는 2000년 제1차 남북정상회담에서 남북한 사이에 상당한 의견접근이 있었다. 당시 김대중 대통령은 주한미군이 동북아 지역 패권국의 군비경쟁을 억제하는 균형자 역할을 수행하고 있으며, 이 것은 남북한 모두에게 이익이 되므로 통일 이후에도 주한미군이 주둔하는 것이 바람직하고, 평화유지군으로 역할을 변경하면 된다고 김정일 위원장을 설득했다. 당시 김정일 위원장은 이 의견에 일정한 동감을 표시했는데, 이 것이 해법이라고 생각한다. 현재 미국도 자국의 군사전략 변경에 따라 주한미군을 감축하고 있는데 이러한 흐름을 이어가서 지상군 전력의 일부와 해·공군 전력이 남아 평화유지군으로 활동하게 하면 될 것이다.

주한미군의 평화유지군화와 더불어 정전관리기구를 평화관리기구로 전환해야 할 것이다. 군사정전위원회(유엔·북한·중국)는 남북한 군사공동위원회로, 중립국감독위원회(스위스·폴란드·스웨덴·체코)는 국제평화감시단으로 전환하여 협정의 이행을 감시하고 분쟁 발생시 이를 조정·중재하는 역할을 수행하도록 한다.

2004년 내가 국정감사에서 2+2 평화협정을 제안했을 때, 주변에서는 북핵문제도 아직 해결되지 않았는데 벌써 평화체제를 논의하느냐고 의아해 했다. 그러나 불과 3년 만에 곧 우리 앞에 닥쳐올 현실이 되었다. 이와 같이 우리 역사는 빨리 전진하고 있다.

나의 대학시절, 우리 세대는 자유와 민주주의란 말을 들으면 배고픔을 느꼈다. 그 때 평화는 그야말로 구름 위의 꿈나라였다. 그런데 이제 나의 조카세대인 대학생들은 자유와 민주주의를 매우 당연시한다. 마치 공기처럼 우리 삶에 필수적이지만 너무나 일상화되어 느끼지 못하게 된 것이다. 이제 나의 자식세대가 대학생이 되면 평화에 대해서도 공기처럼 일상화되어 그 것이 있는지조차 느끼지 못하게 될 것이다. 우리가 갈망했고, 그래서 피땀 흘려 자유와 민주주의, 평화를 이뤄냈다. 이제 우리는 그 것을 우리의 조카세대, 자식세대에게 물려줄 수 있게 되었다. 그러고 보면, 우리는 참으로 역사적 세대이고 징검다리 세대이다.

북핵문제의 끝이 보인다

Dear Mr. Chairman

 부시 대통령이 12월 3~5일 북한을 방문한 크리스토퍼 힐 미 국무부 차관을 통해 김정일 위원장에게 친서를 보냈다. 핵 프로그램 신고에 성실히 응해줄 것과, 그에 따른 정치적·경제적 보상을 공약하는 내용이었다. 주목할 것은 여기에서 부시 대통령이 김정일 위원장에게 쓴 호칭이었다. 'Dear Mr. Chairman', 우리말로 풀면 '친애하는 위원장'이었다. 부시 대통령이 집권 7년 만에 김정일 위원장에게 쓴 최대의 존칭이었다.
 아마도 이런 나의 이야기에 "미국 대통령이 김정일에게 존칭을 쓴 게 뭐가 그리 대수냐"고 생각하는 사람들도 있을지 모르겠다. 하지만 외교무대의 관행을 고려하면 이는 북핵문제 해결에서 중대한 함의를 가지고 있는 일이다.
 외교무대에서는 설령 상대가 바로 내일 목숨을 걸고 싸워야 하는 적군일지라도 오늘의 협상 테이블에서는 최고의 예우를 갖춰 존칭하는 것이 관행이다. 우호와 친선도모를 명분으로 하는 것이 외교이며, 최대한의 실익을 확보하기 위해서라도 다소 과장된 제스처와 언행이 동원되곤 하는 것이 외교무대이다.

그런데 부시 대통령은 북한과 김정일 위원장에 대해서는 여태껏 외교가에서 통용되는 존칭을 사용해본 일이 거의 없다. 오히려 평범한 대인관계에서도 사용되기 힘든 비하적 호칭이 종종 사용되곤 했다. '악의 축', '버르장머리 없는 아이', '폭군', '피그미' 등이 그 것이다. 2005년에 잠깐 "Mr. Kim"이란 존칭이 사용된 적이 있는데, 이 정도의 존칭에도 당시 세계 외교가에서는 부시 대통령의 대북정책이 유화적으로 수정되는 것 아니냐는 이야기가 나올 정도였다.

지금까지 부시 대통령이 김정일 위원장에 대한 존칭을 거부했다는 것, 그 것은 사실상 북한을 외교의 상대로 인정하지 않겠다는 것을 공식적으로 표명하는 것에 다름 아니었다. 즉, 집권 7년 만에 처음 보낸 이번 친서4)에서 상대측 국가원수에 대한 외교적 존칭이 사용된 것은 북한을 외교의 상대로 인정하겠다는 것, 북핵문제를 대화를 통해 평화적으로 해결하겠다는 것이 부시 대통령 자신의 의지임을 국제사회와 북한에게 명확히 밝힌 것이라 할 수 있다.

나는 이러한 변화에서 북핵문제 해결의 끝이 우리 눈 앞에 다가옴을 느낀다. 북핵문제를 외교의제로 파악하고 있다면, 대화를 통해 해결하고자 한다면, 어떤 의견차이라도 인내심으로 접근해 조율해낼 수 있는 법이다. 그 동안 북핵문제 해결이 좀처럼 진척을 보이지 못한 것은 북미 양국이 대화의 의지와 인내심을 가지지 못했던 탓이다. 한마디로 이제는 태도가 변했다. 이 것이 내가 북핵문제 해결을 낙관하는 이유이다.

----

4) 클린턴 대통령은 집권기간 동안 북핵문제 해결을 위해 김정일 위원장에게 3번에 걸쳐 친서를 보냈다.

제2차 북핵위기의 시작과 끝, UEP의혹

지금 내가 이 글을 쓰고 있는 것이 2007년 12월이다. 워낙 빠르게 변해가는 북핵문제이다 보니 이 책이 나올 때쯤이면 현 시점에서 내가 하는 이야기가 회고담이 되어버릴 수 있을 것같다. 그래서 미리 독자의 양해를 구하고자 한다. 어찌 보면, 북핵문제의 해결이 그 만큼 빠른 속도를 보이고 있는 것인데, 그래서 이런 당혹감은 무척 유쾌한 것이기도 하다.

현재 부시 대통령은 김정일 위원장에게 친서를 보냈고, 그 답신을 기다리고 있는 중이다. 빠른 답신을 위해 우리 정부에게도 일정한 역할을 해달라고 요청했다는 이야기가 들린다. 과연 김정일 위원장은 답신을 보낼 것인가? 만약 그렇다면, 북핵문제의 해결은 광속도로 진행될 것이다. 하지만 그렇지 않을 경우, 일정한 기간 동안 다시 조정국면을 거쳐야 할 것이다.

2005년 북핵문제 해결을 위한 9·19 공동성명을 이끌어낸 6개국 대표단이 환하게 웃고 있다. (출처: 연합뉴스)

송민순 외교통상부장관은 12월 6일 대한상공회의소 조찬간담회에서 "현재 핵문제는 안정적 국면으로 가느냐, 삐걱거리는 굴곡을 겪느냐의 고비에 있다"고 말했다. 두 가지 쟁점 때문이다. 첫째, 북한이 현재 보유하고 있는 핵무기를 핵 프로그램 신고서에 포함시키냐 아니냐이다. 이와 관련해 북한은 기존 핵은 "대북 적대시 정책이 완전히 철회"되어 자신의 안보위기가 해소된 이후에야 폐기를 논할 수 있다는 입장이다. 둘째, '우라늄 농축 프로그램', 즉 UEP의혹이다. 핵무기를 제조하는 방식은 두 가지이다. 하나는 원자력 발전의 부산물로 얻어지는 플루토늄을 재처리하는 것이고, 또 하나는 원심분리기를 활용해 우라늄을 고농축하는 것이다.

현재의 비핵화 프로세스의 가장 큰 걸림돌은 UEP의혹이다. 기존 핵의 경우, 이미 존재하는 핵무기를 제거하는 문제로 핵포기에 따른 정치·경제적 보상의 속도와 크기를 조절하면서 북한의 합의를 이끌어내면 되는 문제이다. 하지만 UEP의혹은 북한의 영구적인 핵무기 제조 능력에 관한 것으로 일단 사실관계부터 명확하지 않다.

UEP의혹은 제2차 북핵위기의 시작과 끝이다. 제2차 북핵위기가 발발하게 된 것도 2002년 제임스 켈리 미국 대북특사가 북한에 방문하여 UEP의혹을 제기하면서부터이다. 그 때 당시에는 UEP가 아닌 '고농축 우라늄', 즉 HEU란 말을 더 많이 사용하고 있었다.[5]

하지만 현재까지 밝혀진 것은 북한이 파키스탄으로부터 우라늄 농축을 위한 원심분리기를 약 20여 기 도입했다는 것이다. 핵무기를 만

----

5) 켈리 특사가 2002년 10월 방북하여, HEU 프로그램을 통한 핵개발 의혹을 제기하자 강석주 제1부상이 나서서, "핵무기뿐만 아니라 그보다 더한 것도 만들 수 있다"고 엄포를 놓는다. 켈리 특사는 이를 북한이 핵개발 시도를 시인한 것으로 확대해석했고, 그로 인해 제네바 합의는 파기되고 제2차 북핵위기가 발발한다.

들 정도로 우라늄을 고농축하려면 수천 기의 원심분리기가 필요하다. 즉, HEU를 통한 북한의 핵개발 시도는 다소 과장된 정보였던 것이며, 그래서 최근 미국도 HEU란 말 대신에 UEP란 말을 대신 사용하고 있다.[6] 이와 관련해 북한은 현재 원심분리기와 함께 우라늄 농축에 사용되는 고강도 알루미늄관에 한해, 그 것은 단거리 로켓탄 부품에 사용했다며 의혹 자체를 부인하고 있다.

하지만 미국은 아직도 의혹을 거두지 않고 있다. 용어를 교체하면서까지 UEP문제를 6자회담의 핵심의제로 다루고 있다. 왜 그런가? 비핵화에 대한 북한의 진정성, 그 의지에 대한 신뢰 때문이다. 현재 북한이 고농축 우라늄을 생산할 능력이 없다는 것은 알고 있지만, 혹 이를 비밀리에 준비하는 것은 아닌가 하는 것이다. 다시 말해, 겉으로는 플루토늄 재처리가 가능한 영변 핵시설을 폐기하면서, 뒤로는 고농축 우라늄 생산능력을 갖춤으로써 핵개발을 지속하려는 것이 아니냐는 것이다.

중국이 북핵개발을 완강히 반대하고 있고, 대북제재로 북한에 유입되는 전략물자가 철저히 통제되고 있는 현실에서 북한이 고농축 우라늄 생산능력을 구비하기는 현실적으로 어려운 듯하다. 다만, 북한은 이 문제에 대해 모호한 입장을 취하면서 북핵포기에 따른 보상액을 늘리려는 의도인 것으로 판단된다.

그러나 북한은 명심해야 한다. 섣부른 책략이 또 다른 경색국면을 불러올 수 있다는 것을 말이다. 협상성공의 지름길은 상호신뢰의 형성

---

[6] 핵분열을 할 수 있는 우라늄 235는 고농축 우라늄(HEU)과 저농축 우라늄(LEU)으로 나뉜다. 핵폭탄 제조를 위해서는 우라늄을 90% 이상 농축해야 한다. 반면 핵발전소, 핵항공모함 등에 활용되는 저농축 우라늄은 2~5%만 농축하면 된다. 북한이 20여 기의 원심분리기로 생산 가능한 것은 저농축 우라늄이다. 김철웅, 'HEU 프로그램' 〈경향신문〉 2007. 3. 6일자.

2004. 12. 3~9. 국회대표단으로 미국을 방문하여 한미관계 및 북핵문제 평화적 해결을 위한 외교활동을 펼쳤다. 폴 월포위츠 국방부 부장관, 리처드 롤리스 동아태차관보와 면담하고 있는 국회대표단.

이다. 그런 만큼 UEP의혹을 빨리 털어내고 비핵화 프로세스를 하루속히 진척시켜야 할 것이다. 그 것이 북한이 사는 길이며 민족번영의 미래를 여는 길이기도 하다.

BDA의 교훈 - 악마는 디테일에 있다

현재 비핵화 프로세스는 철저히 9·19공동성명에 의거해 진행되고 있다. 9·19공동성명은 북한의 핵포기에 대한 행동 대 행동의 원칙에 따라 정치·경제적 보상을 진행하기로 공약하고 있다. 또한 이의 일괄적 진행을 위해 북미관계 정상화, 북일관계 정상화, 에너지·경제지원, 한반도 평화체제, 동북아 다자안보협력에 관한 5개 실무그룹을 설치하기로 했다. 북한 핵실험 정국의 돌파구를 연 2·13합의도 실상 그것의 정식 명칭은 '9·19공동성명 이행실천을 위한 1단계 조치'였다.

그런데 이와 같이 훌륭한 합의를 창출하고도 제2차 북핵위기는 해결이 아닌 파국을 향해 달려갔다. 9·19공동성명이 있고 나서 1년 동안 북한은 미사일을 발사했고 핵실험을 단행했다. 도대체 어떤 이유로 이러한 일이 일어났는가? 미국의 BDA(방코델타아시아은행)[7] 금융제재 때문이었다.

　BDA는 1936년 설립되어 1970년부터 북한과 거래를 시작했으며, 북한의 유일한 외환결제 창구로 기능하고 있었다. 그런데 이 은행을 미국 재무부가 북한이 위조지폐 유통 등을 통해 조성한 불법자금을 돈세탁하는 창구로 활용하고 있다고 지목하여, 자국 금융기관에 거래를 중단하도록 지시한다. 또한 다른 나라 은행들에게도 이 은행의 불법금융 행위에 유의하도록 통보한다. 이로 인해, 대규모 예금인출 사태가 벌어지자 마카오 금융당국은 BDA의 금융거래를 동결시킨다. 그러자 이와 동시에 BDA에 예치되어 있던 북한의 2,500만 달러도 동결되게 된다.

　BDA금융제재는 사실상 북한에 대한 저강도 체제전환 전략이었다. 일단 북한의 경제규모를 고려할 때, 2,500만 달러의 동결은 북한에게 있어 막대한 규모의 재정손실을 강요하는 것이었다. 또한 BDA금융제재의 여파로 24개 금융기관이 북한과의 거래를 중단하면서 자금줄 차단은 물론 대외무역에서의 외환결제도 어려워지게 되었다. 안 그래도 경제난에 시달리고 있는 북한이었는데, 그나마 남아 있던 경제동맥마저 끊어버리는 가혹한 제재였다.

　공교롭게도 BDA금융제재는 9·19공동성명의 창출과 거의 동시에 실시되었다. 북한은 격렬하게 반발했고, 9·19공동성명은 탄생과 동시에 사산될 위기에 처한다. 그렇다면 이와 같은 BDA금융제재가 남긴 결과는 어떠했던가? 한마디로 부시 행정부 대북정책의 완전한 실패였다.

　미 재무부는 1년 넘게 끌어온 수사에서 북한의 BDA 예치자금의 불

----

7) BDA: Banco Delta Asia 중국 마카오 특별행정구에 위치한 은행.

법성을 입증하는 데 성공하지 못했다. 결국 2007년 6월 14일 2,500만 달러 중 2,000만 달러를 러시아 중앙은행을 통해 북한에 송금함으로써 수사를 종결했다. 그리고 바로 그 시간 동안, 북한은 핵실험을 단행하여 핵 보유국을 선언하게 되었다. 만약 미국이 BDA금융제재에 매달리지 않고 9·19공동성명의 이행실천에 전력을 다했으면 어떻게 되었을까? 결국 BDA금융제재는 국제분쟁에서 대결과 갈등이 큰 효과를 발휘하지 못한다는 교훈만을 남겼을 뿐이다.

특히 미국 재무부의 통상적 행정조치가 북한에 의해 6자회담과 북핵문제 전체를 규정하는 핵심사항으로 확대되는 과정을 겪어야 했다. 악마는 디테일detail에 있었다. 북핵문제의 해결과정에서 앞으로도 우리는 디테일에 주목해야 하며, 예상치 못했던 복병에 대처해야만 한다.

더불어 나는 이 문제에 대처하던 우리 정부의 방식에 문제점이 많다고 본다. 이미 BDA금융제재는 2005년 6월부터 그 기미가 포착되고 있었다. 당시 한미정상회담에서 부시 대통령은 노무현 대통령에게 북한 위폐문제의 심각성을 거론했다. 당시 우리 외교 당국자들은 이 발언의 함의에 주목하지 않았다. 게다가 이미 9월 15일 미 재무부가 BDA은행을 통한 북한의 위폐유통과 자금세탁 문제를 발표했음에도, 9·19공동성명의 성과에만 고무되어 그 것이 불러올 파장에 미리 대처하지 못했다. 그리고 BDA문제가 격화되어가자 "북미 양자가 해결해야 할 사안"이라며 일찌감치 발을 빼고 사태를 방관하기만 했다.

2006년 4월 18일 국회 통일외교통상위원회에서 나는 이러한 문제를 질의하며 외교통상부에 답변을 요구했다. 돌아온 것은 "정부는 북한의 불법행위에 심각한 우려를 가지고 있으며, 의혹해소를 위한 조치가 필요하고 작년 6월 정상회담의 의제는 북한 핵문제였으며, 위폐문제는 주 관심사가 아니었다"는 다소 무성의한 답변뿐이었다. 외교통상부가 지금이라도 당시 상황을 다시 한 번 제대로 검토해보고 교훈을 되새기길 국민의 한 사람으로서 바라고 있다.

비핵화의 길

2006년 10월 9일, 북한이 핵실험을 단행했다. 청천벽력 같은 소식이었다. 어떤 이유를 막론하고 북한의 핵실험은 비판받아 마땅한 일이었다. 한반도 비핵화 선언을 어긴 것이며, 인도적 지원을 통해 북한을 도왔던 한국정부와 국민들을 당혹스럽게 만들었다.

하지만, 그렇다고 하여 북한의 핵실험이 대북 강경론의 정당성을 입증하는 사건일 수는 없었다. 앞서 말한 바, 북한 핵실험은 북한과 미국의 대결과 갈등의 결과였다. 또한 이와 같은 대결과 갈등은 미국의 대북 금융제재에서 비롯된 일이었다. 당초 9·19공동성명의 비핵화 프로세스를 그대로 준수해갔다면 핵실험이란 불행한 사태는 벌어지지 않았을 것이다.

그럼에도 불구하고 핵실험 사태가 일어나자 한나라당과 일부 보수 언론은 핵실험이 포용정책의 실패로부터 비롯되었다며 국민의 정부·참여정부 10년간 이어진 남북화해협력정책에 대한 비판공세의 수위를 높여만 갔다. 안 그래도 핵실험 전날 로버트 조지프 미 군축차관이 우리나라를 방문해 개성공단 사업과 금강산 사업을 북핵문제의 지렛대로 활용하고 더 나아가 북한이 레드 라인을 넘을 시, 두 사업을 폐기하라고 요구하고 있던 터였다.

당시 나는 이런 주장을 펼치는 사람들에게 반문하였다. "강경정책을 주장하는 것은 쉬운 일이다. 그런데 그 것이 가져올 부작용이 어떤 것인지 생각해보았는가? 만약 대북제재의 수위를 높이고 PSI[8]를 실시하여 대북 해상봉쇄에 나선다고 치자. 어떻게 될 것인가? 북한은 2차 핵실험을 통해 추가도발을 저지를 것이다. 그렇게 되면, 당장 증시는 하락할 것이고, 외국인 투자자는 시장을 탈출할 것이다. 그리하여 우리 경제의 대외신인도가 하락할 것이고 한국 경제는 붕괴될 것이다. 당신들은 이래도 괜찮다는 말인가?"

'2·13합의 이행과 한반도 평화체제의 전망' 토론회에서 토론하는 필자.

제2차 북핵위기만 해도 2002년부터 5년을 끌어온 문제이다. 제1차 북핵위기까지 더하면 우리나라는 10년 넘게 북핵위기의 위험 속에서 살아왔다. 그러나 이와 상관없이 우리 경제는 건실하게 성장해왔다. IMF외환위기를 가장 빠른 시기에 극복하고 세계적인 IT강국으로 발돋움했다. 모두 치명적인 안보위기 속에서 일궈낸 성과이다. 무엇이 이를 가능하게 했던가? 남북화해협력정책 덕분이었다.

1994년 우리나라는 북한 경수로 건설비용의 70% 이상을 부담하고서도 협상과정에서 철저히 배제되어 한반도 정세에서 어떤 영향력도 행사하지 못했다. 그에 반해, 6자회담에서 우리나라의 영향력은 전례 없이 증대되었다. 바로 개성공단과 금강산 관광 덕분이었다. 이 두 사업이 북한에 대한 영향력 증대를 가져와 6자회담에서 우리 정부의 발

----
8) PSI: 대량살상무기확산방지구상

언권을 강화시킨 것이다.

　나는 통외통위 간사로서 내 주장을 너무 강하게 앞세우려 하지 않았다. 동료의원들의 견해차를 조정하고 합의를 창출하는 것이 통외통위 간사로서 나에게 주어진 임무라고 생각했기 때문이다. 그러나 핵실험 직후, 대북강경론이 범람하는 현실에서 더 이상 조정자로서의 역할에 안주해서는 안된다고 생각했다.

　그래서 국회 회의에서, 언론과의 인터뷰에서 대북강경정책은 파국적 결과를 가져올 뿐이며 위기에 처할수록 남북화해협력 정책을 굳건히 견지해야 한다고 주장했다. 그 때 내가 사람들에게 강조하고 다닌 것이 리비아 모델의 교훈이었다.

　당시 리비아 모델은 선先해체선언-후後보상이란 결과만 알려지면서 그 과정이 함축한 진정한 의미는 사장되어 있었다. 리비아 모델에서 주목해야 할 것은 영국의 역할이었다. 당시 토니 블레어 영국총리는 9개월 동안 미국을 대신해 리비아와 비밀접촉을 하면서 핵포기에 대한 안전보장과 경제보상 방안을 협상했다. 표면적으로는 선 해체선언-후 보상이었으나, 사실은 영국이 막후에서 미국과 리비아를 중재하며 해체선언과 보상의 동시이행을 추진한 것이었다.

　나는 이러한 사실을 알리며 북핵문제의 평화적 해결을 위해서는 영국이 했던 역할을 우리가 해야 한다고 주장했다. 이를 위해서는 두 가지가 필요했다. 첫째, 남북 핫라인의 구축이었다. 당시 남북한은 2006년 7월 북한 미사일 발사 직후, 인도적 지원이 중단되면서 핫라인이 끊어진 상태였다. 미사일 발사에 대한 징계는 UN 대북제재에 우리가 동참하는 것으로 충분했다. 게다가 인도적 지원을 징계수단으로 삼는 것은 명분상 올바른 일이 아니었다. 인도적 지원을 재개하면서 남북 핫라인을 복원해야 한다는 것이 나의 일관된 주장이었다. 대북 핫라인이 한미관계의 영향력이고, 대미 핫라인이 남북관계의 영향력이다. 둘째, 남북경협의 지속이다. 개성공단과 금강산 관광사업은 북한에게 우리 정부의 영향력을 투사하는 매개체이다. 이 두 사업을 포기하면, 우리 정부의 대북 영향력은 사라지는 것이고 중재자로서의 역할은 더 이상 기대할 수 없게 된다.

북핵문제는 현재진행형이다. 하지만 분명한 것은 끝을 향해 달려가고 있다는 것이다. 쟁점현안이 부상할 때마다 일정한 조정국면을 거치며 지체되는 일도 있겠지만, 우리는 이제 북핵문제의 해결을 확신하고 있다. 2005년 9·19공동성명과 2007년 2·13합의 그리고 비핵화 2단계를 규정한 2007년 10·3합의가 마침내 '행동 대 행동'의 원칙에 따라 결실을 향해 나아가고 있다.

무엇이 오늘의 낙관적 현실을 만들었는가? 다시 한 번 말하건대 남북 화해협력 정책이 만든 것이다. 한반도 비핵화의 가장 빠른 지름길은 남북 화해협력을 강화시켜 북미관계 개선과 6자회담의 성공적 개최를 위한 레버리지를 만들어내는 것이다.

NLL은 영토선이 아니다

서해교전과 안보상업주의

2002년 6월 29일 온 나라가 월드컵 4강의 기쁨과 환희에 취해 있었다. 더구나 그 날은 터키와의 3·4위전이 벌어지는 날이었다. 주말 저녁 우리 국민들은 저마다 붉은 악마의 유니폼을 입고 시청 앞으로 모여들었다. 그런데 뜻밖의 비보가 서쪽바다에서 들려왔다.

서해안 북방한계선(이하 NLL)[9]에서 남북한 해군이 충돌, 우리 측 함정 참수리 고속정 357호가 침몰했고 6명이 전사했으며 18명이 부상당했다는 것이었다. 정치권과 언론이 발칵 뒤집혔다. 그런데 여론의 흐름이 이상하게 왜곡되기 시작했다. 전사한 해군장병과 부상자들에게 조의와 위로를 보내기에 앞서 서해교전을 패전으로 규정하고, 그 패배가 햇볕정책 때문이라는 정치공세가 일어나기 시작했다.

---

9) 북방한계선, NLL(Northern Limit Line): 1953년 정전협정 직후 클라크 주한유엔사령관이 설정한 해양 한계선. 북한과는 협의되지 않은 조치로서 국제법으로도 영해를 규정하는 경계선은 아니라는 것이 공통된 견해임.

7월 7일 국방부 진상조사에 따르면 서해교전은 북한해군의 의도된 기습공격에 의해 발생한 것이었다. 1999년 6월 연평해전에서 우리 측 해군에 대해 장비의 열세로 패전한 바 있던 북한해군은 경비정 선두에 부착된 88mm 포를 침몰된 357호 함교에 겨냥시켜놓고 접근했다. 이 윽고 불의의 선제공격이 가해졌고, 그에 따라 357호는 교전 초기에 전투기능을 상실당해버린다. 그런데 정치권과 일부 보수언론은 이러한 경위를 모두 생략해버린 채, 침몰=패배, 격침=승리라는 단순한 공식 하에 서해교전을 패전으로 규정하고, 우리 정부와 해군을 몰아세웠다.
  당시 나는 우리 사회 안보상업주의의 천박함과 비인간성을 절감했다. 서해교전은 패전으로 규정할 수 없는 전투였다. 선제 기습공격을 당해 함선의 전투기능이 거의 마비되었고 전투원 대다수가 사망 또는 부상되었음에도 침착하게 대응했다. 북한 경비정은 이후 지원에 나선 고속정 및 초계정에 의해 3면 포위로 공격당해 엄청난 장비와 인명의 손실을 입었다.
  사실이 이러함에도 정치권과 보수언론은 용전분투한 우리 장병들을 치하하기는커녕 서해교전을 패배로 몰아가며, 국가를 위해 생명을 바친 우리 장병들을 패배의 당사자로 전락시켰다. 이 모든 것이 햇볕정책을 비난하기 위해서였다. 햇볕정책이 우리 군의 기강과 지휘체계를 문란하게 만들었고, 그래서 패전을 당한 것이란 논리를 조장해야 했기 때문이다.
  현재대로 NLL이 그대로 유지된다면 1999년, 2002년에 이어 제3, 제4의 서해교전이 일어날 가능성을 배제할 수 없다. 일단 군의 대비태세를 이전보다 더 확고히 하여 사태를 미연에 방지할 수 있도록 해야 할 것이다. 하지만 여기에서 멈추어선 안된다. 문제의 근본적 해결을 추구해야 한다. 북한의 NLL 도발이 북측 꽃게잡이 어선 때문인 것을 감안할 때, 남북공동어로구역을 설정해 군사분쟁의 위험성을 근원적으로 방지해야 할 것이다. 국제관계에서 선을 긋는 것은 곧 새로운 싸움을 시작한다는 의미이다. NLL이 영토선이면 그 순간 북한은 정식국가가 되며, 이는 곧 냉전수구 세력들의 자기논리에 모순된다. 네 것, 내 것의 선을 긋는 대신 공동활용을 모색할 때, 서해는 평화의 바다가 될 수 있다. 그러나 NLL에 대한 우리 사회의 인식차이가 이러한 방식의 해법을 가로막고 있다. 그래서 우선 확인해보아야 한다. NLL, 과연 영토선이 맞는가?

1996년, 이양호 국방장관과 조선일보가 내린 NLL의 정의

2007년 10월 11일 남북정상회담을 성공리에 마치고 돌아온 노무현 대통령은 청와대 오찬 간담회에서, "NLL선이 처음에는 우리 군대의 작전 금지선이었다"며 "이 것을 오늘에 와서 영토선이라고 얘기하는 것은 국민을 오도하는 것"이라고 말했다.

노무현 대통령의 이러한 발언은 즉각 정치권의 논란을 불러왔다. 그 자리에 참석했던 강재섭 한나라당대표는 "노대통령의 말은 매우 충격적이었고 이 부분에 대해 대통령의 시각교정이 필요하다"고 했으며, 김영삼 전대통령은 "NLL은 영토개념이 아니라는 발언은 그 사람의 정신상태가 정상이 아님을 확인"해주는 것이라고 비난했다.

그런데 만약 김영삼 전대통령과 강재섭 대표가 1996년 7월 16일 15대 국회 속기록을 읽어본다면 감히 이런 말을 쉽게 할 수는 없을 것 같다. 과연 그 때 어떤 일이 있었는가? 그 해 4월 5일 북한군 1개 중대가 61mm 박격포와 대전차 로켓인 RPG-7 등을 휴대하고 판문점 공동경비구역 안에 들어와 진지점령훈련을 벌인 뒤 철수하는 일이 있었다. 국방부는 당장 이를 정전협정 위반으로 규정하고 언론에 브리핑했다.[10]

언론은 이 내용을 대서특필했다. 기묘하게도 당시는 15대 총선이 진행중이었다. 북풍이 불어닥쳤고, 이 덕분에 집권 신한국당은 여러 악재에도 불구하고 139석을 차지, 압승을 거둔다.

그 일이 있고 난 후, 7월 16일 당시 천용택 국민회의 의원이 본회의 말미에 국방부장관에게 추가질의를 요청한다. 질문의 요지는 "1개 중대가 판문점 공동경비구역에 진입한 것은 언론에 대서특필되는 반면에 북한함정이 자기 측 어선보호를 명분으로 NLL 남쪽 5km지점으로 내려와 3~5시간 머무르다 간 것은 군도 대응하지 않았고, 언론도 잘 다루지 않았다. 어떻게 된 것이냐"였다.

이에 대한 이양호 국방장관의 답변은 "NLL은 우리가 (임의로) 그어놓은 선으로 정전협정과는 무관하다. 우리가 일방적으로 그어놓은 것으로 (북한함정이) 넘어와도 상관없다"는 것이었다. 당장에 난리가 났다. 의석에 앉아 있던 의원들 일부가 재차 "북한이 넘어와도 상관없는 것이냐"고 호통쳤다. 이에 다소 흥분한 이장관은 "NLL은 정전협정과 관계없이 우리 어선의 보호를 위해, 또 우리 해군함정이 북측 가까이 못 가게 하기 위해 그어놓은 선"이라고 재확인했다.

당시 이 발언은 큰 파문을 일으켰다. 국방부는 "이장관의 발언은 명백한 실수"라고 해명했다. 그러나 논란은 가라앉지 않았다. 그런데 바로 이 때, 이 논란을 가라앉히기 위해 나선 사람들이 있었다. 〈조선일보〉였다. 7월 17일 '합의된 선 없어 논란 무의미'라는 제목의 기사에서 'NLL은 연합사가 1953년 8월 30일 임의로 설정한 것으로, 이양호 국방장관의 NLL침범이 정전협정 위반사항은 아니라는 답변은 맞는

---
10) 김태경, '11년내 180도 바뀐 여야의 NLL정책', 〈오마이뉴스〉, 2007. 10. 17일자.

2007 통일부 국감에서 NLL에 대해 질의하고 있는 필자.

것'이라고 쓴 것이다.[11]

사실 이양호 국방장관의 말이 틀린 것은 아니었다. 이양호 장관이 국방부장관에 취임하기 전인 1993년 국방부가 발간한 《군사정전위원회 편람 제2집》에서도 'NLL은 유엔군 사령관이 일방적으로 지정한 선으로 해상 군사분계선이 아니다'고 적시하고 있다. 한마디로 이장관은 군인출신으로서 규정에 입각해 발언했을 뿐이었다.

1953년 당시 정전협정 체결과정에서 유엔군 측과 북한군 측은 연해수역을 둘러싼 견해차이로 인해 지상의 군사분계선 같은 쌍방간의 명확한 해상경계를 설정하지 못하였다. 결국 미해결 과제로 남겨놓은 채 정전협정을 체결한 것이다.

이러한 조건에서 1953년 8월 30일 유엔군사령관 마크 클라크 대장이 한반도 해역에서 남북한 우발적 군사충돌을 예방한다는 목적으로 동해 및 서해에 우리 측 해군 및 공군의 초계활동을 한정하기 위해 설정한 것이 북방한계선, 즉 NLL이었다.

다시 말해, 애초부터 NLL은 북한군의 남방향 한계선이 아니라 한국

---
11) 김태경, 앞의 기사.

군의 북방향 한계선으로 설정된 것이었다. 이와 관련해, 리영희 교수은 "당시 미국은 정전협정에 반대하면서 북진통일을 주장하던 이승만 정부가 충동적 군사행동을 벌일 것을 우려하고 있었고, 그래서 이를 예방하기 위해 설정된 것이 NLL"이라고 분석한 바 있다.

그렇다면 이제 사실은 확인되었다. NLL은 영토선이 아니다. 그 것이 임의의 경계라는 것은 김영삼 전대통령에 의해 임명된 이양호 국방장관과 〈조선일보〉가 이미 11년 전에 확인해준 것이다. 모든 일은 사실에 입각해 풀어가야 한다. 이제 NLL을 둘러싼 소모적인 논쟁은 중단되어야 할 것이다.

서해평화협력특별지대

NLL이 영토선이 아니라고 해서 내가 NLL의 무용성을 주장하는 것은 결코 아니다. 남북한이 군사적으로 대치하는 상황에서 NLL은 남북 양측 해군의 군사적 활동범위를 한정하는 기준으로 작동하고 있다. 정전협정 체결 이후 50년이 지나면서 NLL은 단지 한국해군의 북방향 한계선만이 아니라 북한해군의 남방향 한계선으로 받아들여지고 있다. 일종의 관습법적 실효성을 가진다고 할 수 있다. 남북한 군당국이 해상분계선을 새로 설정한다고 해도 그 기준은 NLL이 될 가능성이 크다.

다만 내가 주장하는 것은 NLL이 동·서해 접경지대에 대한 남북한의 평화적 이용에 걸림돌이 되어서는 안된다는 것이다. 남북한이 조금만 머리를 맞대면 현재 남북 해군의 군사적 충돌을 방지하는 NLL의 의의를 충분히 보전하면서도 해양수산 교류를 활성화하는 방안을 모색할 수 있고, 실현할 수 있을 것이다.

그런 점에서 2007년 제2차 남북정상회담에서 양측 정상이 '서해평화협력특별지대' 설치를 합의한 것은 참으로 고무적인 일이라 할 수 있다. 2000년 제1차 남북정상회담이 경의선, 동해선 개통으로 육로를 열었다면 2007년 제2차 남북정상회담은 '서해평화협력특별지대로 바닷길을 열었다'고 평가할 수 있을 것이다.

'서해평화협력특별지대'는 크게 세 가지 틀로 나뉜다. 첫째, 서해공동어로 추진이다. 현재 서해지역은 중국어선의 남획으로 어황부진이 초래되고 있다. 연평지역의 꽃게 어획량의 경우, 2003년 2,182톤이던 것이 2006년 149톤으로 줄어들었다. 남북한이 이 지역에서 서로에게 신경을 곤두세울 때, 실리는 중국어선이 다 챙겨간 것이다. 또한 중국어선은 NLL 남북을 오가며 남북한 당국의 단속을 피하고 있다. 간혹 추격과정에서 NLL지역을 월경할 경우, 불필요한 군사긴장이 초래될 위험성이 크다고 한다. 이와 관련해 공동어로구역이 설정되면 중국어선의 무단침탈 단속이 용이해질 것은 물론 우리 수산자원 보호 및 어

〈그림 3-2〉 서해평화협력특별지대 설치계획

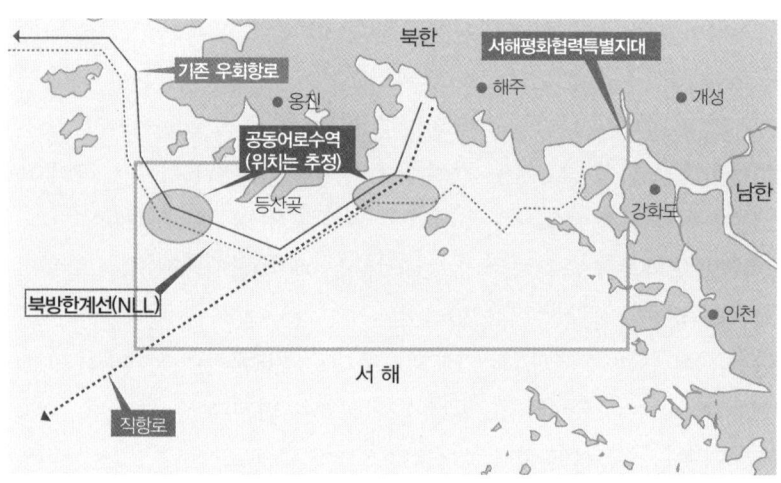

2007 남북정상회담에서 합의한 서해평화협력특별지대 예상지역.

획량 증가에 큰 도움이 될 것이다.

현재 남북한은 2005년 7월 제1차 남북수산협의회에서 서해공동어로에 합의한 바이다. 공동어로 구역과 시작시기는 남북한 군사당국 회담에서 합의하는 대로 확정키로 했는데, 이 부분의 합의가 성과적으로 진행되고 있지 못하다. 이번 제2차 남북정상회담은 이에 대한 남북한 군사당국의 대화를 촉진할 것으로 기대된다. 비록 11월 29일 제2차 남북국방장관회담에서는 공동어로구역 설정에 관한 합의를 이루지 못했으나 양측 정상의 결단이 있고, 후속회담에서 재논의하기로 한 만큼 곧 어떤 형식으로든 성과가 나올 듯하다.

둘째, 평화수역의 설정이다. 공동어로가 이루어지지 않는 해역을 양측의 무력행위가 일절 배제되는 포괄적 평화구역으로 설정, 바다 목장화, 해양관광 사업 등을 추진하기로 한 것이다. 이로 인해, 남북 협력 하에 서해연안의 각종 생태계 자원을 합리적으로 이용·보전할 길이 열렸다.

셋째, 민간선박의 해주 직항로 통과 및 해주항 개발사업의 추진이다. 이는 제2의 개성공단으로 기대되는 해주경제특구 건설과 연계된 사업이다. 남북한 직교역 증대는 물론, 해주항을 중심으로 하는 물류 네트워크를 구축하여 개성공단과 더불어 시너지 효과를 발휘할 것으로 전망되고 있다.

불멸의 이순신이란 드라마가 한때 큰 유행이었다. 드라마 마지막회의 인상적인 장면이 기억난다. 이순신 장군이 임진왜란 마지막전투인 노량해전에 출정하는 순간, 노을 비낀 바다를 이순신 장군과 그의 수하장수인 권준이 함께 바라보고 있었다. 이순신 장군이 "내일 새벽 저 바다가 곧 아군과 적군의 피로 물들겠지"라고 말한다. 그 때 권준의 대답이 인상적이었다. "그러나 하루가 지나고 또 다른 해가 먼동이 되어 떠오를 때, 이 바다는 어부들의 흥겨운 풍어가로 넘실댈 것입니다."

남북국방장관회담에서 서해접경지대에 대한 군사적 보장조치가 합의될 때, 그 바다도 남북한 어부들의 풍어가로 넘실댈 것이다. 어디 그뿐이겠는가? 평화수역을 오가는 관광선은 나들이 나온 아이들의 웃음소리로 넘쳐날 것이며, 해주와 인천을 오가는 화물선은 건설과 창조의 열정을 담은 뱃고동을 울려댈 것이다.

서해교전에서 생명을 국가에 바친 젊은 청춘들의 희생에 보답하는 길은 다름 아닌 평화이다. 그 서해바다를 평화의 바다로 일구는 것이 젊은 청춘의 고귀한 희생을 가치 있게 만드는 일이다.

평화의 완성, 군축

보습을 녹여 무기를 만드는 나라

무기를 녹여 보습을 만들자는 말이 있다. 소모적인 군사대결을 중지하고 평화의 시대를 열자는 의미이다. 그러나 한국전쟁 이후, 남북한은 이와는 정반대로 살아왔다. 그 역사는 보습을 녹여 무기를 만든 역사였다.

2006년 우리나라의 군사비 지출은 GDP 대비 2.6%, 210억 달러로 세계 8위를 기록하고 있다. 북한은 GDP 대비 12.5%, 50억 달러로 세계 22위에 해당하는 규모이다. 현재 우리나라는 육·해·공 모두 합쳐 약 67만여 명의 병력을 보유하고 있다. 똑같은 기준으로 북한은 117만여 명이다. 남북병력을 합치면 약 184만여 명이다.[12] 세계최강의 군사력을 자랑하는 미국의 총병력 규모는 약 136만여 명으로 추산되고 있다. 이와 같이 남북한이 보유한 군사력은 엄청난 규모이다. 남북분단의 현실이 아니라면 굳이 이럴 필요가 없었을 것이다.

---
12) 국방부,《2006 국방백서》

〈표 3-3〉 각국 군사비 지출 순위

(2005년, 단위: 달러)

순위	나라	군사비	순위	나라	국내 총생산
1	미국	5,181억	1	미국	12조3,600억
2	중국	814억7,000만	2	중국	8조8,590억
3	프랑스	450억	3	일본	4조180억
4	일본	443억1,000만	4	인도	3조1,100억
5	영국	428억3,600만	5	독일	2조5,040억
6	독일	350억6,300만	6	영국	1조8,300억
7	이탈리아	281억8,300억	7	프랑스	1조8,160억
8	한국	210억5,000만	8	이탈리아	1조6,980억
9	인도	190억4,000만	9	러시아	1조5,890억
10	사우디아라비아	180억	10	브라질	1조5,560억
11	호주	178억4,000만	11	캐나다	1조1,140억
12	터키	121억5,500만	12	멕시코	1조670억
13	브라질	99억3,300만	13	스페인	1조290억
14	스페인	99억650만	14	한국	99억650만
22	북한	50억	22	북한	400억

자료: CIA 월드팩트북

이동훈, 「한국 군비지출 세계8위, 북한 22위」, 〈국민일보〉 (2005년 9월 12일자)
* 북한 국내총생산은 2002년 추정치

'안보딜레마'라는 국제정치학의 고전적 개념이 있다. 자기 나라의 안보를 위해 군사력을 강화하면 상대국도 이에 대응하여 군사력을 강화, 이러한 악순환이 반복되면서 오히려 안보가 더 악화된다는 것이다. 아마도 이 개념은 지난 50년간 이어져온 남북한 군사적 대치에 가장 정확히 적용될 수 있을 것이다.

북한이 핵개발을 시도한 것도 이러한 딜레마에 기인한다. 우리나라가 경제발전의 성공에 힘입어 매년 신형무기를 도입하고, 군사기술을 개발하는 반면에 북한은 경제난에 빠져 있을 뿐더러 동구권 붕괴로 무기도입의 루트마저 막혀 있다.

가령, 현재 북한 지상군의 주력전차는 제2세대 전차인 T-62이다.[13]

반면, 한국 지상군의 주력전차는 제3세대 전차인 K-1이다. 최근에는 3.5세대에 속하는 K-2 전차가 개발중이다. 북한공군의 최신기종은 미그-29인데 약 30여 대 정도밖에 보유하고 있지 못하다. 그나마 연료부족으로 비행훈련조차 제대로 수행하지 못하고 있는 실정이다. 반면, 한국공군의 주력기종은 KF-16으로 수백여 대 보유중이며, 이에 더하여 최신기종 KF-15 40여 대를 도입하고 있다. 이와 같은 군사력의 질적 열세를 북한은 병영국가의 동원체계를 활용, 양적으로 압도해 간신히 균형을 맞추고 있다.

문제는 이러한 상태를 언제까지 지속할 수는 없다는 것이다. 그래서 선택한 것이 핵개발이다. 소위, 비대칭 전력을 축성하는 것인데, 핵무기를 보유함으로써 군사력의 질적 열세를 일거에 만회할 수 있다고 판단한 것이다. 그런 점에서 북한의 핵개발은 남북한 재래식 군비경쟁의 귀결이란 가설이 성립가능하다.

언젠가는 이러한 악순환을 끊어내야 한다. 그 길은 결국 한반도 군축일 수밖에 없다. 무한군비 경쟁의 시대를 평화군축의 시대로 전환시켜야 한다. 이는 한반도 평화체제 구축과 남북화해협력의 마침표를 찍는 작업이기도 하다. 지금부터 그 방안을 모색하고 준비해야 할 것이다.

군축을 가로막는 세 가지 미신迷信

한반도 평화체제 구축과 남북 화해협력의 완성이란 큰 의미를 가지

---

13) T-62를 일정 부분 개량하여 천마호란 이름을 붙인 것으로 추정된다.

는 군축이건만 그 작업이 그리 쉽게 진행되지는 않을 것같다. 그 이유는 남북한 정부와 국민의 의식에 자리잡고 있는 세 가지 잘못된 믿음 때문이다. 그야말로 미신迷信이다.

첫 번째 미신은 흡수-적화통일이다. 우리의 입장에서는 적화통일을, 북한의 입장에서는 흡수통일을 두려워 하고 있는 것이다. 이러한 생각은 남북한 각자에게 자주국방론-선군정치론이란 담론을 형성하게 했다. 그런데 이와 관련해 남북한 정부와 국민이 명심해야 할 것은 세계사상 대부분의 전쟁이 상대의 공격의도를 과장하는 데에서 비롯된다는 점이다.

1차대전사에 관한 책을 읽으면서 흥미로운 사실 하나를 알게 되었다. 전쟁 후, 독일은 자신에게 전범책임을 묻는 연합군 측에 대한 억울함을 풀기 위해 그 때까지의 모든 외교문서를 공개한다. 이에 대응해 영국, 프랑스도 외교문서를 공개한다. 그래서 비교해 보았더니 밝혀진 것은 어떤 나라도 상대방에 대한 공격의도를 가지고 있지 않았다는 것이다. 다만, 서로가 상대방의 선제공격을 우려하며 방어적 조치를 취했는데, 이 것이 서로에

2004. 6. 남북장성급회담에서 상호비방 행위를 중단하기로 합의함에 따라 서부전선에서 대형 확성기를 철거하였다. (출처: 연합뉴스)

게 공격의사로 해석되어 누가 먼저 도발했는지도 모르게 전쟁이 발발했다는 것이었다.

내가 보기에 남북한의 흡수-적화통일에 대한 미신은 1차대전 참전국들이 겪은 오류를 그대로 답습하는 것이다. 남측도 북측도 현재로선 상대를 흡수-적화할 능력을 갖추고 있지 못하다. 양측이 각각 연방제와 연합제 방식의 단계적·점진적 통일방안을 추구하는 것도 상대방을 흡수-적화할 수 있는 능력이 없다는 것을 스스로가 너무 잘 알고 있기 때문이다. 믿음은 결단이다. 결단을 내리지 못하면 오해와 불신의 악순환 그리고 파국만이 있을 뿐이다.

둘째는, 북한의 군사력 우위에 대한 미신이다. 우리 국민 상당수가 아직도 이러한 잘못된 믿음을 가지고 있다. 그래서 한반도 군축에 대한 부정적 사회여론을 조성하고 있다. 이와 관련해서는 이미 앞에서 언급한 바 있다. 현재 북한이 우리 군에 대해 우위를 점하는 것은 병력과 장비의 숫자일 뿐이다. 그런데 이 것이 얼마나 실제 군사전력에서 실효성을 발휘할 수 있을지는 의문이다. 병력과 장비 숫자가 군사력 평가의 기준이라면 약 230만여 명의 인민해방군을 보유한 중국이 약 136만여 명의 군대를 보유한 미국보다 2배 이상의 군사강국이어야 한다. 그러나 세계 제1위의 군사강국은 미국이다.

국내 전문가 중 이철기(동국대 국제관계학과) 교수나 리영희 교수 같은 분은 1980년대부터 우리나라의 군사력이 북한을 추월했다고 분석한다. 2006년 8월 알래스카 미군기지를 방문해 기자회견을 연 럼스펠드 미 국방장관은 "솔직히 북한을 한국에 대한 당면한 군사적 위협으로 보지 않는다"면서 "한국은 굉장히 많은 능력을 갖고 있고 능력이 계속 증가하고 있다"고 강조한 다음, "북한이 당면한 미래에 제기하는 위협은 한국에 대한 군사적 위험보다 다른 나라나 테러리스트들에게 WMD를 확산시킨다는 점"이라고 했다. 2004년 영국 왕립군사연구소

2004년 열린 제2차 남북장성급 회담. 서해해상에서 우발적 충돌 방지에 대해 협의를 성공적으로 마치고 손 맞잡고 웃고 있는 양측 대표단. (출처: 연합뉴스)

(RUSI)의 세계 군사력 평가에서도 한국은 세계 6위를 차지해 7위를 차지한 북한을 따돌렸다.

이와 같은 분석들에서 우리는 우리의 군사력이 북한보다 더 월등할 가능성이 크며, 최소한 북한군이 함부로 도발할 수 없는 전력을 구비하고 있다는 것을 알 수 있다. 그런데도 북한의 군사력 우위 콤플렉스는 좀처럼 사라지지 않고 있다. 5년이나 유예기간을 두었음에도 전시작전통제권 환수논란이 크게 일어나고 있는 것도 이러한 콤플렉스에 연유하는 것으로 보인다. 우리 사회에 만연한 일부 보수언론의 안보상업주의 때문일 것이다.

셋째는, 주한미군에 대한 것이다. 주로 북한정부와 국민들이 가지고 있는 미신이다. 이는 그나마 2000년 제1차 남북정상회담을 기점으로 약화되고 있다.[14] 하지만 완전히 수그러들지는 않았다. 북한정부는 홀로 한국군과 주한미군을 상대해야 한다는 데 큰 압박감과 더불어

- - - -
14) 김대중 전대통령은, 주한미군이 동북아 균형자로서 평화유지군으로서 기능하고 있으며, 이는 북한에게도 도움이 된다는 점을 김정일 위원장에게 납득시켰다.

피해의식을 가지고 있는 듯하다. 그래서 절대적으로 수용불가능하다는 것을 알면서도 남북대화의 선결조건으로 주한미군 철수를 요구하곤 했다.[15]

하지만 북한이 분명하게 알아야 할 것이 있다. 현재 미국은 전략적 유연성을 추구하면서 주한미군을 감축하고 있다. 우리 군대가 충분히 북한군을 억제할 수 있다는 판단하에 주한미군을 장기적으로 해·공군 중심으로 재편하려 하고 있는 것이다. 전시작전통제권을 한국에 환수하는 것도 이러한 전략하에서이다. 이제 북한이 주한미군에 대한 미신에서 깨어나야 할 때이다.

지금까지 논의한 세 가지 미신은 남북한의 신뢰가 확고해지면 자연스럽게 사라질 것이다. 일단 경제분야에서 남북협력을 확대하며, 여기에서 구축된 신뢰를 군사분야에 확산시켜가야 할 것이다. 이와 함께 우리 정치권, 언론인, 전문가들은 북한의 공격의도를 과대평가하는 것을 자제하고 우리 군대에 대한 굳은 믿음을 국민과 함께 공유해야 한다. 당당한 자신감이 군축으로 가는 길을 열 것이다.

군축은 이미 시작되었다

2004년 개성공단이 문을 열면서 이 지역에 주둔하고 있던 북한 인민군 부대가 철수하게 되었다. 유사시 북한군의 공격루트 1호였던 개성-문산 연결지역의 인민군 6사단, 64사단, 62포병여단 예하 4개 보

---

15) 이상의 내용은 이철기 교수(동국대 국제관계학과) 2005년 발표한 논문 '한반도 평화군축의 관제와 방향'을 참조하였다.

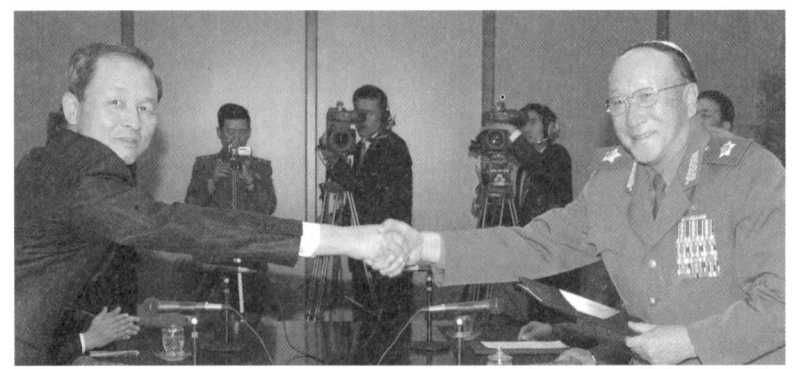

제2차 남북국방장관회담이 2007. 11. 27~29. 평양에서 열렸다. 손 맞잡은 남과 북의 국방 장관.

병연대·전차대대가 후방으로 이전하게 된 것이다. 철수부대 중에는 북한군 전력 중 우리 군에게 가장 큰 위협이 되는 장사정포 부대도 포함되어 있었다고 한다.

전하는 바에 따르면, 당시 북한군 현장 지휘관들은 상부에서 어찌하여 총 한방 안 쏴보고 자신들을 전략적 핵심지역에서 철수시키는지 의아해 했다고 한다. 그야말로 남북경협이 북한군 정예부대를 무혈철수시킨 것이다. 여기에서 끝나지 않을 것이다. 제2차 남북정상회담에서 합의된 '서해평화협력특별지대'가 설치되면 웅진반도 등에 자리잡고 있는 북한의 해안 미사일, 해안포 기지도 일부 이동하게 될 것이다.

나는 이러한 모습에서 한반도 군축이 이미 시작되고 있음을 느낀다. 단지 북한군 몇 개 부대의 이동을 가지고 지나친 확대해석을 한다고 반문할 수도 있다. 그러나 한반도 군축을 위한 대내·외적 여건이 날이 갈수록 성숙해지고 있음은 분명한 사실이다.

한반도 군축이 진행되기 위해서는 일단 한반도 평화체제가 구축되어야 한다. 정전협정 체제하에서는 평화군축이 구조적으로 불가능하다. 또한 북한이 미국, 일본과 수교하여 국제사회의 일원으로서 인정

받아야 한다. 그래야 한반도 군축회담이 국제사회의 뒷받침을 받으며 추진될 수 있다. 제2차 정상회담에서 '제3자 또는 제4자와의 종전선언'이 합의되었다. 부시 대통령은 2006년 11월부터 종전선언의 필요성을 강조하고 있다. 이와 함께 북핵문제의 해결전망도 밝아지고 있는 만큼 북·미, 북·일 관계 정상화도 머지 않은 미래에 성취될 수 있는 과제이다.

대내적 여건으로는 남북한 군사당국자 대화가 정례화되고 있다. 2004년 5월 제13차 남북장관급회담에서 '한반도의 군사적 긴장완화를 위한 쌍방 군사당국자회담'으로서 제1차 남북장성급군사회담을 합의한 후, 2007년 12월까지 7차에 걸쳐 남북장성급회담이 개최되었다. 또한 제2차 남북정상회담 이후, 제2차 남북국방장관회담이 11월 평양에서 7년 만에 열려 후속과제를 남기고 폐회되었다. 이번 회담에서 주목할 것은 군사적 신뢰구축 방안을 논의할 '군사공동위원회' 설치에 합의한 것이다. 이로써 남북 군사분야 교류협력 체계가 상시협의기구, 집행협의기구, 의사결정기구로서 정연하게 구성되게 되었다. 아마도 이 회의체들은 한반도 군축의 주요사항을 결정하고 집행하는 기구로서 활동하게 될 것이다.

이와 같이 대내외적 여건과 제도적 협력의 틀이 구비된 만큼, 이제부터는 구체적인 한반도 군축 프로세스를 준비해야 할 것이다. 이와 관련해 김대중 전대통령이 '3단계 통일론'에서 제기한 바 있는 한반도 군축방안은 우리에게 참으로 많은 시사점을 던져주고 있다. 김대중 전대통령은 한반도 군축의 단계를 선先 군사적 신뢰구축, 후後 군축으로 나누고 있다.

현재 남북간에 진행되는 군사분야 협력은 신뢰구축 단계에 속하는 것이다. 이 단계에서 남북한은, 첫째 상호 군사정보의 교환 및 통신유지를 위해 군사력 보유현황과 국방비 내역 등 군사정보를 공유하고,

군 인사 교류 및, 군사 당국간 핫라인을 개설해야 한다. 둘째, 주요 군사활동 공개를 목적으로 부대이동이나 기동훈련을 사전통고하고, 양측 군사훈련에 각각 참관인을 초청한다. 셋째, 기습공격이나 우발적 충돌 방지를 위해 비무장지대에서의 병력 및 군장비를 철수하여 이 지역을 실질적 평화지대로 만들고, 비무장지대 일정거리내에 제한배치 지역을 설정, 이 지역의 공세전력 배치를 금지하여 군사충돌의 가능성을 배제해야 한다.

이러한 실천과제 수행을 통해 신뢰가 구축되면 본격적인 군축에 돌입한다. 첫째, 동수 보유의 원칙에 따라 단계적으로 감축하여 적정규모의 균형적 군사력을 유지한다. 둘째, 대량살상무기부터 최우선 폐기한 다음, 기습공격과 공세작전 능력을 제거하기 위해 전차, 장갑차, 야포(자주포), 공격용 헬기, 전투기 등과 같은 공격용 무기부터 감축을 우선추진한다. 셋째, 최종적 군사력 수준은 국내외적 안보상황을 고려하여 통일국가의 위상과 군사력 소요를 감안해 결정한다.

나는 남과 북이 향후 실행해야 할 군축방안이 김대중 전대통령이 제시한 골격에서 크게 벗어나지 않을 것으로 판단한다. 앞으로의 과제에 최선을 다해야 할 것이다. 군축은 한반도 평화의 완성이며, 통일로 가는 마지막 관문이기 때문이다.

독일 통일의 교훈과 통일방안

독일 통일의 반면교사

1990년 10월 3일, 독일이 통일되었다. 나는 그 때 감옥에 있었다. 하지만 이미 1989년 수배생활 와중에 베를린 장벽이 무너지는 모습을 텔레비전을 통해 지켜본 바 있었다. 같은 분단국의 청년이건만 나는 통일운동을 하다가 쫓기는 신세였고, 그 친구들은 분단의 상징 베를린 장벽을 손수 부숴내고 있었다. 당시로선 마냥 부러울 뿐이었다.

20세기의 기적, 독일통일은 베를린 장벽의 붕괴와 함께 벼락처럼 다가왔다. 그리고 베를린 장벽의 붕괴는 "장벽을 넘어 산책할 권리를 달라"던 라이프치히 시의 월요집회에서 시작되었다. 독일의 통일은 한반도 통일을 촉구하는 울림이다.

독일이 통일을 성취한 지도 내일 모레면 20년이 다 되어간다. 그 시간 동안 우리나라도 많은 변화를 겪었다. 남북화해협력이 성과적으로 진행되고 있고, 남북경제공동체 건설을 준비하고 있다. 현재 독일의 통일은 우리에게 긍정적 측면과 부정적 측면, 두 방향 모두에서 적지 않은 시사점을 던져주고 있다.

독일 통일의 긍정적 영향은 통일을 지향하는 민족 내부의 관계를 어

독일분단의 상징, 브란덴부르크 문 앞의 베를린장벽. 지금은 사라지고 없다.

떻게 구성해야 하는지에 대한 것, 즉 교류협력 분야에서 많은 교훈을 주고 있다. 사실상, 빌리 브란트의 동방정책은 우리나라 햇볕정책의 모델이었다. 그 아이디어에서 많은 것을 배웠다는 것은 부정할 수 없는 사실이다. '접근을 통한 변화' 또는 '작은 발걸음 정책'[16]은 오늘날 우리 정부의 화해협력 정책에도 그대로 적용되고 있는 개념이다.

그러나 통일의 방식에서 독일은 우리에게 따라가서는 안되는 모델, 반면교사로 삼아야 할 모델이기도 하다. 독일의 통일은 '과정으로서의 통일'은 생략한 채, '결과로서의 통일'로 직행해버린 경우이다. 약 40년 동안 서로 다른 체제에서 살아왔으며, 양자 간의 경제력의 격차가 엄연히 존재함에도 불구하고 성급히 하나의 체제로 통합시켜버린 것이다. 서독에 의한 동독의 흡수통일이었다.

---

16) 동·서독 관계 및 동독체제의 점진적 변화를 추구한다는 개념이다.

흡수통일의 후유증은 지금도 계속되고 있다. 1990~2005년 약 15년간 독일정부가 쏟아부은 돈이 1조 4천억 유로라고 한다. 이와 같은 재정적 부담은 독일경제의 장기적 침체를 불러왔다. 또한 구 서독인과 구 동독인간의 통합도 심각한 문제로 나서고 있다. 국가통합이 서독의 체제와 제도를 중심으로 이루어짐에 따라 구 동독인들은 출발점에서부터 구 서독인들에 비해 불평등한 조건에 놓이게 된다. 의도하지 않는 차별이 발생한 것이다. 그래서 이에 대해 불평이라도 하게 되면 구 서독인들은 그들대로 우리가 너희를 위해 쏟아부은 돈이 얼마인 줄 아느냐고 반문한다.[17] 이러다보니 양자 사이에 존재하는 마음의 간격이 좀처럼 좁혀지지 않는다고 한다.

내가 독일통일을 연구하면서 알게 된 한 가지 놀라운 사실이 있다. 동방정책이 채택된 이래, 서독정부 주도로 약 20년간 폭넓은 범위에서 교류협력 사업을 추진했음에도, 정작 1989년까지조차 독일이 통일을 이룰 것이라고 생각하지 못했다는 것이다. 그래서 통일에 대한 준비가 전혀 되어 있지 않았다고 한다.[18]

통일을 이끈 헬무트 콜 총리조차 "독일통일은 놀라운 일"이라고 할 정도였다. 선뜻 이해가 안되는 일이다. 〈프랑크푸르터 알게마이너 자이퉁〉의 칼럼리스트 펠트마이어의 지적에 그 단서가 있다. 브란트 총리조차 동방정책을 추진할 때 독일통일까지 기대한 것은 아니었다는

---

17) 통일 이후, 동독지역의 인구는 1백30만 명(약 9%)이나 줄었다. 매년 거의 10만 명의 동독인들이 "미래의 전망이 없다"며 고향을 등지고 있다. 이들 중 대부분은 기동성과 우수한 기술력을 지닌 젊은이들이며 특히 젊은 여성들이 높은 비율을 차지한다. 미래에 대한 불안과 젊은이들의 이주로 인해 동독지역의 출산율은 매우 저조하다. 아마 바티칸을 제외하고는 전 세계적으로 가장 낮을 것이며 이대로 가다가는 동독지역이 장차 '공화국의 양로원'이 될 것이라는 예상도 나오고 있다. (주정립, '독일 통일 15주년을 보며', 〈경향신문〉 2005. 10. 8일자)
18) 이수혁,《독일 통일의 교훈》, 서울: 중앙랜덤하우스, 2006, p.99.

것이다. 나는 여기에서 구 서독 정부의 지도자들이 교류협력 사업을 통일이라는 명확한 목적하에서 추진하지 않았음을 알 수 있었다. 그들이 펼친 교류협력 사업은 구 동독과의 평화로운 관계수립에 국한되어 있었던 것이다.[19] 그렇기 때문에 통일의 마스터플랜을 미리 짜놓지 못했던 것이다.

동방정책의 설계자, 에곤바의 지적도 나에겐 놀라운 깨달음을 던져주었다. 그는 2005년 〈한겨레신문〉과의 인터뷰에서 "우리가 동독에 대해 너무 몰랐다"고 말했다. "한국과는 달리 서로를 방문할 수 있었고, 또 동독사람들은 서독의 텔레비전과 라디오를 시청할 수 있었기 때문에 서로를 잘 알고 있다고 생각"했는데 "40년 동안 집단주의 사회에서 살아온 동독사람들과 개인주의적 사회에서 살아온 서독사람들 사이에는 생각보다 훨씬 큰 차이"가 있었고 "특히, 서독주민들이 동독에 대해 무관심하고 동독사람들보다 모든 것을 더 잘 알고 있다고 생각하는 오만한 태도가 불화와 갈등을 증폭시켰다"는 것이다.[20]

이를 통해 볼 때, 우리가 독일의 통일을 통해 얻을 수 있는 교훈은 자명하다. '과정으로서의 통일'이 가진 중요성이다. 즉, 서로의 체제와 제도를 존중하는 가운데, 국가통합이 단계적·점진적으로 추진되어야 한다는 것을 느낄 수 있다. 교류협력 사업도 단계적·점진적 국가통합 과정의 일부라는 점을 명확히 인식하고, 통일 프로세스의 구축이란 명확한 목적하에서 추진했을 때, 통일 후유증을 최소화하고 민족통합의 원활한 진행을 담보할 수 있다.

---

19) 이수혁, 앞의 책, 2006, p.99.
20) 배기정, '통일독일 15년, 통일주역에게 듣는다 (2) 에곤 바 (서독출신 정치인·동방정책 설계자)', 〈한겨레신문〉 2005. 10. 4일자.

1993년 문익환 목사님의 말씀이 생각난다. 당신께서 해방을 맞은 것이 간도 땅에서였는데 무척 당혹스러웠다는 것이다. 독립이 이렇게 빨리 다가오리라고 예측하지 못했는데 불현듯 다가온 것이다. 아무 준비 없이 맞은 독립이었기에 기쁨보다는 불확실한 미래에 대한 걱정부터 들더라는 것이다. 결국, 준비 없이 맞은 독립은 민족의 자주독립이 아닌 분단을 낳았다. 그래서 문익환 목사님은 언제나 통일을 준비해야 한다고 말씀하셨다. 독일 통일을 공부하면서 나는 그 통찰력에 진심으로 공감하였다. 독일 통일의 교훈을 우리 모두 가슴깊이 새겨야 할 것이다.

남북연합 시대를 열자

독일의 통일 후유증은 우리 사회에 통일에 대한 불안심리를 싹트게 하기도 했다. '통일되면 북한주민이 밀려올 것이다'는 생각이 바로 그 것이다. 실제로 우리 국민들 중에는 통일이 가져올 경제적 부작용을 우려하여 통일을 내심 원치 않는 사람들이 생겨나고 있다는 말도 들린다.

독일의 통일 후유증을 보며 남북한 통일에 두려움을 느끼는 것은 어찌 보면 이해할 수 있는 일이다.

하지만 통일을 한 순간에 이루는 완전한 국가통합이란 고정관념을 깨기만 하면 이러한 두려움은 걷어낼 수 있을 것으로 보인다. 내가 지금까지 많은 사람들을 만나본 바에 따르면, 단계적·점진적 통일 프로세스에 대한 이해가 널리 확산되어 있지 못했다.

남북한은 동서독에 비해 '과정으로서의 통일'이란 측면에서는 훨씬 앞선 고민을 진행해왔다. 북한의 경우, 1970년대부터 '고려연방제 통일안'을 일관되게 제기해오고 있다. 우리의 경우, 정부차원의 공식적인 통일방안이 처음으로 확정된 것은 1990년대로 '한민족 공동체 통일방안'을 가지고 있다. 그러나 김대중 전대통령이 이미 오래 전부터 '공화국 연합→공화국 연방→완전통일'의 3단계 통일론을 주장해오고 있었고, 이는 민간 전문가 및 통일운동가들에게 널리 유포되어, 우리나라 통일 프로세스의 정설로서 받아들여지고 있다.

나아가, 1991년 9월 남북한의 유엔 동시가입이 세계를 향해 상호 실체를 인정하고 화해와 협력을 향해 나아가기로 선언한 것이라면, 1992년 2월 '남북기본합의서'와 '비핵화 공동선언'은 8천만 민족에게 화해와 협력을 실천적으로 약속한 것이다.

현재 주목할 것은 남북 양측의 통일방안이 공통점을 찾아 상호 수렴하고 있다는 것이다. 그 표면적 성과도 제출되었다. 남북 양측 정상은 6·15 남북공동선언 제2항에서 "남과 북은 나라의 통일을 위한 남측의 연합제 안[21]과 북측의 낮은 단계의 연방제 안[22]이 서로 공통점이 있다고 인정하고 앞으로 이 방향에서 통일을 지향"시켜나가기로 합의했다.

이 것은, 첫째 통일 프로세스에서 평화적 방식에 의한 단계적 접근

---

[21] 국가연합제(confederation)는 주권을 지닌 구성단위들이 새로운 중앙정부를 만들지 않은 채 하나의 협의체를 구성하는 것이다. 국제법상 독자적인 법인격을 보유하지 않으며 구성국의 통치권도 거의 그대로 보존된다. 연합(league), 동맹(alliance) 또는 여타 국제조직에 비해서는 결합정도가 강하나 연방제에 비해서는 느슨한 편이다. 이에 반해, 연방제는 두 개 이상의 구성국이 하나의 연방정부를 구성하여 이 것의 지방정부로서 편입되는 것이다. 연방정부는 국제법상 독자적인 법인격을 가지며 구성국의 주민들에게 직접적인 통치권을 행사할 수 있다. 복합국가 중 가장 강력한 결합형태이다. (박영호 외, 『남북 연합하에서의 남북정치공동체 형성 방안』, 통일연구원, 2002, p. 12~14.)

[22] 북한은 '낮은 단계의 연방제 안'을 정의하면서 '중앙정부'라는 용어 대신 '민족통일기구'라는 용어를 사용하고 있으며, '지역자치정부'라는 표현 대신 '북과 남의 정부'라는 표현을 사용하고 있다. 그리고 남북 두 개의 정부가 정치·군사·외교권 등 현재의 기능과 권한을 그대로 갖는 것으로 규정하고 있다.

을 추구하며, 둘째 궁극적인 완전통일에 이르기까지 서로 다른 체제가 공존하는 복합국가 형태를 지향해야 한다는 남북 양측 정상의 일치된 판단을 담고 있다. 특히 남북 양측 정상이 확인한 바, 북측의 '낮은 단계의 연방제 안'은 그 내용상 '남측의 연합제 안'과 별반 다르지 않다. 다시 말해, 남북연합이 현 단계에서 한반도 통일의 사실상의 유일한 대안으로 채택된 것이라 할 수 있다.[23]

남북연합은 남북한이 연합기구를 구성하여 통일을 지향하며 2체제 2정부의 현재상태를 평화적으로 관리하면서 민족의 공동번영과 동질성 회복을 위해 협력하는 체제이다. 이는 실질적 통일을 준비하는 단계로서, 정치적 통일에 앞서 남과 북이 서로 오가고, 돕고, 나누며, '사실상의 통일상황'을 제도적으로 구현하는 것이다.

그런데 여기에서 우리가 분명히 인식해야 할 것은 남북연합조차도 단계적·점진적으로 추진된다는 것이다. 이 것의 가장 가까운 사례가 유럽연합이다. 유럽연합은 1950년대 석탄·철강분야의 경제협력부터 시작하여 약 40년 동안 관세동맹, 통화통합을 거쳐 경제공동체를 구성한 후, 정치연합을 출범시켰다.

어찌 보면, 현재 화해협력 단계의 남북관계도 남북연합의 맹아적 준비단계라 할 수 있다. 남북정상회담이 정례화되면 이는 남북연합의 최고통치기구인 남북정상회담으로 변모해갈 것이다. 이미 사실상 정례화된 남북장관급회담은 남북각료기구가 될 것이며, 남북국회회담이 성사되고 정례화될 경우, 이 또한 남북연합의 최고입법기구인 남북연합의회로 변모할 것이다.

---

[23] 한 가지 쟁점이 남는다면, 남북연합에서 남북연방으로 이행할 것인가? 완전통일로 직행할 것인가 이다. 이는 남북연합 과정에서 성취된 민족통합의 정도에 근거하여 판단해야 할 문제일 것이다.

이러한 과정은 최소 20~30년 이상이 걸릴 가능성이 있다. 하지만 이 것이 정도이며, 이와 같은 과정을 착실히 밟아나갈 때, 경제적 번영과 민족 동질성 회복이란 토대 위에서 남북통일을 순조롭게 추진할 수 있다.

통일 후유증은 잘못된 통일방식, 즉 무력통일이나 흡수통일을 했을 때 필연적으로 발생한다. 오랜 세월 경제적 풍요라는 공통의 이해관심사를 위해 협력하며 서로의 상이한 체제와 제도의 차이점에서 비롯된 마음의 간격을 좁혀간다면 우리 민족에게 통일은 후유증이 아닌 축복으로 다가올 것이다.

18대 국회의 소명, 남북연합헌장

남북연합헌장[24]은 남북연합 설립의 법적 근거이면서 기초이다. 남북연합헌장은, 첫째 한반도에 존재하는 두 개의 주권국가 사이에서 체결된다는 '사실'로 인해 조약성을 가지며, 둘째 정치적 통합을 지향하는 남북한의 특수한 법적 유대관계를 반영한다는 '헌장 제정자의 의지적 자기규정'으로 인해 법률성을 가진다. 이러한 원리에 따라 남북연합헌장은 남북관계를 규율하는 민족 공동의 헌법으로 기능하게 될 것이다.

남북연합헌장의 내용은, 첫째 남북관계를 규율하는 대원칙으로서

---

[24] 이 것의 명칭을 헌장이라 하는 것은, 첫째 남과 북이 '조약(treaty)'이란 명칭을 남북관계가 통일을 지향하는 특수관계라는 이유에서 기피하고 있으며, 둘째 남북연합헌장이 그 동안 남북간에 체결되어왔던 여러 형태의 '합의서'에 대해 상위법의 위상을 가진다는 점을 명확히 하려는 의도에서이다.

2004년 북한에서 오른 백두산 정상에서.

자주·평화·민주의 3원칙을 명시하고, 둘째 남북연합이 통일을 지향하는 남과 북의 특수한 결합형태로서 잠정성, 상호성과 호혜평등성, 민의존중 및 민족복리 증진을 실천원리로 삼고 있다는 것을 밝혀야 하며, 셋째 분쟁의 평화적 해결, 무력 불사용 및 불위협 등의 원칙하에 분단상태를 종식하고 민주적이고 평화적 통일을 지향한다는 점을 명시하고, 넷째 남북연합과 구성국 정부간의 관계, 남북한의 주권 보존 및 국제사회에서의 기존지위 유지(유엔 회원국, 제3국과의 조약관계) 등을 규정하며, 다섯째 남북한의 기존지위는 남북연합의 심화·발전과정에서 쌍방의 합의에 따라 일부 변경될 수 있다는 단서조항 등이 포함되어야 할 것이다.[25]

남북연합 출범에 관한 논의는 최소한 한반도 평화체제가 구축된 이후에 본격적으로 시작될 것이다. 더 나아가, 남북경제공동체가 성숙기에 들어가야 논의가 시작될 가능성도 배제할 수 없다. 그러나 헌장채택에 관한 논의는 이보다 더 빠른 시기에 진행될 수도 있다.

그 이유는, 첫째 남북연합헌장에 대한 논의를 조기에 진행함으로써 남북교류협력의 활성화가 궁극적으로 지향하는 바가 무엇인지를 환기하고, 그 것의 목적 지향성을 분명히 하며, 둘째 남북 양측 공히 사회적으로 폭넓은 의견수렴을 진행하여 헌장의 내용적 충실성을 더욱 철저하게 담보할 수 있기 때문이다.

〈그림 3-3〉 남북연합헌장 추진 로드맵

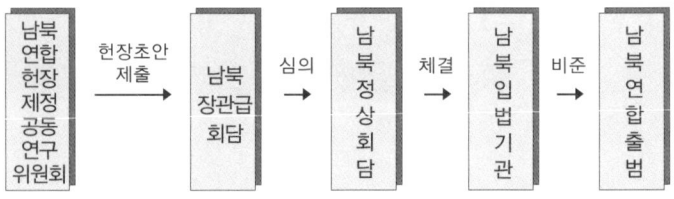

남북연합헌장 추진과정을 단계별로 구상해보면, 1단계에서 '남북연합헌장 제정을 위한 남북공동연구위원회'를 구성해 헌장 초안을 작성하며, 2단계에서 헌장 초안의 내용을 '남북장관급회담'에 제출하여 심의·검토하고, 3단계에서 '남북정상회담'이 개최되어 헌장안憲章案을 합의·체결하며, 4단계에서 남북 양측의 입법기관이 남북연합헌장을

----

25) 제성호, '남북연합 단계에서의 법·제도적 추진과제', 《법조》 제51권 제2호, 2002, p.116.

비준·동의한 후, 공포하는 순서를 밟아갈 것이다.

1) 1단계: 남북연합헌장 제정을 위한 남북공동연구위원회

남북 양측의 관련분야 전문가들이 논의틀을 구성하여 남북연합헌장의 초안을 작성한다. 관련분야 전문가들은 남북 양측의 ①입법기관 대표 약간명, ②사법기관 대표, ③법학계 대표, ④법률 관련 민간단체 대표, ⑤국제법 전문가로 구성된다. 남북공동연구위원회는 ①남북한 사이에 체결된 합의서의 내용을 정리하고 그 현황을 실사하여 이를 남북연합헌장에 어떻게 반영할지 모색하며, ②외국의 국가연합 출범시, 설치규약으로 체결된 헌장 및 조약의 내용과 그 것의 장·단점을 조사 분석하며, ③남북연합헌장에 대한 남북 양측 사회 각 분야의 의견을 취합한다. 이러한 작업에 기반하여 헌장 초안을 작성한다.

2) 2단계: 남북장관급회담

남북공동연구위원회에서 작성된 초안은 남북장관급회담에 제출된다. 남북장관급회담은 헌장 초안의 내용을 심의·검토하며 양측의 견해차가 발생했을 때, 이를 좁히기 위해 최대한 노력한다. 관련 사항은 남북 양측의 입법기관에 각각 보고된다. 헌장 초안을 심의·검토하는 일차적 주체는 남북장관급회담이다. 하지만 남북국회회담이 개최될 경우, 남북국회회담에서 헌장 초안이 심의·검토될 수 있으며, 그 결과물을 남북장관급회담에 권고의 형태로 전달할 수 있도록 한다.

3) 3단계: 남북정상회담

남북장관급회담에서 심의·검토된 남북연합헌장안은 남북정상회담에 보고되며, 양측 정상은 의견을 조율하여 미해결 사안에 대해 완전한 합의를 창출한 이후, 남북연합헌장에 서명한다.

4) 4단계: 남북 양측 입법기관에서 비준·동의

양측 정상이 체결한 남북연합헌장안이 남북 양측 입법기관에 의안으로 회부된다. 남북 양측의 입법기관은 각자의 조약 비준·동의절차에 기반해 이를 통과시킨다. 이와 동시에, 남북연합헌장은 그 효력을 발휘한다. 단, 헌장의 비준·동의는 남북 양측이 같은 날 같은 시각에 행하는 것이 바람직하다.

그런데 이에 앞서 선행되어야 할 것이 남북한 법제정비 및 법률교류이다. 남북연합헌장은 2체제 2정부의 국가연합 속성상 남북한 국내법에 대한 법적 우위성을 강제적으로 주장할 수 없다는 취약점을 가지고 있다. 그런 이유로 남북연합헌장을 민족 공동의 헌법으로 격상시키기 위해서는, 그 전에 남북한 국내법을 헌장내용에 부합하게 개폐해야 한다. 이 단계에 이르면, 우리의 헌법과 국가보안법, 북한의 사회주의 헌법과 조선노동당 규약 등은 많은 부분 개정 또는 폐지가 불가피할 것이다. 또한 양측 법률체계 및 내용이 상호 배치되지 않도록 조정해야 하는데, 이를 위해서는 법률교류가 필수적이다.

남북연합헌장의 제정과정은 남북연합의 설계도를 그리는 것과 마찬가지의 작업이다. 양측 정부에 의해 추진되기에 앞서 민간차원에서 폭넓게 논의된다면 헌장제정을 촉진함과 더불어 그 내용을 더욱 풍부화시킬 수 있다. 또한, 단계적·점진적 통일 프로세스의 실현을 국민들이 실감할 수 있을 것이다. 18대 국회가 남북연합 시대를 완성하는 역사적 소명을 수행하게 되기를 소망한다.

4장
실리자주 외교

FTA는 실리자주 외교의 시험대
PSI는 유엔결의와 거꾸로 가는 것
자이툰 부대는 철군해야 한다
4강외교에서 외교다변화로
과거사 왜곡의 덫에 갇힌 중국과 일본

FTA, 실리자주 외교의 시험대

개방과 세계화는 피할 수 없다

아마도 18대 국회가 개원하면 한·미 FTA[1] 비준안이 국회에 상정될 것이다. 만약 2008년 총선에서 내가 다시 한 번 국민의 선택을 받게 된다면 나도 그 자리에서 한 표를 행사하게 될 것이다. 현재 한·미간에 합의된 내용대로라면 나는 찬성표를 던질 생각이다. 그 것이 우리 경제의 성장과 신성장 동력의 창출에 기여하는 것이라고 믿고 있기 때문이다.

2006년 2~3월 한·미 FTA가 처음 쟁점화되기 시작했을 때, 많은 사람들이 놀라움을 금치 못했다. 그 때까지 참여정부는 반미자주파란 비난을 듣고 있었다. 그런데 한·미 FTA와 함께, 참여정부는 친미사대파란 또 다른 별명을 얻게 되었다. 반미자주와 친미사대, 도저히 어울릴 수 없을 것같은 두 개념이 한 정부를 규정하는 용어로 동시에 사용되고 있다. 이는 구시대적 가치에 집착하는 우리 사회의 슬픈 자화상이

---

1) Free Trade Agreement, 자유무역협정의 영어약칭.

다. 이에 대해 나는 말하고 싶다. 참여정부는 반미자주도 친미사대파도 아닌 실리자주파라고 말이다.

더 이상 우리에게서 자주와 사대는 무용한 개념이다. 온 나라가 사대와 자주로 나뉘어 왈가왈부하는 모습은 강대국 침략위협에 시달리던 약소국 역사의 산물이다. 그러나 21세기 한국은 더 이상 약소국이 아니다. 세계 7대 군사대국이며 세계 11위의 경제대국이다. 이와 같이 견실한 국가가 자주냐 사대냐를 놓고 논쟁하는 모습을 아마도 세계인들은 의아하게 생각할 것이다. 영국이나 프랑스 또는 독일이 언제 자주냐 사대냐로 갈라져 싸운 적이 있는가. 이들 국가가 강대국이라서 그런 것일까? 그렇다면 네덜란드, 덴마크, 아일랜드는 어떠한가? 이들도 마찬가지이다. 이들에게서 중요한 것은 실리이다. 실리가 곧 자주이다.

20세기 후반부터 세계시장은 점점 하나로 통합되어가고 있다. 이제 자유무역은 더 이상 거부할 수 없는 국제적 트렌드이다. 세계화와 무한경쟁에 맞서 국가경쟁력을 확보하는 국가는 성공하고 실패하는 국가는 도태된다. 이 질서에서 개방은 선택이 아닌 필수이다. 개방하지 않는 국가에겐 성공의 기회조차 주어지지 않는 것이 오늘날 국제경제 질서의 냉엄한 현실이다.

이러한 현실에서 세계 각국은 저마다 경쟁력 확보의 기회를 선점하기 위해 이해관계를 공유하는 국가들끼리 FTA를 체결하고 있다. FTA의 특성은 혜택과 배제의 차별적 적용이다. FTA를 체결한 국가끼리는 관세를 철폐하고, 기술과 정보, 인적 자원을 공유해 비체결 국가에 대해 경쟁력의 우위를 점하게 해준다.

그런데 안타깝게도 우리나라는 이러한 흐름에 적절히 부응하지 못하고 있었다. 안으로는 연일 세계화라는 구호를 목청 높게 외쳤지만 정작 그 핵심이라 할 수 있는 FTA에는 무관심했다. 우리나라가 한·미

FTA를 모색하고 있던 2005년 7월만 하더라도 전 세계 약 180건의 FTA가 체결되고 있었다. 이 것이 의미하는 바는 무엇인가? 우리나라가 180여 개의 경제관계에서 차별적으로 배제되어 경쟁력 열세에 처한다는 것이다. 국부의 대부분을 수출에 의존하고 있는 우리에게 있어 이는 재앙과도 같은 현실이었다.

이러한 나의 지적에 대해 어떤 이는 이렇게 반문할는지도 모른다. "왜 하필 미국인가"라고 말이다. 사실 한·미 FTA가 우리 사회 일부의 극렬한 반대에 부딪히게 된 것은 그 협상상대가 미국이기 때문이었다. 만약 협상상대가 EU 또는 중국이었다면 반대운동이 그리 심각하게 전개되지는 않았을 것이다. 실제로 한·미 FTA 반대운동에 앞장섰던 정태인 씨 같은 경우, 한·미 FTA에 앞서 EU, 중국, 일본 등과 먼저 FTA를 추진했어야 한다고 주장했다. 또한 국회 한미FTA특별대책위원회에서 활동했던 심상정 의원은 민주노동당 대통령후보 경선에서 동아시아 경제공동체를 주장했는데, 이는 곧 한·중·일 FTA 추진을 의미하는 것이다.

현재 우리 정부는 한·EU FTA를 추진하고 있다. 중국과는 FTA협상 사전작업으로서 민간차원의 공동연구[2]가 진행중이다. 일본과는 2004년 협상이 진행되다가 일본측 농업시장 개방문제가 걸림돌이 되어 협상이 중단된 상태이다. 양국간 이견이 조정되면 언제든지 재개될 수 있다. 그래서 나는 오히려 되묻고 싶다. 왜 EU, 중국, 일본과는 된다면서 미국과 해서는 안된다는 것인가?

----

2) 일반적으로, FTA를 추진하기 전에 관련국가 민간 전문가들은 FTA체결이 양국 경제에 미치는 영향평가를 실시하곤 한다.

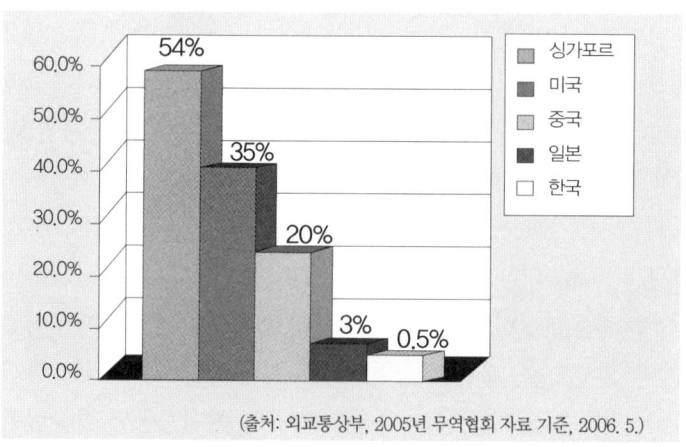

〈그림 4-1〉 주요 경쟁국들의 FTA 교역비중

(출처: 외교통상부, 2005년 무역협회 자료 기준, 2006. 5.)

한·미 FTA를 반대하는 분들이 내거는 주된 근거 중 하나가 우리 농업의 황폐화이다. 그런데 정말로 이를 걱정한다면 반대해야 할 것은 한·미 FTA가 아니라 한·중 FTA이다. 현재도 중국 농산물이 우리네 밥상을 점령하고 있다. 한·중 FTA가 체결되면 미국에 비해 식문화가 비슷하며, 지리적으로 근접한 중국의 신선한 농산물이 우리 농업시장을 완전히 제패하게 될 것이다. 흔히 중국이 우리를 배려해 농산물에 대해 예외조항을 둘 것이라 하는데, 그래 봤자 일정기간 유예기간을 두는 것으로 언젠가는 풀릴 것이다. 더구나 시장개방의 연쇄적 확산효과를 감안할 때, 예외조항의 실효성도 의심스럽다. 사실이 이와 같은데도 원래 한·중 FTA를 먼저 추진해야 하는데 우리 정부가 친미사대적이라서 한·미 FTA를 추진했다는 주장을 계속할 것인가?

FTA 자체를 반대한다면 모르되 그 기본적 취지에 동의한다면, 구태여 한·미 FTA만 반대할 이유가 없다. 미국은 전 세계 수입시장의 21.8%를 차지하는 최대시장이다. 또한 미국시장은 국제경제의 제도 및 기술의 표준을 제공하고 있다. 그러므로 상품무역에서도 상당한 이

〈표 4-1〉 개방해서 실패 없다

연대	개방분야	반대론자 주장	개방결과
70년대 말	• 과자수입 자유화	• 한국 과자산업 다 망한다	• 국내 제과업계 시장장악 • 중국, 러시아 등으로 수출증대
80년대 후반	• UR협상	• 한국 농업피해 7,8조 원	• 농업 GDP증가: 94년 20.7조 원 → 05년 24.0조 원
87년	• 영화 직배 허용	• 우리 극장 다 망한다	• CJ 등 국내 4대영화사 국내시장 장악 • 극장문제 없음
91년	• 바나나 시장 개방	• 사과,배 가격 폭락한다	• 후지사과(5KG 상품 기준) : 91년 2만 원, • 05년 7만원 이상
96년	• 유통시장 개방	• 국내 유통업계 다 망한다	• 월마트, 까르푸 철수 • 이마트 중국 진출
98년	• 일본영화 수입 허용	• 한국영화 기반 붕괴	• 국산영화 시장점유율 60% 넘어(06년) • 일본에 한류열풍
99년	• 수입선 다변화 제도 폐지	• 일본 코끼리 전기밥솥이 국내시장 장악한다	• 국산 전기밥솥 국내시장 장악 • 오히려 대일수출
02년	• GM대우 매각	• 대량해고 우려	• 복직 및 고용 증대 • 수출증대
03년	• 한·칠레 FTA	• 과수피해 6천억 원 • 한국농업 망한다	• 포도 생산량, 재배면적 증대, 가격상승 • 공산품 수출 증대

(출처: 한미FTA체결위원회, 2006. 10.)

득을 거둘 것이며, 우리 경제를 지식기반 중심 경제로 고도화하는 계기로도 작용할 것이다.[3] 그런 점에서 한·중, 한·EU FTA의 기대효과

---

[3] 어떤 사람들은 미국 평균관세가 4.9%이고 한국 평균관세가 11.9%이기 때문에 손해라고 말하는데, 그건 사실왜곡이다. 예를 들어, 자동차 평균관세는 미국이 2.5%, 한국이 8%이다. 그런데 2005년 한국 자동차의 대미수출은 105억 불이었는데 한국의 미국자동차 수입은 5억 불이다. 단순계산을 해봐도 한국이 6.5배나 되는 이익을 본다(105억 달러-2.5%=2억 6천만 달러) 5억불-8%=4천만 달러). FTA로 우리나라 자동차 수입이 증가한다고 해도 양국 사이의 시장규모를 감안하면 우리나라가 더 큰 이익을 본다. (http://www.happyfta.com/)

를 뛰어넘는다 할 수 있다. 그리고 여기에서 쌓은 노하우를 EU, 중국, 일본에 적용한다면 국익증대에 큰 효과를 거둘 수 있을 것이다.

이와 같이 한·미 FTA는 향후 우리 경제의 발전에 새로운 기회를 제공하고 있다. 미국이라 하여 자격지심을 가진 채 외눈을 뜨고 바라보는 것은 결코 자주적인 게 아니다. 진정 자주적이라면 미국시장에 당당히 도전하여 Made in Korea의 깃발을 휘날려야 할 것이다. 이 것이 내가 한·미 FTA를 반대하지 않는 이유이다.

실리자주 외교의 시험대, 한·미 FTA

2006년 내 앞으로 한 통의 우편물이 배달되었다. 한양대 공대 학생회장 명의의 항의서한이었다. 그 내용은 '한·미 FTA를 앞장서 찬성하는 선배 임종석에 대해 안타까움을 넘어 분노와 부끄러움을 느낀다'는 것이었다. 마음이 쓸쓸했고, 후배들에 대해 서운한 마음마저 생기려 했다. 하지만, 결국 스스로를 책망하게 되었다.

개인주의가 심화된 사회에서 나라와 공동체의 미래를 생각하며 열심히 실천하는 대견한 후배들이었다. 잘못은 시대적 변화에서 청년학생의 실천활동이 나아가야 할 방향을 일깨워주지 못한 선배에게 있다고 해야 할 것이다. 진정한 자주는 민족과 국가의 실리를 추구하는 것이라는 결론에 이르게 된 내 사색의 진화과정을 설명하고 설득했어야 했다.

비단 그 후배만이 아닐 것이다. 한·미 FTA가 체결되었으며, 양국 의회 비준을 앞두고 있는 현상황에서도 한·미 FTA를 둘러싼 수많은 오해와 편견들은 여전히 우리 사회를 배회하고 있다.

한·미 FTA를 둘러싼 첫 번째 오해는 우리 정부가 미국의 압력에 휘

둘려 준비 없이 한·미 FTA를 졸속 추진했다는 것이다. 이는 역대 정부가 미국과의 통상협정에서 보여온 굴욕적인 모습에 기인한다. 그러나 명심할 것은 과거의 그와 같은

한미FTA포럼 소속 의원들과 2006. 7. 18~22. 미국을 방문하여 개성공단 제품의 한국산 인정 필요성에 대해 주장하였다.

굴욕이 소극적인 통상정책에 기인해왔다는 점이다.

1977년 GATT[4] 체제가 성립하면서 자유무역이 전 세계적으로 확대되는 와중에도 우리나라는 예외적으로 보호무역의 테두리 안에서 특혜를 누려왔다. 냉전체제 최전선에 선 개발도상국이라는 이유로 미국을 위시한 자유진영 선진국들의 배려를 받은 덕택이었다. 그러나 1980년대에 접어들면서 우리나라가 세계 11위 경제대국으로 발돋움하자 선진국들은 우리에 대해 베풀었던 특혜를 철회하고 공격적으로 시장개방을 요구하기 시작한다. 이 무렵, 우리 상품이 덤핑 등의 혐의로 국제무역기구나 미국 슈퍼 301조의 제재를 받는 일이 자주 발생하게 된다.

그러나 우리는 여전히 보호무역의 특혜 안에서 안주하고 싶어 했다.

---

4) GATT(General Agreement on Tariffs and Trade): 관세장벽과 수출입 제한을 제거하고, 자유무역을 전 세계적으로 확대시키기 위하여 1947년 제네바에서 미국을 비롯한 23개국이 조인한 국제적인 무역협정.

그래서 선진국의 통상압력에 소극적으로 대처하였다. 회피에 회피를 거듭하다가 시장개방 압력을 견디지 못하고 통상협정에 임하곤 했는데, 그러다 보니 준비도 부족했고 경험도 일천해 국익을 제대로 수호하지 못하곤 했다.

사실 10년 전만 해도 우리나라에는 통상정책이란 개념조차 희박했다. 통상정책이 국가정책의 일부로서 확고히 자리잡은 것은 참여정부가 처음이었다. 참여정부 들어, 더 이상 소극적 자세로는 국제경쟁에서 살아남을 수 없다는 인식이 확고해지면서 적극적 통상정책이 채택된다. 2003년 통상교섭본부[5]가 장관급 기구로 격상되면서 독자적인 정부부처로서 활약하게 되었으며, FTA 추진 로드맵이 완성되고, 정부 내 통상정책 결정과정이 체계적으로 정비되어 국제적인 통상압력에 주도적으로 대처할 수 있는 여건이 마련되게 된다.

그 이후, 국제 통상협상에서 우리 정부는 확연히 다른 모습을 보여주기 시작한다. 현재 우리나라의 WTO 통상분쟁 승소율은 73%이다. 이는 세계최고 수준의 승소율이다. 그리고 이러한 면모는 한·미 FTA 협상과정에서 유감없이 발휘되었다. 미국은 우리 FTA 협상팀의 치밀한 준비와 협상전략에 무척 당황해 했다고 한다. 당시 한·미 FTA 협상을 현장지휘했던 김현종 통상교섭본부장은 시시때때로 "얻는 게 없으면 협상판을 깰 수 있다"고 강조했다. 나에게도 이런 말을 몇 번이나 반복했다.

이와 관련해 내가 전해들은 협상 당시의 정황을 하나 이야기해보겠

----

[5] 통상교섭본부가 창설된 것은 국민의 정부 때이다. 그러나 이 때는 차관급 기구로 정부부처내에서 독자성을 발휘하지 못하고 있었다. 결국 이 것이 문제가 되어 한·칠레 FTA 체결 당시 통상교섭본부가 농림부 등의 공세에 시달리게 되는데, 이로 인해 통상정책의 원활한 집행이 어려워지는 결과를 낳게 된다.

다. 한·미 FTA 체결 직전, 양측의 민감현안을 조율하는 고위급 회담이 서울에서 열렸다. 미국측이 얼토당토 않는 협상안을 내놓자 김본부장은 "협상은 끝났으니 짐 싸서 돌아가라"며 엄포를 놓았다고 한다. 그러자 미국측은 다음날 새벽 4시에 부랴부랴 수정안을 내놓았다. 김본부장은 이마저 성에 차지 않았다고 한다. 그래서 다시 거부권을 행사하였다. 자칫하면 한·미 FTA가 결렬될 터였다. 결국 미국은 또 한 번 수정안을 내놓았고 결렬위기에 빠져 있던 협상은 그제서야 타결쪽으로 방향이 잡혔다.

김현종 통상교섭본부장(우측)과 함께.

　한·미 FTA가 체결된 직후, 그 결과에 대한 반발은 우리 쪽보다 미국쪽이 더 컸다. 미국의회의 일부의원들이 미국정부에 재협상을 요구할 정도였다. 이는 한·미 FTA가 적어도 어느 한 쪽에게만 유리한 방향으로 체결되지 않았음을 반증하는 것이다.

　미국 정부가 무언가를 요구하면 우리 정부가 자동적으로 굴종할 것이란 편견은 옛날 이야기이다. 정통성 없는 권위주의 정권 시절이야 미국의 요구에 벌벌 떨 수 있었지만, 지금 우리 정부가 그래야 할 이유는 없다. 미국도 우리나라도 실리를 추구하며 서로의 이익을 위해 줄다리기를 할 뿐이다. 여기에서 승리하는 사람은 철저한 준비 끝에 우월한 전략을 구사하는 측일 것이다. 그 점에서 한·미 FTA는 우리나라 실리자주 외교의 첫 번째 디딤돌이라 할 수 있다. 더 이상 오해에 빠져 우리 정부의 변화된 모습과 성과를 일방적으로 왜곡하는 일은 없어야 할 것이다.

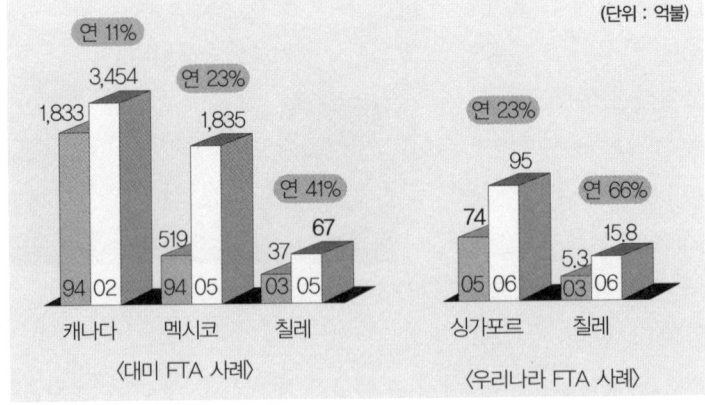

〈그림 4-2〉 FTA에 따른 수출액 증가율

(출처: FTA국내대책위원회 홈페이지 http://fta.korea.kr/)

한·미 FTA는 교역증진과 자원배분의 효율화, 투자확대, 생산성 향상을 통한 소득증대로 우리 경제의 성장과 후생증대에 기여할 것이다.

한·미 FTA 경제 망국론의 오해와 진실

한·미 FTA를 둘러싼 두 번째 오해는 한·미 FTA가 우리 경제를 망국의 길로 인도한다는 것이다. 그 주장을 요약하면, 한·미 FTA가 체결되면 미국 투자기업이 '투자자 제소권'을 악용해 우리 경제질서를 교란하고 국부를 유출해 결과적으로 실업자가 양산되고 양극화가 심화된다는 것이다. 그래서 어떤 이는 한·미 FTA는 IMF 위기가 10번 오는 것과 맞먹는다는 극단적 주장도 서슴지 않는다.

그렇다면 하나하나 따져보도록 하자. 일단 투자자 제소권에 대해 말하자면, 이는 투자자 입장에서 보면 지극히 당연한 권리이며 투자유치국 입장에서도 외국인투자유치 확대를 위해 꼭 필요한 제도이다. 예를 들어, 중국에 투자한 우리나라 기업이 중국정부로부터 부당한 차별대우를 받았다고 치자. 이를 중국법원에 제소할 경우, 편파적인 판결이 날 것은 자명한 이치이다. 그래서 이럴 경우, 국제기구에 공정한 심판을 요청할 수 있게 한 것이 투자자 제소권이다.[6]

그런데 이 것이 마치 미국만을 위한 제도인 것처럼 잘못 알려져 수많은 오해와 왜곡을 낳고 있다. 사실, 이 투자자 제소권은 전 세계 많은 나라들이 투자협정을 체결할 때 필수적으로 포함시키는 내용이다. 다만, 우리와 미국의 경우는 투자협정이 체결되어 있지 않기 때문에 한·미 FTA에서 투자자 제소권 조항을 신설한 것일 뿐이다. 향후 중국 등과 FTA 또는 투자협정을 맺을 때에도 이 조항은 신설될 것이다. 그래야 현지에 진출한 우리 기업을 보호할 수 있다.

한·미 FTA로 미국 금융자본에 의해 우리의 국부가 유출될 것이란 주장은 현재 우리나라 금융시장의 개방현실을 잘 모르고 하는 말이다. OECD 가입과 IMF 외환위기로 우리나라 금융시장은 이미 상당부분 개방되어 있는 상태이다. 사실 론스타 사건과 같은 국부유출 사건은 우리나라가 금융시장 개방에 맞춰 금융관련 제도 및 법규를 혁신하지 않았기 때문에 발생한 사건이다. 그래서 이와 관련해 전문가들은 오히려 한·미 FTA가 미국의 선진금융 기법과 제도 및 관행을 도입해 우리나라의 금융 경쟁력을 강화시키는 계기가 될 것이라고 이구동성으로 말하고 있다. 제2의 론스타 사건이 아니라 이를 예방할 수 있는 힘을 한·미 FTA를 통해 갖출 수 있다는 것이다.

또한 경제위기시 1년간 우리나라에서 외화가 빠져나가지 못하도록

---

6) 한미 FTA 민간대책위원회 (http://www.happyfta.com)

하는 '임시 세이프 가드 조치'를 취할 수 있게 한 것은 우리 협상팀의 자주적 노력이 일궈낸 큰 성과이다. 당초 미국은 어떤 FTA도 이러한 권리를 인정하지 않는다는 이유로 이에 대해 끝까지 반대하고 있었다. 그래서 마지막까지 민감한 쟁점으로 남아 있었는데 우리 협상팀의 완강한 자세로 인해 미국이 막판에 양보하게 된 것으로 알려져 있다.

마지막으로 실업자 양산과 양극화 심화에 대한 오해를 풀어야 한다. 한·미 FTA가 실업을 양산하려면 어떤 제품의 수입이 급격히 증가해 관련산업이 사양화되어야 한다. 그런데 한·미 FTA가 체결될 시, 제조업 분야에서는 수출이 증가할 것이고 서비스업 분야에서는 외국기업 진출이 늘어나면서 오히려 많은 일자리를 양산할 것으로 관측되고 있다.

이와 같이 한·미 FTA를 통해 더 많은 일자리가 창출되면 양극화가 될 것이라는 비판은 해소될 수 있을 것이다. 흔히, 한·미 FTA가 양극화 심화를 불러온다는 주장의 근거로 활용되는 것이 NAFTA[7] 이후 멕시코 사례이다. 하지만 이는 사실과 다른 주장이다. NAFTA가 체결되고 나서 10년 이후, 멕시코는 상류층 소득점유율이 2.3% 하락하고, 중·하류층 소득 점유율이 0.3~1.1% 상승하면서 양극화 현상이 호전되고 있는 중이다. 일반적으로 FTA는 10년 이후에야 그 효과가 나타나는 것으로 알려져 있다. OECD 지니계수[8] 평가에서도 1990년대엔 0.520으로 집계되던 것이 10년이 지난 2000년 이후 0.480으로 낮아져

----

[7] NAFTA(북미자유무역협정; North American Free Trade Agreement): 미국·캐나다·멕시코 3국이 관세와 무역장벽을 폐지하고 자유무역권을 형성한 협정으로 1994년 1월부터 발효되었다.
[8] 지니계수 (Gini's coefficient): 소득이 어느 정도 균등하게 분배되는가를 나타내는 소득분배의 불균형 수치. 0에 가까울수록 소득불평등이 약하고 1에 가까울수록 소득불평등이 심한 것으로 평가된다.

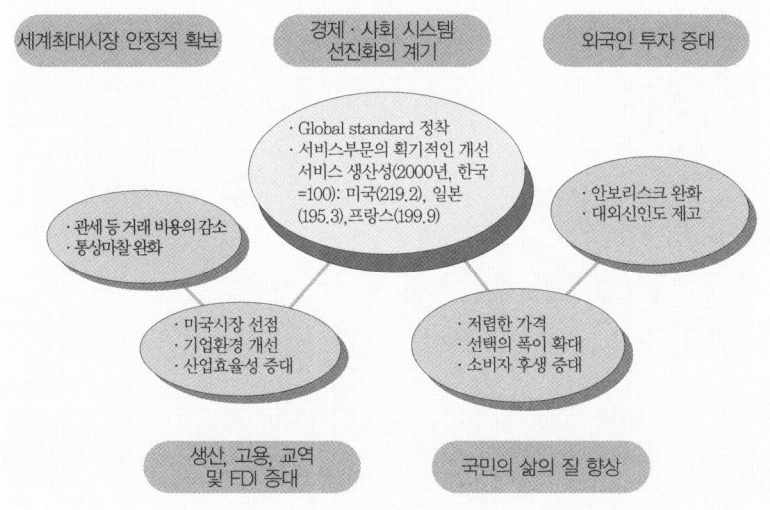

〈그림 4-3〉 한·미 FTA 기대효과

(출처: FTA국내대책위원회 홈페이지 http://fta.korea.kr/)

NAFTA 이후 소득불평등이 완화되고 있음을 보여준다.

 이와 같이 한·미 FTA 망국론은 대부분 잘못된 정보에 근거하고 있다. 이를 지금부터 바로잡지 않으면 국회비준 과정에서 심각한 사회갈등이 발생할 것이며, 이로 인해 엄청난 국력을 소모하게 될 것이다. 나부터 솔선수범하고자 한다. 국민들을 만날 때마다 한·미 FTA에 대한 올바른 정보를 널리 홍보하는 데 노력을 다하기로 내 스스로에게 다짐하고 있다.

 예전에 임진왜란에 참전한 명나라 문인관료들에 관한 이야기를 읽은 적이 있다. 당시 중국도 문치주의였기에 참전군 총사령관이나 기타 주요직책은 문인관료들이 담당하고 있었다고 한다. 그런데 이들은 명분을 중시하던 조선 성리학자들과 달리 실천을 중시하는 양명학의 영향을 받고 있던 사람들이었다. 이들 문인관료들은 종종 조선 국왕과 관료들에게 정책적 충고를 하기도 했는데, 그 내용인즉 독서와 농사에만 매진하지 말고 실리를 추구해 상업을 육성하고 대외무역을 활발히 하라는 것이었다. 그래야 전후복구도 수월하게 진행될 수 있다는 것이다. 하지만 조선 국왕과 관료들은 그냥 흘려들었다고 한다. 그 결과는 어떠했던가? 전후복구는 더디게 진행되었고, 백성의 삶은 날로 피폐해져 병자호란의 치욕을 자초하게 된다. 한·미 FTA를 둘러싼 오늘의 논쟁에서 한번 곱씹어봐야 할 역사가 아닐까? 불현듯 함석헌 선생님이 하신 말씀이 생각난다.

"또 다시 못난 조상이 되지 말아야 한다."

PSI는 유엔결의와 거꾸로 가는 것

PSI는 국제사회의 공식기구가 아니다

북한 핵실험이 있기 하루 전인 2006년 10월 8일 로버트 조지프 미 국무부 군축 및 국제안보 담당 차관이 우리나라를 방문했다. 조지프 차관은 반기문 외교통상부장관(현 유엔 사무총장)과 송민순 청와대 안보실장(현 외교통상부장관)을 만난 자리에서 1)개성공단과 금강산 관광사업을 북핵문제의 지렛대로 삼을 것, 2)북한이 핵실험을 할 경우, 두 사업을 전면 중단할 것, 3)PSI[9]에 정식가입하고 적극 참여할 것을 요구했다. 모두 우리 정부로서는 도저히 받아들일 수 없는 무리한 요구였다. 특히, PSI는 결코 수용해선 안되는 제안이었다.

PSI는 WMD[10]를 확산시킬 위험성이 있는 국가 및 집단에 의한 WMD 관련 장비, 물자, 기술의 국제적 이전을 차단하기 위해 벌이는

---

9) 대량살상무기확산방지구상(Weapons of Mass Destruction Proliferation Security Initiative)
10) WMD(Weapons of Mass Destruction, 대량살상무기): 핵무기(nuclear), 화학 생물(chemical-biological) 무기 그리고 이들을 표적까지 운반할 수 있는 수단인 미사일(missile) 등의 무기를 종합적으로 지칭하는 개념이다.

실리자주 외교 237

2004년 10월 26일 도쿄만 앞바다에서 일본, 미국, 호주 등이 참여한 PSI 훈련. (출처: 연합뉴스)

일련의 활동을 의미한다. 이는 UN과 같이 국제사회의 공인을 받은 공식기구가 아니다. WMD 비확산을 위한 기존의 협약과 다자간 협력틀이 한계를 보이고 있다는 판단하에 미국 주도로 조직된 임의의 활동일 뿐이다.

PSI는 2003년 5월 31일 부시 대통령이 폴란드 크라코우시 연설에서 처음 제안한 것이었다. 그리하여 같은 해 6월 미국, 일본, 호주 등 11개국[11]이 참여하여 공식출범하였다. PSI 출범 직후, 미국은 우리나라의 참여를 지속적으로 요구해왔다. 이와 관련해 우리 정부는 그 기본적 목적과 취지에는 공감하나 한반도의 특수한 지정학적 여건 때문에 정식가입에 신중할 수밖에 없다는 입장을 견지했다. 그래서 2005년 11월 참관국의 자격으로 5개 분야에 한해 부분협조하기로 했다.[12]

---

11) 미국, 프랑스, 영국, 이탈리아, 네덜란드, 스페인, 호주, 일본, 노르웨이, 포르투갈, 독일.

그렇다면 우리 정부가 PSI의 기본취지에 공감하면서도 정식가입하지 않은 이유는 무엇일까? PSI의 기본원칙 및 활동방식이 한반도 정세의 군사적 긴장을 초래할 수 있기 때문이다. '전략물자 수출통제제도[13]'와 같은 WMD 비확산을 위한 기존의 국제적 협력틀이 우방국간의 자발적 협조에 기반해 분쟁국가로의 무기 및 기술이전을 통제하는 것과 반대로 PSI는 무력을 수반한 일방적 시행과 강제적 차단을 기본원칙으로 삼고 있다.

이러한 원칙은 PSI의 활동방식에 그대로 나타난다. 이에 따르면, WMD 관련물질을 운송하는 것으로 판단되는 선박 또는 항공기가 출현하면 일단 공해상에서 포착·추적한다. 그런 다음 추적대상이 PSI 회원국의 영해領海(12해리) 또는 접속수역接續水域에 진입하면 무력을 동원해 검문·검색을 실시하고, 이에 불응시 나포하는 것이다.[14]

이와 같은 성격을 가진 PSI에 우리나라가 정식가입하고 그 훈련과 활동을 한반도 인근해역에서 벌인다는 것, 그 것은 북한에 대한 사실상의 해상봉쇄 실시를 의미하는 것이다. 1·2차 서해교전의 비극을 상기할 때 해상에서의 무력충돌이 발생할 여지가 크고, 그로 인한 정치·경제적 부작용은 고스란히 우리나라에 돌아올 것이었다.

그런데 공교롭게도 조지프 차관이 이러한 요구를 한 바로 다음날,

---

12) 5개 분야는 다음과 같다. 1)한미 군사훈련에 WMD 차단훈련 포함, 2)PSI활동 전반에 대한 브리핑 청취, 3)PSI 차단훈련 브리핑 청취, 4)역내 차단훈련 때 참관단 파견, 5)역외 차단훈련 참관단 파견
13) 전략물자가 분쟁국가나 국제평화를 저해할 우려가 있는 국가로 수출되는 것을 통제하는 제도이다. 비공식적이고 자발적인 다자간 협의체로 캐치 올(catch all)이라고도 한다. 각국의 책임하에 전략물자에 대한 수출을 통제하며 위반자를 처벌한다. 바세나르체제(WA), 원자력공급국그룹(NSG), 미사일기술수출통제체제(MTCR)가 대표적이다.
14) PSI의 일방주의적·강제적 성격은 국제법 및 국가주권의 침해라는 이유로 국제사회에서도 첨예한 논쟁대상이 되고 있다.

북한이 핵실험을 단행하였다. 그러자 10월 10일 알렉산더 버시바우 주한 미국 대사가 이례적으로 기자회견을 자청, "한국이 PSI에 적극 참여하길 희망한다"고 요구했다. 단지 이 것으로 그치지 않았다. 10월 10일 라이스 미 국무장관이 방한, 한미 외교장관 이후 가진 기자회견에서 "남북해운합의서가 있는 것은 알고 있지만 PSI는 지속적으로 검토해야 한다"고 했으며, 10월 20일에는 럼스펠드 미 국방장관이 직접 나서서 "한국이 PSI에 동참하기를 희망"15)한다는 입장을 밝히기도 했다.

이처럼 미국이 PSI와 관련해 지속적으로 요구해오기 시작하자 우리 정부의 입장이 흔들리기 시작했다. 버시바우 대사의 기자회견이 있은 바로 다음날(11일), 유명환 외교부 제1차관도 국회 통일외교통상위원회에 출석해 "PSI에 사안별 참여를 검토하고 있다"고 발언한 것이었다. 또한 비공식적 채널을 통해 북핵실험으로 상황이 변한 만큼 PSI 전면참가가 불가피하다는 정부측 관계자의 의견이 흘러나오기 시작했다. 그로부터 2달간 나는 대한민국의 PSI 전면참가의 위험성을 알리기 위해 동분서주했다. 긴박하고 숨가쁜 시간이었다.

PSI는 유엔 결의안과 거꾸로 가는 것이다

PSI에 대한 나의 입장은 비타협적이었다. 나는 당정협의16) 및 언론과

---

15) 제38차 한미안보협의회(SCM) 발언 가운데에.
16) 2006년 10월 12일 국회 귀빈식당에서 제1차 북핵대책특별위원회가 열렸다. 참가자는 김근태 당의장, 문희상 북핵대책특위 위원장, 원혜영 부위원장, 최성 간사, 김명자, 장영달, 이근식, 필자, 정의용, 채수찬 특위위원, 노웅래 공보부대표, 이종석 통일부장관, 윤광웅 국방부장관, 유명환 외교부차관, 서주석 청와대안보수석 등이었다. 주요의제는 PSI참여 확대였다.

의 인터뷰에서 시종일관 "PSI 가입과 협력 확대는 한반도의 평화와 북미 간 대화라는 핵문제 해결의 대전제에 역행하는 극히 위험한 선택이며, 실질적 군사제재로서 이러한 제재와 압박의 강화가 북한의 핵포기 내지 6자회담 복귀를 유도할 수 있는 실효적 조치가 될 수 없을 뿐 아니라 추가적 도발가능성과 함께 한반도 긴장만 고조시킬 뿐"이라고 주장했다.

하지만 정부의 동요는 점점 심해졌다.[17] 더불어, 한나라당이 PSI 적극참가를 주장하기 시작했다. 급기야 국회 국방위원회 소속 공성진 한나라당 의원은 "한국전쟁 이후에도 서해교전과 연평해전 등과 같은 국지전 성격의 분쟁이 많았다"며 "이런 것들은 PSI 확대 이후에도 계속 있을 것인 만큼 이를 두려워 해서 유엔 결의안에 참여하지 않는다면 한반도 평화를 모색할 수 없다"는 극단적 발언까지 내놓았다.

나는 이와 같이 혼란스러운 상황을 진정시키기 위해서는 무언가 한 차원 높은 논리로 설득할 필요성이 있다고 생각했다. 당시 상황에서 내가 주목했던 것은 우리 사회의 여러 사람들이 국제법적 성격을 가지는 UN 안전보장이사회 '대북제재 결의안 제1718호'와 미국주도의 임의활동인 PSI를 구별하지 않고 있다는 점이었다.

2006년 10월 14일 북한 핵실험에 대한 UN 안전보장이사회 대북제재 결의안 제1718호가 회원국 전체의 만장일치로 통과되었다. 북핵실험에 대해 우리 정부가 국제사회의 공조하에 문제해결에 임한다는 입장을 밝힌 바 있었기에 나는 결의안 통과 직후, 이를 입수하여 유심히 살펴보았다.

---

17) 당시 정부 일각에서는 'PSI에 참여하되 한반도 주변해역에서의 검색활동에는 참여하지 않는다'는 방침이 거론되고 있었다. 애초에 미국이 우리나라에게 PSI 가입을 요구한 것은 대북제재를 강화하려는 의도에서였다. 그런 점에서 실현될 수 없는 방안이며 임기응변적 발상일 뿐이었다.

그 결과, 내가 얻은 결론은 PSI 참여는 국제사회가 합의한 UN 결의안 정신에 위배된다는 것이었다. 결의안 제1718호는 'UN헌장 7장에 따라 행동하고 산하 41조 규정[18])에 따라 조치를 취한다'고 규정함으로써, WMD, 재래식 무기, 사치품 등의 공급, 판매, 이전을 금지하는 제재를 가하되, 41조가 규정한 '병력을 수반하지 않는' 방법으로 조치를 취한다는 점을 분명히 하고 있다. 그런 점에서 병력을 수반하는 방법인 PSI는 UN 결의안에 역행하는 군사적 제재행위일 수 있다.

또한 회원국에게 대북 금융제재, 출입통제, 화물검색 등의 조치를 요구하면서 그 방식에 관해서는 '각국의 법절차에 따라', '각국의 재량에 따라', '국내법과 국제법에 따라' 라고 표현함으로써 각국의 입장을 존중하고 있다. 특히 금융제재와 출입통제에 관련해서는 'shall freeze', 'shall take' 라고 표현한 반면에, 유독 화물검색에 대한 8항(f)에서는 'call upon'이라고 표현함으로써 한층 완화된 표현을 쓰고 있다.[19)] 즉, WMD 확산방지를 위해 불가피하게 북한선박 또는 항공기의 화물을 검색해야 한다면 남북해운합의서에 의거하면 될 일이지 PSI로 할 필요는 없는 것이다.

UN 결의안 제1718호의 이러한 내용은 북핵문제가 대화를 통해 평

---

18) 제7장 평화에 대한 위협, 평화의 파괴 및 침략행위에 관한 행동의 제41조는 '안전보장이사회는 그 결정을 실시하기 위하여 병력사용을 수반하지 않는 여하한 조치의 사용 여부를 결정할 수 있고, 이에 더하여 조치를 적용하도록 국제연합가맹국에 요청할 수 있다. 이 조치는 경제관계 및 철도, 항해, 항공, 우편, 전신, 무선통신, 기타의 운송통신 수단의 전부 또는 일부의 중단과 외교관계의 단절을 포함할 수 있다'고 규정하고 있다.

19) In order to ensure compliance with the requirements of this paragraph, and thereby preventing illicit trafficking in nuclear, chemical or biological weapons, their means of delivery and related materials, all Member States are called upon to take, in accordance with their national authorities and legislation, and consistent with international law, cooperative action including through inspection of cargo to and from the DPRK, as necessary.

화적으로 해결되어야 하며 제재는 이를 촉진하는 제한적 수단이라는 국제사회의 기본원칙을 다시금 확인하는 계기가 되었다. 이와 관련해 미 의회조사국(CRS)은 『북한의 핵실험: 동기, 함의 그리고 미국의 선택지(Options)』라는 보고서에서 '북한 핵실험 이후 UN 대북제재 결의안 1718호가 PSI의 합법적 근거가 될 수 있다는 견해가 제시되고 있으나, 이 결의안이 화물을 차단하고 압류하는 등의 조치에 권한을 부여하고 있는 것은 아니다'란 해석을 분명히 내리고 있다. 미국 의회도 PSI와 UN 결의안이 별개라는 점을 인정한 것이다.

2006년 11월에 접어들면서 북핵실험 정국은 다행히도 해결의 실마리를 찾아가고 있었다.[20] 그럼에도 불구하고 우리 사회 일각에서는 UN 결의안 제1718호가 PSI에 국제적 정당성과 합법성을 부여하고 있다는 왜곡된 주장이 성행하고 있었다. 나는 UN 결의안의 진정한 의미를 하루속히 우리 사회에 널리 알려 PSI를 둘러싼 논란에 종지부를 찍어야겠다고 생각했다. 때마침 11월 10일 국회 본회의에서 통일·외교·안보분야에 대한 대정부질의가 있었다. 나는 이 자리를 적극 활용해야겠다고 생각했다. 보좌진들에게 본회의장에 배포할 PSI에 관한 자료집 제작을 주문하고 대정부 질의 준비에 들어갔다.

우리에겐 이미 남북해운합의서가 있다

2006년 11월 10일 본회의 대정부 질의 자리에서 나는 말했다.

---

20) 2006년 10월 31일, 북한이 6자회담에 무조건 복귀를 선언했다. 또한 11월 7일 미국 중간선거에서 민주당이 승리한다.

2006년 10월 27일 외교통상부 국정감사에서 PSI에 대해 질의하는 필자와 답변하는 유명환 외교차관.

 "온 세계의 언론이 미국 중간선거 소식을 주요뉴스로 보도하고 있습니다. 〈워싱턴 포스트〉는 부시 대통령에 대한 분노와 이라크 전쟁에 대한 좌절을 표현하고 있다고 적고 있습니다. 대내외 언론이 부시 행정부의 일방주의적 대외정책에 대한 미국 국민의 심판이라고 평가하고 있습니다. 이라크 전쟁을 일으키고 PSI를 확대하고 미사일 방어체제를 통해 무한 군비확장을 주도해오던 럼스펠드 국방장관은 결국 사임했습니다. 〈뉴욕타임스〉는 사설에서 럼스펠드의 사퇴는 단지 첫 단계일 뿐이며 주요한 정책변화가 있어야 한다고 주장하고 있습니다.
 그런데 부시 행정부의 강경파보다 더 강경한 입장으로 이라크 파병을 지지했고 PSI 참여확대가 한미동맹 강화라고 주장하고 개성공단과 금강산 관광을 당장 중지하고 전쟁을 불사하는 각오로 북한을 압박·제재해야 한다고 주장하는 한나라당에게 묻고 싶습니다. 대체 무엇이 한미동맹입니까? 6자회담 재개가 합의된 상황에서 남북간 대립과 긴장고조를 감수하고라도 PSI를 전면적으로 확대하는 것이 한미동맹이고 국익입니까? 국제사회의 일반여론보다 미국국민의 선택보다 훨씬 더 저만치 보수 우경화되어가고 있는 대한민국의 현주소가 안타깝습니다."

이렇게 모두발언을 마치고 한명숙 국무총리에게 질의를 요청했다. 일단 "UN 결의안 제1718호가 정한 기준이 PSI 참여확대에 대한 정부 판단의 기준"인지 물었다. 총리는 "그렇다"고 대답했다. 나는 다시 물었다.

"UN 대북제재결의안은 병력사용을 수반하지 않는 방법으로 대북제재를 하자고 결정했습니다. 그리고 특히 화물검색과 관련한 조항에서는 각국의 법과 절차에 따라 국내법과 국제법에 따라 하자고 되어 있습니다. 그 것도 매우 조심스럽게 촉구하는 수준에서 멈추고 있습니다. 유엔 회원국의 주권과 자발적 참여를 매우 중요하게 생각하는 것입니다. 어떤 경우에도 평화적 방법에 의해 해결되어야 한다는 것이고 아직 국제사회가 취해야 할 평화적 노력이 소진되지 않았다고 보는 것입니다.

그런데 이 시점에서 PSI의 참여를 확대할 수 있는 것입니까? 이 것은 UN 결의안과 정면으로 거꾸로 가는 것입니다. 더군다나 6자회담 재개가 합의된 마당에 저는 왜 정부가 조금 더 분명하게 UN 결의에 충실하고 평화적 해결을 바라는 우리 국민의 요구에 맞게 답변을 못하시는지 궁금합니다."

나의 이러한 질문에 총리는 "정부가 아직까지 참여확대를 결정한 것은 아니고 여러 가지 상황을 고려해서 조만간 결정하게 될 것"이라고 답변했다.

그로부터 3일 뒤인 11월 13일, 우리 정부는 PSI 가입 및 참여확대를 유보하겠다고 발표했다. 11월 18일 베트남에서 열린 APCE 정상회담에서도 노무현 대통령은 부시 대통령에게 "PSI의 목적과 취지에는 동의하나 전면적 참여는 하지 않겠다"는 의사를 전달했다. 부시 대통령은 이에 대해 별다른 반응을 보이지 않았다. 한나라당 등에서 말하는

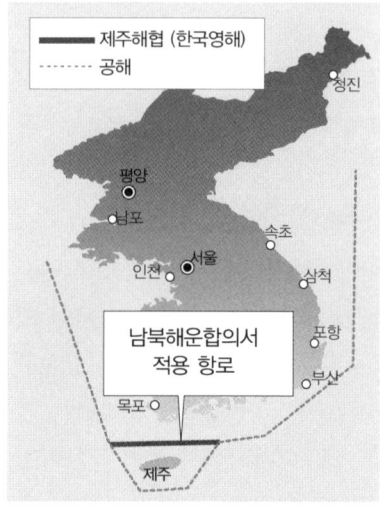

〈그림 4-4〉 남북해운합의서에 따른 해상경로

한미동맹의 약화와 갈등 같은 것은 나타나지 않았다.

우리에게는 '남북해운합의서'가 있다. 해운합의서가 발효된 2004년 8월부터 2006년 11월까지 제주해협을 통과한 북한선박이 138척이었다. 또한 남북 직교역, 중국과의 무역 등으로 남한 선박이 북한의 영해를 통과했던 횟수는 5,358회이다. 만약 2006년 우리가 PSI에 가입했다면 어찌 되었을까? 우리 측 선박의 북한 영해통과가 어려워지면서 막대한 경제적 손해를 감수해야 함은 물론 제주해협을 통과하는 북한선박의 검문·검색·나포가 해상충돌을 야기하면서 남북한 사이에 군사적 위기가 도래했을지도 모른다.

사실 PSI보다 더 강력한 것이 남북해운합의서이다. 2004년 체결된 남북해운합의서와 그 부속합의서에 따르면, 북한선박의 정선·검색범위가 PSI보다 훨씬 넓다. PSI는 의심선박이 영해[21]로 들어왔을 때에만 검색이 가능하다. 그러나 남북해운합의서는 북한선박이 운행하는 모든 항해대에 적용할 수 있다. 공해도 일부 검색범위에 포함된다.

이와 같이 UN 대북제재 결의안과 국제법 정신[22]에 더 부합하며 더 강력한 남북해운합의서에 의해 명분상 우위를 점한 채 북한의 WMD

---

21) 우리의 경우, 제주해협이 여기에 해당한다.

확산시도를 저지할 수 있음에도 PSI에 가입해야 한다는 것은 현명한 주장이 아니다. 현재에도 미국은 우리에게 PSI 가입을 권유하는 것으로 알려져 있다. 또한 일부 보수언론도 이러한 주장을 은근하게 되풀이하고 있다.

2007년 10월 17일 미국, 일본, 호주가 큐슈九州 서쪽(제주도 남서쪽) 동중국해에서 PSI 합동군사훈련을 한다고 발표했다. 같은 날 〈중앙일보〉는 이 것이 중국을 견제하는 의미를 가지는 훈련이며, 우리 정부가 여기에 불참함으로써 우리의 국제적 입장과 위상이 애매해지고 있다고 보도했다. 하지만 그럼에도 불구하고 우리의 입장은 변하지 않을 것이다. 우리가 지향해야 할 것은 대화를 통한 평화이다. 분쟁으로 평화를 얻는다는 것은 모순적 주장일 뿐이다. PSI는 유엔 결의안과 거꾸로 가는 것이다.

----

22) PSI의 검문·검색이 일방적으로 시행됨에 반해, 남북해운합의서의 검문·검색은 남북 양측이 상호 합의한 바이다. 또한 상대측 화물을 강제적으로 압류하는 PSI와 달리 남북해운합의서는 해당선박을 우리 측 영해로부터 내보내는 것으로 제재행위를 멈춘다. 그런 점에서 국제법 정신에 더 부합한다.

자이툰 부대는 철군해야 한다

2003년 10월 18일, 정부는 국가안전보장회의를 열어 이라크 파병을 결정하였다. 노무현 대통령의 APEC회의 참가 및 한미정상회담(10월 20일)을 앞두고 출국 직전인 토요일 오전에 내린 결정이었다. 9월 초, 미국이 한국에 1만 명 규모의 대규모 전투병 파병을 요구했다는 소식이 들려온 뒤, 국내에서는 찬반논의가 뜨거웠다. 361개 시민단체가 반대 행동에 나섰고, 정치권도 언론도 연일 반대입장을 쏟아냈다. 출범 초기였던 참여정부는 최대의 위기에 직면하였다. 그러나 정부의 전격적인 결정으로 모든 게 끝나는 듯 보였다.

개인적으로, 대규모 전투병 파병은 절대 안된다는 성명을 여러 번 발표하였던 나는 그 소식을 듣는 순간 무력감을 떨쳐버릴 수 없었다. 대한민국의 자존심은, 실리자주 외교라는 이상적 표어들은 그저 미국의 강한 요구 앞에 무너져내려야 하는가. 수많은 국민들의 반대 목소리는 몇몇 친미성향 외교안보 당국자들에 의해 묵살되면 그 뿐인 것인가. 그래서 그 날 오후 내내 국회 사무실에 고민하던 나는 '이라크 전투병 파병 반대' 단식농성에 돌입하기로 결심했다. 학생운동을 할 때에도 나는 늘 단식농성에 반대했다. 그러나 이 번에는 절박했다. 미력하지만 행동이 필요한 때라고 생각했다. 지금까지 이어져오고 있는 이라크 파병문제에 대한 나의 신념과 행동은 2003년 10월 19일, 그 날로부터 시작되었다.

전투병 파병은 안된다

역사는 진실의 강 위에 세워진 다리이다. 진실이 가려지면 불행한 역사가 되풀이될 뿐이다. 이라크 전투병 파병을 둘러싼 한국의 선택이 그래서 중요하다. 이라크에 전투병을 파병할 것인가 여부를 결정하기 위해

2003년 단식 당시 〈경향신문〉 김용민 화백의 선물

서는 응당 전쟁의 성격, 전쟁상황에 대한 정확한 정보, 전쟁의 원인과 명분, 파병에 대한 세계 각국의 입장, 파병시 예상되는 피해정도, 파병에 대한 국민여론 등에 대한 실체적 진실이 파악되고 검토되어야만 한다. 그런데 어찌 된 일인지 모든 진실이 가려지고 생략된 채 오직 '한미동맹을 유지할 것인가, 말 것인가' 문제로 왜곡되고 있었.

2003년 10월 18일 있었던 국가안전보장회의의 이라크 파병 결정은 정부의 정책결정 과정의 심각한 결함이 드러난 중대사태였다. 대통령이 불과 며칠 전, 파병문제를 국민의 여론을 수렴하여 신중히 결정하겠다던 방침을 뒤집고, 왜곡된 국익관과 사대주의적 국가관에 사로잡힌 외교-국방 라인의 주도로 이뤄진 불행한 결정이자 상식과 절차를 무시한 것이었다.

당시 미국의 대규모 전투병 파병요구를 받은 정부는 사단규모의 전투병을 미국 101공중강습사단을 대체하여 이라크 북부 모술에 파병한

다는 방향을 사실상 확정하고 준비에 들어갔다. 모술지역은 갈수록 상황이 악화되고 있는 이라크에서 가장 위험한 지역이었고 한국군이 전투병을 파병한다면 미국의 2만2천 명과 교체투입되는 것이었다. 그러나 전투병 파병으로 예상되는 끔찍한 결과에 대해서 정부는 침묵하고 있었다. 당시 정부는 국익과 한미관계를 이유로 파병을 결정했다고 밝혔다. 도대체 한국군인의 생명과 바꾸어야 할 국익이란 게 무엇인가? 마지막까지 지켜야 할 국익이 있다면 그 것은 바로 국민의 생명이라고 나는 생각했다.

 1만여 명 대규모 전투병 파병으로 결정하려는 정부 내부의 흐름을 막는 것이 가장 중요하다고 판단했다. 전투병은 전쟁이 목적이고 비전투병은 재건이 목적인데, 당시에는 이러한 개념에 대해 명확히 구분하지 않고 있었다. 미국이 요구했으니 응당 전투병이 가야 한다는 정부의 주장이었고, 국민들 사이에서도 '어쩔 수 없는 것 아니냐'라는 분위기가 있었다. 그러나 나는 전쟁을 수행할 목적으로 독자적 작전수행이 가능한 대규모 전투부대를 보내는 것은 언제 끝날지 모르는 전쟁의 늪에 빠져 드는 것이라고 생각했다. 반면, 여러 측면을 고려하여 파병 자체를 없던 일로 하는 것이 어렵다면 이미 파병되어 있던 서희부대, 제마부대와 같은 평화재건 목적의 비전투병을 파병하게 된다면, 국민의 생명을 지키고 아랍과의 선린관계를 지속하며 건강한 한미관계의 미래를 보장하는 1석 3조의 길이 될 것이라고 주장했다.

 한국은 인류의 번영을 위해 노력해야 할 책임 있는 주권국가로서 진실과 평화와 정의를 추구해야 한다. 당시에도 이미 이라크는 대량살상무기도 없고 테러조직과의 연계도 드러나지 않은 나라라고 밝혀져 있었다. 전 세계는 한 목소리로 미군의 즉각철수와 유엔의 관리하에 최단시일내에 통치권을 이라크에 이양할 것을 요구하고 있었다. 만일 진실이 아닌 데도 미국이 원하니 따라야만 한다면 한국은 주권을 가진

독립국가라고 말할 자격이 없다.

미국이라는 프리즘을 통해 세상을 보고 한미동맹을 벗어난 국익은 있을 수 없다는 생각은 명백히 사대주의이다. 주권국가라면 국민의 뜻을 먼저 물어야 하고 국민을 믿고 당당히 행동해야 한다. 파병의 대가, 한국 젊은이의 피의 대가로 국익을 계산해서는 안된다.

국제법에 위배되고 유엔의 결의를 무시한 채, 조작된 정보와 기괴한 선제공격론에 입각해 시작된 미국의 이라크 침략전쟁은 분명 세계평화를 파괴하는 암덩이와 같다. 굴종적 동맹관계와 왜곡된 국익논리에 빠져 암세포 증식을 방치했다가 국가적 불행을 자초해서는 안된다. 인간에 의해 전쟁이 사라지지 않으면, 결국 전쟁에 의해 인간이 사라지는 날이 오고야 말 것이다.

이러한 생각으로 나는 10월 19일부터 31일까지 13일간 단식농성을 지속했다. 단식농성을 하는 동안 1,000여 명 가까운 분들이 찾아주셨고, 손을 마주잡아주었다. 천만금으로 살 수 없는 우정을 보여준 옛 동지들은 밖에서 동조단식을 이어나가기도 했다. 노무현 대통령도 APEC회의에서 돌아와 전화를 걸어 "고생한다. 동기와 취지를 충분히 이해한다. 건강이 염려되니 빨리 털고 일어나라"고 위로와 함께 단식중지를 요청하셨다. 어느 때보다 많은 사랑을 받았던 시간들이었다.

나의 단식농성을 계기로 열린우리당(통합신당)은 10월 19, 20, 21일 연속으로 정책의총을 열었고, 10월 31일에 '전투병 파병반대와 이라크 재건을 위한 의료·공병 중심의 비전투병 파병'이라는 당론을 채택하였다. 정부의 입장도 파병의 성격과 규모에 대해 백지상태에서 재검토하기로 하는 등 상황이 변화하였다. 무엇보다, 국민 여론이 바뀌었다. 단식중이던 10월 20일, 〈한겨레신문〉 여론조사에 따르면 '전투병 파병을 반대한다'는 여론이 65%를 차지해 압도적 우세를 나타냈다.

전투병 파병반대 단식 11일째의 필자. (출처: 오마이뉴스)

후일 들은 바에 따르면, 당시 외교-국방 라인에서는 이라크 파병과 관련하여 '임종석 변수'가 나타났다고 말했다고 한다. 미국의 요구에 따른 대규모 전투병 파병을 막아내고, 비전투병 파병으로 국민여론과 정부의 정책결정 방향을 선회시키고자 노력한 보람이 있었다. 밥 한끼 덜 먹어도 가랑이 사이를 기고 싶지 않은 한국인의 자존심. 그 자존심이야말로 곧 국가의 경쟁력이 될 것이라 믿는다.

이라크 파병 연장을 반대하다

2003년 대규모 전투병 파병 반대 단식농성을 한 이후, 나는 지금까지 일관되게 정부의 파병연장 동의안에 반대해왔다. 2004년 2월 '국군부대의 이라크 추가파병 동의안'이 국회를 통과하고, 그 해 8월 이라크 아르빌에 자이툰 부대 3,000명이 파병되었다. 정부는 매년 연말 파병부대 연장동의안을 국회에 제출하였다. 그 때마다 논란이 끊이지 않았다. 2006년 12월에도 정부는 국회에 파병연장 동의안을 제출했다. 더 이상은 안된다고 생각했던 나는 이 번에는 정부의 철군계획서를 받아내기 위한 행동에 나섰다.

미국에 의해 시작된 이라크 전쟁에 대한 숱한 논란과 반대에도 불구하고 한국정부는 전통적 한미동맹의 유지와 평화정착, 재건지원 그리고 전후 재건사업에 주도적으로 참여함으로써 경제적 기회를 선점하겠다는 다목적에 입각하여 파병을 결정했다.

자이툰 부대는 2004년 이후 3년간 쿠르드족 자치지역인 아르빌의 치안유지 활동의 지원, 학교시설과 의료시설 등 개보수 지원, 기술훈련센터 운영, 의료지원 등의 활동을 했다. 국방부는 자이툰 부대의 민사작전이 친화단계와 정착단계를 거쳐 발전단계로 들어갔다고 성과를 보고하기도 했다.

그러나 2006년의 이라크 상황은 이전과는 달랐다. 유엔안보리 결의안 1546호는 '이라크에 정식정부가 들어서면 다국적군의 임무는 끝난다'고 규정하고 있었다. 누리 알-말리키 총리를 수반으로 하는 이라크 주권정부가 2006년 5월 20일 들어섰고 이라크 군에 대한 다국적군의 작전통제권이 2006년 9월 이라크 자치정부로 이양되었다. 유엔 안보리 결의안이 규정한 다국적군의 역할은 모두 끝난 것이었다.

이라크 전쟁은 50일간의 짧은 전면전 이후, 지독히도 긴 게릴라전과 내전이 계속되고 있었다. 전면전에서 게릴라전으로 전쟁의 성격만 변화한 것이다. 평화정착에 실패했고 상황은 더욱 악화되고 있었다. 미국과 반군과의 전쟁에서 내부의 종교전쟁적 성격으로 상황이 복잡화되고 있었다.

미국이 2003년 5월 1일 종전을 선언하기 전까지 미군 사망자수가 139명이었는데, 2006년 11월 당시 미군 사망자수는 2,838명을 넘어서고 있었다. 또한 이라크 민간인 사망자 역시 종전 이전까지가 최대 7,299명이었는데 종전 이후 2006년 11월까지 44,841명의 사망자수가 보고되고 있으며 이라크 보건성 알 쉐마리 장관은 당시 15만 명의 민간인 사망을 주장하기도 하였다.

이미 2006년에 파병국 대부분은 철군을 서두르고 있었다. 2006년 가을 미국의 중간선거에서 최대쟁점은 이라크 문제였고, 당시 미국 국민 54%가 2007년 10월까지 이라크에 주둔하고 있는 모든 군대를 철수해야 한다고 생각하고 있는 것으로 여론조사 결과 나타났다(2006년 10월 20일 미국 갤럽). 미국 국민의 63%가 "이라크 전쟁은 실패했다"고 대답했고(〈워싱턴 포스트〉와 ABC방송 여론조사), 투표자의 72%가 이라크전에 불만을 표시했다(CNN).

또한 중간선거를 통해 상하원을 모두 장악한 민주당은 6개월내 단계적 철수를 주장하였다. 최초 39개 파병국 중 2006년 당시 16개국이 완전 철군했으며(2004년에 스페인, 뉴질랜드, 노르웨이 등 11개국이, 2005년에 네덜란드, 포르투갈 등 4개국이, 2006년에 일본이 철군), 2006년과 2007년까지 대부분의 나라가 철군할 예정을 하고 있었다. 특히 한국보다 1년 늦게 파병했던 미국 최고의 동맹국인 일본이 2006년 7월 평화재건 활동의 완료를 선언하며 철군했다.

나는 "이라크 파병은 이제 그 역할을 다 했다. 지금 자이툰 부대에게 필요한 것은 연장동의안이 아니라 철군계획서이다"고 주장하며 정부에게 철군계획서를 제출할 것을 요구하였다. 2006년 11월 15일부터 '자이툰 부대 철군계획서를 제출하라'는 당론제안서를 소속의원들에게 제안하자 의외로 많은 의원들이 동참하여주었고, 11월 21일까지 소속의원의 3분의 2가 넘는 90명의 의원들이 철군계획서 제출요구 당론제안서에 서명하였다. 이러한 의원들의 의견을 받아들여 당시 열린우리당은 2006년 11월 23일, 두 시간이 넘게 진행된 의원총회를 통해 정부에게 '이라크 파병 연장동의안을 제출할 때 2007년중 철군한다는 계획을 담은 철군계획서를 제출할 것'을 촉구하는 당론을 채택하였다.

그러나 이같은 당론은 아쉽게도 끝까지 관철되지는 못하였다. 당시 파병연장 동의안을 심사했던 국회 국방위원회에서 철군계획서를 따로 제출하지는 않고, '2007년중에 이라크 정세, 파병국 동향 등을 종합적으로 고려하여 자이툰 부대의 임무를 성공적으로 마무리하는 계획을 수립한다'라는 내용을 연장동의안에 담게 된 것이다. 다만, 당시 김장

수 국방장관이 국방위원회 회의와 국회 본회의에서 "2007년 상반기중에 연내철군하겠다는 계획을 담은 임무종결계획서를 국회에 보고하겠다"고 약속하였다. 반신반의했지만 그래도 국무위원이 299명 국회의원 앞에서, 아니 그보다 더 많은 국민 앞에서 약속한 내용이므로 지켜질 것이라 믿었다. 그러나 기우는 현실로 나타났다.

자이툰 부대 2007년 연내철군은 국민과의 약속

2007년 연내철군 계획서를 제출해야 할 시한인 6월 30일을 앞두고 국방부 쪽에서는 파병연장이 불가피하다는 여론을 흘리기 시작했다. 재건사업 및 유전개발에 참여하기 위하여 계속 파병해야 한다는 경제적 이유를 들어 국민을 현혹하기 시작한 것이다. 급기야는 연내철군 계획서 제출시한인 6월 30일에 9월중에 계획서를 제출하겠다고 하는 내용을 국회에 전달해왔다. 사실상의 '임무연장 계획서' 였다.

나는 7월 2일 본회의 5분 자유발언을 통해 국방부의 이러한 태도를 비판하였다.

"국회는 2006년 12월 '이라크 파병 연장 및 감축계획안'을 처리하면서 '2007년 말까지 임무를 종결하겠다는 계획서를 2007년 상반기까지 제출한다'는 조건을 달아서 통과시켰습니다. 김장수 국방장관은 2006년 12월 6일, 국회 국방위원회에서 '2007년중에 임무를 마치고, 그 마치는 계획을 상반기중에 작성하겠다는 정부의 의지는 확고하다'고 말했습니다. 또한 12월 22일 본회의에서 김성곤 국방위원장께서는 안건을 통과시키는 자리에 특별히 김장수 국방장관을 출석시켜 '2007년내로 임무를 종결하고 그 임무 종결 계획수립을 상반기중에 한다'는 의미가 맞냐고 재차 확인했습니다. 김장수 장관은 분명히 '네' 라고 대

원내수석부대표로서 파병연장 반대입장을 김장수 국방장관에게 밝히고 있는 필자. (출처: 뉴시스)

답했습니다"라며 국방부의 태도를 조목조목 따져 물었다.

"국무위원으로서 일구이언一口二言하며, 국민과의 약속을 어기고, 나아가 의회민주주의의 근본을 흔들고 있는 것입니다. 국회를 무시하지 않고서야 이럴 수는 없습니다. 국방부의 이러한 태도에 대해 국회가 결코 방관해서는 안됩니다."

다른 무엇보다 정부 스스로 신뢰성을 훼손하는 행위를 참을 수 없었다. 정부의 파병연장 시도는 명백히 '국민과의 약속위반'이다. 국민은 정부에게 약속을 어기고 파병연장을 결정할 권한을 준 적이 없다. 그러나 우려했던 대로 2번째 시한인 9월이 되자, 정부는 10월 중순까지 임무종결계획서를 제출하겠다고 하더니 10월 23일 노무현 대통령이 직접 기자회견을 열고 "국민과의 약속을 지키지 못해 미안하다. 하지만 한미동맹과 경제적 이익을 고려하여 1년 더 연장하겠다"고 입장을 밝혔다.

정부가 파병연장을 시도하는 동안 나는 대통합민주신당이 당론으로 파병연장을 반대하도록 하는 데 주력했다. 10월 18일부터 '파병연장 반대' 당론제안서에 의원들의 서명을 받았고, 과반수 이상 의원의 동의를 얻어 지도부에 제출했다. 그리고 대통령의 파병연장 요청이 있은 직후, 10월 24일 의원총회를 열어 '파병연장 반대'를 당론으로 채택하였다.

이라크 파병 자이툰 부대, 이제는 돌아와야 한다

경제적 이익을 이유로 파병연장을 주장하는 사람들이 있는데 이라크에서 얻을 수 있는 경제적 이익이라는 것은 정부가 주장하는 것과 같은 장밋빛만은 아니다.

첫째, 정부는 파병연장 논리의 하나로서 자이툰 부대 주둔으로 인하여 유전개발 및 재건 지원사업에 우리 기업이 참여하여 경제적 이익을 얻을 수 있다는 주장을 해왔다. 그러나 실제로는 이라크내 종족분쟁이 끊이질 않고, 치안부재 상황이 지속되는 상황에서 이라크는 '투자위험국'으로 분류되어 서방기업들이 본격적으로 진출할 만한 투자여건이 성숙되어 있지 않다. 이라크 남부지방은 외국기업 진출이 전무하며, 그나마 쿠르드 지역에 외국기업들이 다소 진출해 있는데 대부분 이란·터키 등 근접지역의 영세 중소건설·무역사와 소수 석유개발사일 뿐이다.

〈표 4-2〉 쿠르드 지역 (아르빌, 도훅) 외국기업 진출현황 (2007. 10.)

> 터키(329개), 이란(22개), UAE(5개) 등 인접국가 중소기업이 대부분(87%).
> 선진국은 영국(10개), 독일(8개), 미국(7개)만 진출. 특히, 독일은 파병국 아님.

이라크 파병과 재건사업 참여가 직접적 상관관계가 없다는 것은 현재 이라크 재건사업에 진출한 나라의 면면을 보면 바로 확인할 수 있다. 자이툰 부대가 파병되어 있는 쿠르드 지역(아르빌, 도훅)에 진출한 외국기업 수는 404개[23]인데, 그 가운데 인근지역 터키, 이란, 아랍에미리트 중소기업이 87% 이상 차지하고 있다. 파병하지 않은 독일도 8개 기업이 진출했다. 파병국가만이 재건사업에 진출하는 것이 아니라는 증거이다.

둘째, 이라크 중앙정부의 신석유법 의회통과가 계속 지연되고 있는 상황에서 석유자원 확보도 불투명하다. 중앙정부 신석유법이 종파간 갈등으로 의회에 계류중인 상태에서 쿠르드 정부는 2007년 8월부터 자체적으로 석유법을 제정하고 사업을 강행하고 있다. 이 때문에 2006년 10월 25일 발표된 대외경제정책연구원 보고서는 '석유개발 관련 제도가 매우 불확실한 상태에 있음'이라고 적고 있다.

이미 현행 쿠르드 지방정부의 석유법과 이라크 의회에 계류중인 중앙정부 신석유법 사이에 개발권 배분을 둘러싼 충돌이 발생하고 있다. 향후 중앙정부 신석유법이 제정되면 쿠르드 자치정부와 맺은 개발조건에 변동의 여지가 있어 투자환경이 불확실한 상황이다. 중앙정부 석유법은 '연방석유가스위원회'가 유전개발계획을 평가하고, 개발계약을 설계하며 지방정부는 구체적인 협상과 개발계획을 책임지는 것으로 규정하고 있다. 쿠르드 정부가 미국, 캐나다, 프랑스 정유회사들과 자체적으로 맺은 계약에 대해 중앙정부는 "위 계약은 모두 향후 구성될 '연방석유가스위원회'의 승인을 필요로 한다"고 밝히며 충돌하고 있는 것이다.

게다가 쿠르드 지역에 기존에 진출한 석유회사는 노르웨이, 터키, 캐나다 국적의 회사였고, 현재 쿠르드 정부와 계약을 체결한 회사는 미국, 캐나다, 프랑스계 회사인데 파병하지 않은 터키, 캐나다, 프랑스 회사가 유전개발에 참여하고 있는 것으로 미뤄 볼 때 파병과 유전개발의 상관관계는 높지 않다고 할 수 있다.

셋째, 재건사업의 경우에도 소요재원 확보문제로 아직 발주물량이

----
23) 2007년 10월 기준.

〈표 4-3〉 쿠르드지역 진출 석유회사 현황 (2007. 10. 현재)

기존 진출회사			
회사명	국가	광구명	진행상황
DNC	노르웨이	Tawke	상업생산 개시 (07. 4.)
Genel	터키	Taqtaq	시추작업중
Addax petroleum	캐나다	Taqtaq	시추작업중
계약체결 회사			
Hunt Oil (07. 8. 6.)	미국 텍사스	북부지역	광구생산분배 계약 (PSC) 체결
Heritage (07. 10. 2.)	캐나다	Miran	광구생산분배 계약 (PSC) 체결
Perenco S. A. (07. 10. 2.)	프랑스	Sindi/Amedi	광구생산분배 계약 (PSC) 체결

많지 않다. 2007. 10. 19일자 〈서울신문〉 보도에 따르면 국방부가 쿠르드 지방정부와 우리나라 기업 컨소시엄 간에 23조 규모의 재건사업 MOU가 체결되었다고 발표했으나, 해당기업들은 대부분 리스크 때문에 사실상 포기했고, 일부기업은 MOU체결 자체를 부인했다.

그나마 한국기업이 참가하는 재건사업의 경우, 대부분 KOICA(한국국제협력단)가 시행하는 사업이다. 2007년 11월 현재 15개 진행사업 중에서 12건이 KOICA 발주사업이고, 쿠르드 자치정부 발주사업은 3건에 불과하다.

또한 쿠르드 지방정부는 개선사업을 위해 대규모 투자를 할 만큼 재정상황이 좋지 않다. 2006년 쿠르드 자치정부 재정수입은 40억 불에 불과하고 그나마 80%가 경상경비(인건비, 정부운영비)였다. 때문에, 현행 재건사업은 정부발주가 아니라 기업이 먼저 투자하고 투자금을 회수하는 프로젝트 파이낸싱 방식으로서 회수전망이 불투명하다.

이라크 파병 철군해도 건전한 한미관계 유지 가능하다

이라크 문제의 발목을 잡고 있는 것은 한미관계이다. 그러나 미국의 주요 동맹국들이 이미 철군한 데에서 알 수 있듯이 파병의 여부와는 관계없이 건전한 한미동맹을 유지할 수 있다.

한때, 다국적군 병력이 5만여 명에 달했으나, 2007년 10월 9일 현재 20여 개국 11,400명에 불과하다. 2008년에는 영국도 대규모 철군하겠다고 밝히고 있는데 그렇다면 전체규모는 7,000여 명으로 감소할 것이다.

2003년 최초 파병국 36개국 중 이탈리아, 스페인, 포르투갈, 네덜란드, 노르웨이 등 주요국가는 2006년 철군을 완료했다. 이는 민간정부 구성 후에 다국적군이 철수한다는 유엔결의안 1546호에 의거하여 2006년 연말을 기준으로 많은 국가들이 철군했기 때문이다. 일본도 해상·육상자위대를 철군했다. 영국도 2008년 봄까지 현재의 절반인 2,500명으로 감군하고, 2008년 말까지 철군계획을 밝힌 바 있다. 호주는 11월 총선에서 550명 호주군의 철군을 공약으로 내건 노동당이 집권하여 조만간 철군이 예상된다.

현재 남아 있는 파병국들은 대부분 NATO 신규가입국이거나 NATO 가입을 희망하는 구 소련 동구권 국가들이다. 그루지야 1,282명, 폴란드 879명, 루마니아 494명, 엘살바도르 307명, 불가리아 277명, 알바니아 122명, 몽고 100명 등이 다국적군의 명맥을 유지해주고 있는 셈이다.

미국내에서는 2008년 대선을 앞두고 이라크 전쟁이 가장 큰 이슈이며, 민주당 후보들은 철군을 공약으로 하고 있고 공화당내에도 철군여론이 확산되고 있다. 각종 여론조사에서 미국 국민의 60% 이상이 철군을 희망하고 있는 것으로 나타났다. 지난 9월 20일 미 상원에서 이라크 조기철군 법안 표결이 있었는데 찬성 56에 반대 44였다. 공화당 대 민주당이 50:50 의석인 구조에서 공화당 의원 6명이 철군법안에 찬성한 것이다.

동맹의 대상은 미국 국민이지 부시 정부가 아니다. 세계 각국이 철군하고 있고, 이탈리아, 일본 등 미국의 동맹국들은 철군 이후에도 변함없이 동맹관계를 유지하고 있다는 점을 주목해야 할 것이다.

국내에서 이라크 파병 논쟁이 한창이던 2007년 10월 18일 터키 의회는 이라크 북부지역 쿠르드 반군 소탕을 위한 군사작전 계획을 승인하였다. 자이툰 부대가 주둔하고 있는 곳으로부터 서북쪽으로 150km 지점에 군사적 위기가 고조되면서 이라크 북부지역 정세가 불안정해지고 있는 것이다. 이라크내 쿠르드족도 분리독립을 지속적으로 주장해왔다는 점에서 향후 정세불안은 더욱 심화될 수 있다. 굳이 쿠르드

임기중 이라크 전쟁을 막지 못한 것이 가장 큰 유감이라고 말한 코피 아난 전 유엔사무총장.

반군과 터키와의 전쟁뿐만이 아니라 이라크 내부상황은 끊이지 않는 게릴라전으로 그야말로 '전쟁의 늪'이 되어버렸다.

따라서 자이툰 부대는 임무를 종결하고 서둘러 돌아와야 할 것이다. 앞으로 이라크내 평화재건 활동이 더 필요하다면 자이툰 부대의 연장이 아니라, 유엔을 통한 평화재건 지원노력을 해야 할 것이다. 현재 자이툰 부대가 수행하고 있는 이라크 재건을 위한 지원활동은 자원봉사단체나 KOICA(국제협력단)가 할 일이다. 추후 유엔을 통한 재건 및 평화정착 지원활동, 개발자금 지원, KOICA를 통한 개발자금 지원 등의 방향으로 국제사회 일원으로서 한국의 위상과 책임감에 맞게 지원할 수 있다.

"임기중에 이라크전쟁을 막지 못한 것이 가장 큰 유감이다", "어떤 나라도 다른 나라 위에 군림함으로써 안전을 지킬 수는 없다"

코피 아난 전 유엔사무총장의 발언을 모두 되새겨야 할 것이다. 결국 평화가 전쟁을 이긴다.

4강외교에서 외교다변화로

4강외교에 편중된 한국외교

우리나라가 단 한 가지 강국이 되어야 한다면 나는 단연 '외교강국'이 되어야 한다고 생각한다. 19세기 이후 겪어온 한민족 수난의 역사는 대륙세력인 러시아와 청나라, 해양세력인 미국, 일본의 식민지 각축장으로 전락된 외교실패의 역사이다. 강대국의 틈바구니에 끼여 우리는 얼마나 많은 것을 잃었던가. 세계화 시대에 대한민국이 살아남을 길은 외교에 있다.

그런데 우리나라의 외교현실을 보면 소위 '4강외교'에만 너무 치중해 있다. 미국·일본·중국·러시아 외교, 그 외는 없다고 해도 과언이 아니었다. 그래서 2004년 통일외교통상위원이 되고 첫 국정감사에서 '4강외교 편중문제'를 집중적으로 제기했다.

먼저 1990년부터 2004년까지 15년간 외교부장관들의 주요국 방문현황 자료를 검토했다. 15년간 11명의 장관들이 58개 국가를 방문하였다. 그런데 예상했던 대로 외교부장관들의 방문국은 소위 '4강'에 집중되어 있었다. 러시아는 10차례, 중국은 18차례, 일본은 24차례, 미국은 40차례나 방문하였다.

반면, 주요 4개국을 제외하고 장관이 방문하여 외교활동을 벌인 것이 드물었다. 미국에는 대부분의 장관들이 재임중 4차례에서 8차례 방문하였고, 일본은 2~4차례, 중국도 2~3차례 이상씩 방문하여 외교활동을 펼치고 있었지만 그 외 국가들은 15년에 걸쳐 외교부장관이 한두 번 방문한 데 그쳤다.

유럽 대부분의 나라와 기타 미주대륙 국가의 경우도 별반 상황이 다르지 않았다. 캐나다만 4차례 외교부장관이 방문했을 뿐 다른 국가들은 모두 한두 차례의 방문에 그쳤다. 중동과 아프리카는 더 심했다. 대륙 전체에 걸쳐 15년간 중동은 단 3차례, 아프리카 단 5차례 방문했을 뿐이었다.

〈표 4-4〉 1990~2004. 9. 외교부장관 주요 4개국 방문 현황

	이상옥	한승주	공로명	유종하	박정수	홍순영	이정빈	한승수	최성홍	윤영관	반기문	합계
미국	5	8	6	2	1	5	4	3	1	4	1	40
일본	2	3	3	2	1	4	2	1	1	1	1	24
중국	3	3	1	1	1	1	1	2	1	2	2	18
러시아	1	3	1			2	1			1	1	10

2004년 9월 당시는 이라크에서 김선일 피랍살해 사건이 있은 지 얼마 지나지 않았을 때였다. 정부가 이라크 파병을 결정한 직후였는데, 사건이 발생한 이후에 우리 외교당국의 대처능력이 형편없었다는 비판이 높았다. 이라크 현지와 직접 연결되는 외교채널이 전무했기 때문이었다. 외교통상부내 중동 관련 전문인력도 거의 없었다. 모두 4강외교에만 집중하고, 그런 부서만을 희망했기 때문에 중동전문가는 만들어질 수 없었던 것이다.

1999년 발간된 《한국외교 50년》[24]이란 책에 따르면 '중동은 원유 등 풍부한 천연자원을 보유하고 있고, 한국의 주요 해외건설 수주지역

임을 감안할 때, 이 지역 국가와 우호협력 관계가 요망되었다'라고 적고 있다. 자원외교를 겨냥한 중동국가의 중요성을 일찍이 간파한 것이다. 사실 중동지역은 우리가 조금만 정성을 기울이면 상당한 효과를 낼 수 있는 지역임에도 불구하고 1990년 이후 중동지역 국가를 방문한 장관은 홍순영 장관, 한승수 장관, 반기문 장관 딱 3명뿐이었다. 그래서 반기문 장관이 2004년 2월, 중동 3국을 방문했을 때 요르단의 경우 62년 수교 이후 최초의 외무장관 방문이었고, 사우디아라비아 역시 79년 박동진 장관 이후 25년 만의 방문이었다. 우리나라는 사우디아라비아에 1970~80년대 수천 명의 노동자들이 파견된 역사를 갖고 있는 데도 불구하고 외교부장관이 25년 만에 처음으로 방문했다니 놀랄 일이었다.

2004년 10월 열린 외교통상부에 대한 국정감사에서 이러한 4강외교 편중현상에 대해 따져 물었다. "우리 외교현실이 이렇습니다. 너무 4강외교에만 편중되어 있습니다. 자원외교 중요성도 커지고, 브릭스(BRICs) 국가와의 교역규모도 늘어나는데 외교부가 구조적으로 이 문제를 개선해나가지 않으면 안됩니다"라고 목소리를 높였다.

그 날 국정감사에는 반기문 장관을 대신해서 최영진 차관이 나와 있었다. 차관은 내 질문에 "사실 90년 이후 거의 1년에 한 번 장관이 바뀌었습니다. 장관이 되면 우선 중요한 나라인 주요 4국부터 방문하는데 그러고 나면 또 바뀌고, 또 바뀌니까 아프리카나 중남미 같은 나라는 갈 틈이 없었습니다"라고 답했다. 참 웃지 못할 일이었다. 외교부에서 교역비중이나 국제정세에 있어 중요성을 감안하여 구조적으로 접

----
24) 외교통상부, 《한국외교 50년(1948-98)》, 2000, p.76.

근하고 있지 않고 관성적으로 4강외교에만 관심을 기울이고 있다는 반증이었다.

　대한민국의 외교는 역설적으로 4강외교를 벗어나야만 진정한 외교강국이 될 수 있다고 생각한다. 3면이 바다로 둘러싸여 있고, 북쪽은 휴전선으로 막혀 있어 섬이나 다름없는 대한민국이 외교를 최우선에 두어야만 국가의 미래를 개척해나갈 수 있다. 물론 미국, 중국, 일본, 러시아 4강외교가 중요하다. 북핵문제를 비롯한 한반도 문제에 막대한 영향력을 끼치고 있음을 부인하는 사람은 아무도 없다. 그러나 4강외교만 하고 있어서는 외교강국이 절대 될 수 없다. 자원외교, 경제외교를 위해서 외교당국이 때로는 공격적 마케팅을 위해 세일즈맨의 자세로 전 세계를 누벼야 하는 것이다.

　중국의 후진타오 주석이 2006년 11월 17일 아프리카 53개국 중 48개국 정상을 베이징에 초청하여 '중국-아프리카 협력 포럼'을 개최했다. 이미 오래 전부터 아프리카에 공을 들인 중국 때문에 '아프리카의 중국화'라는 말까지 있다. 또한 중국은 자원외교를 위해 중앙아시아 국가들과 중동국가에 대해 구애작전을 벌이고 연일 정상회담을 개최하는 등 '자원외교' 전쟁의 총성을 먼저 울리며 세계 각국의 외교 화두를 '자원외교'로 바꿔놓았다.

　다행히 2004년 4강외교 편중문제에 대한 지적이 있은 후, 외교통상부도 변화를 모색하여 반기문 장관이 나서서 탄자니아, 르완다를 비롯한 아프리카 국가들을 방문하는 등 외교정책 다변화를 위해 노력하였다. 노무현 대통령도 재임중 역다 최고기록을 세우며, 5년간 총27회, 55개국을 방문했다. 무엇보다 다각외교를 적극적으로 전개해 중동, 아프리카, 중남미, 중앙아시아 등으로 외교지평을 넓히고 경제・에너지・환경・과학기술・문화 등 다양한 분야로 외교의제를 확대했다.

'아린-주한외교관 모임'에서 '한국정치와 한반도의 미래'를 주제로 강연하는 필자.

앞으로도 4강외교를 넘어 외교다변화를 위한 노력을 계속해야 한다. 특히 브릭스(BRICs) 국가들과 '전략대화'를 모색하는 방향도 적극 추진해야 할 것이다. 이미 중국과 일본은 미국뿐만 아니라 인도, 브라질 등과 장관급 또는 차관급의 전략대화 채널을 구축하고 있다. 그러나 우리나라는 미국과 장관급 전략대화를 개최한 것이 유일하고 브릭스 국가들과는 장관급 전략대화를 추진하지 못하고 있다. 브릭스 국가들과 경제, 자원, 에너지 문제를 논의하기 위한 장관급 전략대화를 통해, 4강외교 중심으로 동북아의 틀에만 갇힌 외교를 확장하기 위한 노력을 기울여야 할 것이다.

외교부 복수 차관 도입

2004년도 국정감사에 4강외교 편중문제와 함께 지적한 것이 외교부 '복수 차관' 도입에 관한 제안이었다. 국익을 위해 직접 이해관계자를 만나서 현안을 해결하는 것이 외교의 기본이다. 장관이 못 가면 차관이 가고, 그 것도 안되면 차관보가 현장으로 가야 한다. 그러나 2004년 당시 우리나라는 차관 1명, 차관보 1명이 고작이었다.

2004년 외교통상부에 대한 국정감사에서 이 문제를 집중적으로 제기했다. 당시 이수혁 차관보의 한 해 일정을 분석했다. "이수혁 차관보

혼자서 북핵문제, FOTA25) 협상이나 GPR 26) 문제, 고구려사 문제, 각종 정상회담 등 실무협의회와 여러 위원회의 책임자 역할을 하고 있는데, 이래서야 저는 우리가 외교강국이 될 수 없다고 생각합니다." 나는 소리 높여 외교부 모든 실무업무가 차관보에게 집중되어 있는 현실을 비판하였다.

그래서 나는 "적어도 3명의 차관과 대륙별 차관보가 필요하다"고 주장했다. 미국이 6명 차관, 23명의 차관보가 있었고, 일본이 5명 차관에 2명의 차관보, 네덜란드가 4명의 차관에 10명의 차관보를 두고 외교무대를 종횡무진하는 것에 비하면 초라한 우리의 현실을 개선하지 않고선 외교 선진국이 될 수 없다고 생각했다.

〈표 4-5〉 주요국가 외교부 차관 및 차관보 수 현황27)

국가명	차관	차관보	국가명	차관	차관보
한국	1	1	캐나다	2	10
미국	6	23	네덜란드	1	6
일본	5	2	영국	1	6
독일	4	10	프랑스	1	4
포르투갈	4	5	멕시코	6	-

다행히 2005년 정부에서 복수차관제 도입을 위한 준비에 착수하여 외교부에도 2명의 차관이 일을 할 수 있게 되었다. 외교부에도 복수의 차관을 도입한다는 소식을 듣는 순간, 뒤늦긴 했지만 내가 지적한 문제

---

25) FOTA(Future ROK-US Alliance Policy Initiatives): 미래한미동맹정책구상
26) GPR (Global Posture Review): 해외주둔 미군 재배치계획.
27) 2002년 기준

점이 받아들여지고 정책으로 시행된다는 생각에 보람을 느꼈다. 그러나 아직도 차관보는 1명뿐이다. 외교 선진국이 되기 위해서는 외교현장에 투입될 수 있는 더 많은 차관과 차관보가 필요하다. 그러기 위해서는 먼저 외교부가 자체적으로 외교역량 강화를 위한 혁신노력을 기울여 국민에게 신뢰를 얻어야 할 것이다. 또한 정부는 외교부 고위직을 늘리기 위한 노력이 단순히 자리 하나 더 만드는 것이 아니라 국익을 그 만큼 늘릴 수 있는 것이라는 점을 생각하고 지원해야 할 것이다.

열악한 외교 인프라 현실

세계 10위 경제대국인 우리나라의 외교역량은 아직 주요 OECD 국가에 비해 턱없이 부족한 형편이다. 외교인력과 예산, 재외공관수 등 삼박자가 고루고루 열악한 것이 대한민국 외교의 현주소이다.

우리나라는 세계 191개 국가 중에 188개 국가와 수교[28]를 맺고 있다. 2005년 현재, 130개 공관이 설치되어 있다. 반면, 미국은 270개 공관, 스페인 214개, 일본 189개, 캐나다 157개 공관이 설치되어 있다.

특히 IMF 이후 재외공관을 대폭 축소함으로써 IMF 10년이 지난 지금까지 그 여파가 남아 있다. 1996년에 재외공관이 145개였으나 IMF 위기로 22개 공관을 폐쇄하였다. 2001년 이후 조금씩 재외공관을 다시 개설하고 있으나 2006년 현재 137개 재외공관이 설치되어 있을 뿐이다. 다행히 2007년에 10개 공관을 증설중이어서 조만간 IMF 이전수

---

[28] 우리나라는 2007년 10월 현재 남북한을 제외한 세계 총 191개 국가(대만 제외) 중에서 188개 국가와 수교를 맺고 있다. 미수교국은 쿠바, 시리아, 마케도니아이다.

준인 147개 공관이 설치될 예정이다. 그러나 전체 재외공관의 70%수준에 달하는 100개 정도의 공관이 4인 이하로 운영되고 있어 외교현장의 어려움이 여간 심각한 게 아니다.

외교인력도 주요 선진국들에 비해 턱없이 부족하다. 미국은 외교부 인력이 11,200명이고 정부부처내 외교부(미 국무부, Department of State)가 서열 1위로서 막강한 영향력을 과시한다. 일본도 외교부 직원이 5,329명이고, 스페인 4,801명, 캐나다 4,702명의 외교인력을 보유하고 있다. 그런데 우리나라는 어떠한가? 외교부 인력규모가 1,705명에 불과하다. 세계 10대 경제대국의 지위에 비해 형편없이 모자란 것이다.

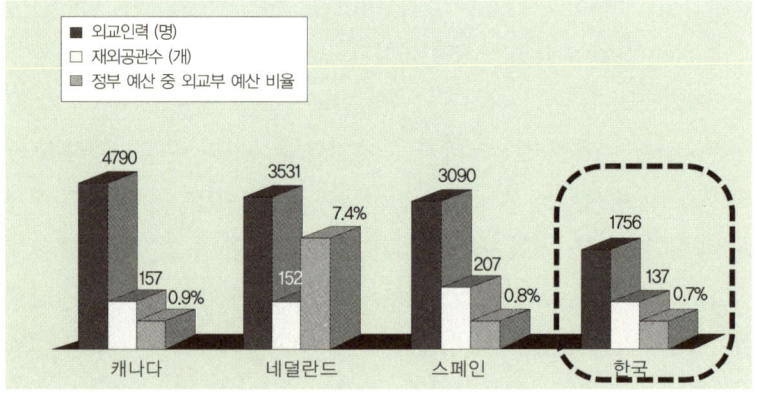

〈그림 4-5〉 국력이 유사한 국가와 외교 인프라비교 (2007)

국가의 예산 중 외교부 예산이 차지하는 비중도 마찬가지여서 일본이 정부예산 대비 0.86%, 캐나다가 0.9%, 프랑스가 1.25% 예산을 확보하고 있는 반면, 우리나라는 국가예산 대비 0.61%만이 외교에 투자되고 있다. 2005년 기준 외교부 예산이 9억 달러 정도인데 이는 우리나라 지방자치단체 하나의 예산[29]과 비슷한 정도이다.

〈표 4-6〉 주요 국가별 외교부 인력 및 재외공관 현황 (2005년 기준)

	국가명	외교부 인력규모	재외공관수	정부예산 대비 외교예산(%)
1	미국	11,200	270	0.33
2	일본	5,329	189	0.86
3	독일	6,968	226	0.86
4	중국	-	240	0.34
5	영국	5,500	233	0.36
6	프랑스	4,811	224	1.25
7	이탈리아	5,208	249	0.33
8	캐나다	4,702	157	0.9
9	스페인	6,091	214	0.8
10	한국	1,705	130	0.61
11	인도	3,549	164	0.8
12	러시아	-	236	4
13	호주	1,914	167	1.5
14	스위스	889	136	3.7
15	스웨덴	1,044	105	4

또, 우리나라 재외공관의 60% 이상은 '3인 공관'으로 운영되고 있다. '3인 공관'이란 대사를 포함하여 3명의 직원이 근무하는 공관을 말한다. 그런데 실제로는 차석이 대사의 의전을 담당하기 때문에 업무는 나머지 1명이 맡게 되는 경우가 많다. 3인 공관이지만 1인 공관이나 다름없고, 업무의 능률성과 효과성이 떨어지는 게 사실이다.

2007년 현재 '3인 공관' 수는 40개에 달하며, 그 가운데 13개의 3인 공관은 34개의 겸임국을 관할하고 있다. 외교통상부는 3인공관이 인원을 4, 5인으로 늘리기 위해 노력하고 있으나 인력충원이 쉽게 이뤄

---

29) 2007년 기준으로 본다면 전주시 예산이 9,909억 원으로 외교부 예산과 비슷함.

<표 4-7> '3인 공관' 현황[30]

공관	1인 공관	3인 공관		총공관수
개소	6	3인 공관	40	146
		3인 공관 중 겸임국 관할 공간	13	
		겸임국 수	34개국	

지지 못하는 상황이다.

외교인력 양성을 위한 선택
: 외교부 산하 Diplomacy National University

 외교인력, 외교예산, 재외공관 수 등 기본적인 외교 인프라 확충을 위하여 외교부와 국회 통일외교통상위원회 모두 노력하고 있다. 국회는 통외통위 내에 '외교역량 강화 소위원회'를 만들고 외교역량 강화를 위한 법·제도적 방안과 예산을 뒷받침하기 위한 노력을 하고 있다. 외교예산과 재외공관 수는 국가재정에 비춰 함께 발전해나갈 것이라 기대한다.
 그 밖에도 여러가지 대안들이 제시될 수 있겠지만 나는 가장 먼저 'Diplomacy National University'가 설립될 필요가 있다고 생각한다. 현재는 매년 25명 정도의 외교관을 외무고시를 통해 선발한다. 그들은 최소 3년 6개월 정도의 재교육 과정을 거친 후에 실무에 투입된다. 그

---

30) 2007년 기준. 2006년 기준 재외공관 수는 137개. 2007년 현재 10여 개 공관이 신설중이어서 이를 합치면 146개 공관이 됨.

2006년 KOICA(한국 국제협력단)가 과테말라에서 운영하는 청소년직업센터 방문.

러나 이후 외교관에 대한 재교육 과정이 사실상 전무하다. 이같은 시스템으로는 국제화 시대 외교를 선도하는 외교강국 대한민국을 위한 우수인력을 충분히 확보할 수 없다.

이미 주요 선진국들은 외교관 채용 및 재교육을 위하여 전문 외교관 양성 교육기관을 설치하여 운영하고 있다. 브라질과 러시아가 대표적인 예이다. 브라질의 리우 브랑코 연수원(Rio Branco Institute)은 1946년 개원한 이래 외교관 선발과 교육을 담당하고 있으며, 2년 과정인 이 연수원의 체계적 프로그램은 이미 세계적으로 정평이 나 있다. 그렇기 때문에, 브라질이 최근 일본, 독일, 인도와 더불어 유엔 안보리 상임이사국 후보로 거론될 정도로 외교역량 측면에서 두각을 나타내는 것이 아닌가 싶다. 러시아 역시 전문 외교관 양성 대학인 국제관계대학(MGMIO)을 설치하여 그 졸업생 중에서 외교관을 선발한다. MGMIO는 모스크바 국립대학과 더불어 러시아의 양대 대학으로 평가받을 정도이다. 입학도 어렵고 교육과정도 엄하기로 유명하다.

한국 경제는 대외의존도가 70%가 넘고 해외여행자 수가 연간 1천만 명을 넘어서는 등 외교수요는 계속해서 폭증하는 추세이다. 기존의 전통적 안보과제뿐만 아니라 환경 · 난민 · 마약문제와 같은 비전통적 안보현안들도 쌓여가고 있다. 소수의 엘리트 외교관만으로는 21세기 외교과제를 감당할 수 없을 것이다.

외교수요 증가에 맞춰 충분한 규모의 우수한 외교인력 확보를 위하여 현재와 같이 외무고시에 의존하는 외교관 선발제도를 넘어서야 한다.

외교안보연구원을 비롯한 외교관련 연구단위를 전면적으로 개편하고 통합하여 석 · 박사 학위과정을 운영하고 전문외교관을 양성하는 'DNU(Diplomacy National University)'가 설립되어야 한다. 실제 외교업무와 직접 관련이 있는 국제법, 외교사 등의 공통과목과 전공분야를 교육하여 석사과정 수료 후에는 외교관으로 선발하거나 다른 정부부처, 지자체 국제분야, 국제기구 근무로 진출하도록 모색할 수도 있다. 또한 이러한 교육기관에서 기존 외교관들도 일정학점을 이수토록 하여 재교육 부재현상도 해소할 수 있을 것으로 기대한다. '외무고시'로는 21세기 외교강국을 실현할 수 없다.

과거사 왜곡의 덫에 갇힌 중국과 일본

동북공정, 중국의 왜곡된 대국 쇼비니즘[31]

　동북공정은 '동북변강역사여현상계열연구공정東北邊疆歷史與現狀系列硏究工程'의 줄임말이다. 우리말로 풀면 '동북 변경지역의 역사와 현상에 관한 체계적인 연구과제'이다. 한 마디로 동북공정은 고구려, 발해사를 중국의 역사로 편입하는 연구프로젝트이다. 고구려, 발해사가 중국사임을 증명하는 학술연구(?)를 진행하고, 요동지역[32]에 산재한 유적들에 한국적 색채를 지우고 중국색을 덧입힌다. 또한 더 나아가, 그 내용을 국제적으로 홍보하기까지 한다.

　물론 동북공정 이전에도 고구려, 발해를 중국 중앙정부에 복속된 지방정권이라 주장하는 학자들이 있기는 했다. 그러나 이러한 입장은 순

---

31) Chauvinism은 맹목적, 극우 민족주의적, 배타적 애국주의를 말함.
32) 동북 3성은 중국이 북경을 중심으로 부여한 지역명칭이다. 만주는 청나라를 세운 만주족이 이 지역을 자신의 근거지라 생각하고 붙인 지역명이다. 역사적으로 우리 민족은 이 지역을 요동이라 칭해왔다. 널리 알려진 명칭은 아니나 역사왜곡 문제를 다루는 글이므로 이 단원에서만큼은 요동이란 명칭을 고집하고자 한다.

수하게 학술적 차원에서 학자 개인에 의해 주장되는 것이었다. 다시 말해, 중국정부의 공식입장은 아니었다. 그런데 중국은 왜 갑자기 21세기에 들어와 한국과의 외교적 분쟁을 감수하면서까지 이처럼 무리한 시도를 하는 것일까?

이는 중국이란 나라의 현재적 처지와 역사적 굴레가 이중적으로 작용하면서 발생하는 현상이다. 중국은 인구의 다수를 차지하는 한족漢族 이외에 55개의 소수민족을 포함하고 있는 다민족 국가이다. 요동지역만도 조선족, 만주족 등 7개의 소수민족이 삶의 터전을 일구고 있다.

그런데 바로 이 지점에서 우리가 기억해야 할 것이 중국사 5,000년 중 통일국가를 유지했던 것이 1,000년이 채 안된다는 점이다. 게다가 중국의 영토가 요동, 티베트, 신장·위구르를 포함한 현재의 강역疆域[33]으로 확정된 것이 1950년으로 반 세기가 약간 지났을 뿐이다.[34] 그래서 중국 지도자들은 오늘의 중국이 언제든 분열할 수 있다는 공포심과 위기심을 가지고 있다. 그런 이유로 국가통합이 중국의 절실한 전략과제로 대두되고 있다. 실제로 지금도 티베트, 신장·위구르 지역에서는 분리독립 운동이 진행되고 있으며, 이로 인해 유혈사태가 때때로 벌어지고 있는 중이다.

중국 지도부는 요동지역에서도 이러한 사태가 벌어질 것을 우려하고 있다. 1992년 한중수교가 성립된 후, 우리나라에 왕래하는 조선족의 숫자가 급증하고 있다. 또한 우리 국민들도 관광 또는 사업 등의 목적으로 요동지역을 방문하고 있다. 북한과는 이전부터 왕래가 빈번했

---

33) 영토의 별칭이다. 영토에 비해 지리적 문맥이 강조되는 개념이다.
34) 당초 중국 공산당은 1949년 이전에는 티베트의 독립을 보장하기로 공약하고 있었다. 그러나 집권 이후, 입장을 바꿔 독립상태에 놓인 티베트를 점령하여 직접 통치한다.

는데, 우리나라건 북한이건 조선족이건 공통점은 요동지역을 민족의 발상지로 인식하고 있다는 점이다.

이로 인해, 중국 지도부는 한반도 통일 이후, 요동지역을 둘러싸고 영토분쟁이 일어날 가능성을 걱정하고 있다. 요동지역의 영토분쟁이 신장·위구르, 티베트 문제와 맞물려 중국분열을 촉진할 수도 있다는 것이다.

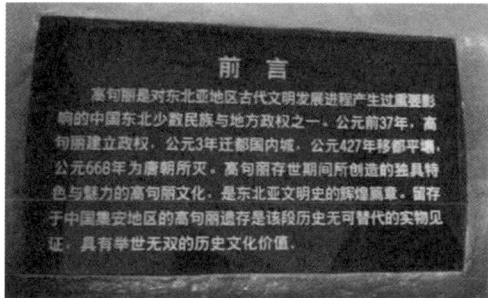

고구려의 두 번째 도읍지 중국 지린성 지안시에 위치한 지안시 박물관에 고구려를 '중국 동북 소수민족 지방정권'으로 표기한 안내문. (출처: 연합뉴스)

현재 동북공정은 그 왜곡의 정도가 갈수록 심화되고 있다. 북한이 단독으로 고구려 문화유산을 UNESCO[35] 세계문화유산으로 등재하려는 시도를 막고 중국내의 고구려 문화유산을 북한과 공동으로 등재함으로써 중국내 고구려 문화유적이 중국 것임을 대·내외에 각인시키려 하고 있다. 또한 백두산을 세계자연유산으로 단독등재하는

---

35) 국제연합교육과학기구(United Nations Educational, Scientific and Cultural Organization)

동시에, '장백산 문화론'을 유포시켜 '백두산=한민족 발상지'란 등식을 깨고, 이를 '백두산=중국민족의 활동 근거지'란 등식으로 대체하고자 한다. 더 나아가, '요하 문명론'을 통해 중국문명의 기원이 황하가 아닌 요하라 주장하고 있다.[36]

나는 이러한 사태를 바라볼 때마다 저우언라이周恩來 중국 국무원 전총리를 떠올리게 된다. 저우언라이 총리는 중국인이 가장 사랑하는 역사적 인물이다. 1977년 제1차 천안문 사태가 주은래 총리의 사망으로 일어난 것만 보아도, 그에 대한 중국인의 사랑이 얼마나 큰지 알 수 있다. 그런데 저우언라이는 살아 생전 1963년 북한 과학원 대표단을 접견하며 한·중 역사문제에 대한 진솔한 인식을 드러낸 바 있다.[37]

그 자리에서 저우언라이는 "역사연대에 대한 두 나라 역사학의 일부기록은 진실에 그다지 부합되지 않는다"며 "이는 중국 역사학자나 많은 사람들이 대국주의, 대국 쇼비니즘(국수주의) 관점에서 역사를 서술한 것이 주요원인이며, 그리하여 많은 문제들이 불공정하게 씌어졌다"고 했다. 저우언라이에 따르면, "조선민족은 조선반도와 동북대륙에 진출한 이후 오랫동안 거기에서 살아왔다. 랴오허遼河, 쑹화松花강 유역에는 모두 조선민족의 발자취가 남아 있다. 조선족이 거기에서 오랫동안 살아왔다는 것은 모두 증명할 수 있다."

그러면서 저우언라이는 "다만 이런 것들은 모두 역사의 흔적이고 지나간 일들이다. 어떤 일에 대해서는 우리가 책임질 일이 아니고 조상들의 몫이다. 그렇지만 당연히 이런 현상은 인정해야만 한다"고 언급하며

---

36) 윤휘탁, '동북공정의 문제점과 대응방향', 《정세와 정책》 (2006. 6월호)
37) 《저우언라이 총리의 중국·조선관계 대화》라는 중국정부 발행문건에 수록된 발언들이다. 2004년 설훈 전의원이 중국 연수중 발견하여 자신의 홈페이지(www.sh21.com)에 공개했다.

2001 독립운동 유적지 탐방. 상해 임시정부 건물에서.

"이렇게 된 이상, 우리는 당신들의 땅을 밀어붙여 작게 만들고 우리들이 살고 있는 땅이 커진 것에 대해 조상을 대신해서 당신들에게 사과해야 한다. 그래서 반드시 역사의 진실성을 회복해야 한다. 역사를 왜곡할 수는 없다. 도문강, 압록강 서쪽은 역사 이래 중국 땅이었다거나, 심지어 고대부터 조선은 중국의 속국이었다고 말하는 것은 황당한 이야기이다. 우리는 이런 것들을 바로 시정해야 한다"고 말했다.

한 시대를 풍미한 대정치인다운 식견과 포용력을 보여준다고 할 수 있다. 그런데 오늘날 중국 정치인들은 저우언라이의 품격을 따라가지 못하는 듯하다. 사실 중국과 우리나라의 정치·군사적 실력차이를 감안할 때, 통일 이후 영토분쟁이 일어날 가능성은 지극히 희박하다. 요동지역은 우리에게 민족 정체성의 기원, 정신적 고향으로서 기억될 뿐이다. 그 곳을 우리의 영토로 삼아야 한다는 것은 일부 환상적·폐쇄적 국수주의자의 공허한 주장일 뿐이다. 이런 무모한 주장에 동의할 사람은 그리 많지 않다.

저우언라이가 '요동지역이 과거 우리 민족의 영토였다는 것'을 솔직하게 인정할 수 있는 것은 바로 이와 같은 현실을 냉철하게 계산하고 있었기 때문이다. 그의 말마따나 "조상 때의 일"로 이 지역에 대한 중국의 실효적 지배권이 흔들리는 일은 원천적으로 발생할 수 없다. 그럼에도 불구하고 미래의 불확실한 위협에 과민반응해 고구려, 발해사를 중국사의 일부였다고 억지주장을 펼쳐 한국인의 민족적 정체성을 침해하는 것은 한반도에 대한 중국의 영향력을 축소시키고 동북아 지역에서 중국의 위상을 스스로 갉아먹는, 즉 소리小利를 위해 대리大利를 버리는 어리석은 소행일 뿐이다. 현재 중국에서 판매되는《주은래선집》에는 이와 같은 발언이 누락되어 있다고 한다. 저우언라이는 이런 자신의 후배들을 어떻게 바라볼까? 중국 정치인들에게 한번쯤 묻고 싶은 질문이다.

역사왜곡의 함정에 빠진 일본

2001년, 2005년 출간된 일본 후쇼사 역사 교과서는 쇼비니즘적 입장에서 일본역사를 왜곡하기로 유명한 교과서이다. 후쇼사 교과서는 태평양전쟁을 아시아해방전쟁으로 규정하고 난징 대학살과 위안부 내용을 삭제함은 물론, '침략'이라는 표현을 '진출'로 바꾸거나 아예 삭제해버렸다. 이로 인해, 우리나라와는 국교단절 논란까지 빚었고, 중국과도 심각한 외교분쟁을 야기했다.

일본의 역사교과서 왜곡은 이 당시에만 있었던 일이 아니다. 이미 1982년의 교과서 왜곡 당시, 한국과 중국의 반발로 일본 문부성 대신이 근현대사의 역사적 사실에 관해서는 국제이해와 국제협조의 견지를 배려해서 기술한다는 일명 근린제국 조항을 공식적으로 밝힌 바 있었다. 그러나 이러한 약속은 헌신짝처럼 내버려졌다. 그래서 2005년 3월 국회 통일외교통상위원회에서는 근린제국 조항의 준수를 촉구하는 '일본의 역사교과서 왜곡중단 결의안'을 통과시킨 바 있다. 당시 나도 이 결의안의 발의자 중 하나로 동료의원들과 더불어 동참한 바 있다.

사실 후쇼샤의 역사 교과서 왜곡은 자신들의 죄과에 대해 반성할 줄

2007년 4월 26일 아베 신조 전총리의 미국방문에 맞춰 워싱턴 위안부대책위 등 3개 단체가 〈워싱턴 포스트〉에 게재한 일본군 성노예 만행 광고. (출처: 연합뉴스)

모르는 일본 정치인들의 한계에서 비롯되는 일이다. 모두 알다시피 일본 정치인들은 연례행사처럼 과거 자신의 전쟁책임을 부정하는 망언을 하곤 했다. 마치 서로 바통터치를 하며 이어달리기를 하는 모습이다. 누군가 망언을 하고 공직에서 물러난 후, 잊혀질 만하면 또 다른 누군가가 나타나 또 다시 망언을 되풀이하는 모습이었다. 이런 행태가 지난 50년간 되풀이되었다.

하지만 최소한 단 한 가지 예의는 지키고 있었다. 일본 내각총리대신만큼은 이러한 망언 이어달리기에 참여하지 않고 있었던 것이다. 그러나 이러한 금기마저 깨졌다. 2007년 3월 1일 아베 신조 전일본총리가 '고노 담화'에 대한 입장을 묻는 기자들의 질문에 "(위안부 문제에서) 강제성을 증명하는 증언이나 뒷받침하는 건 없다"는 폭탄발언을 한 것이다.

'고노 담화'는 일본군 성노예 사건과 관련하여 1993년 고노 요헤이 관방장관이 "과거의 위안부 이송에는 일본군이 직·간접으로 관여했고 감언, 강압 등 본인의 의사에 반하는 사례가 많았는데 관헌들이 직접 가담한 경우도 있었다"고 인정했던 것을 이르는 것이다.

아베 총리의 망언은 일본정부가 미 하원에서 추진되던 '위안부 결의안[38]'의 통과를 저지하기 위해 전 방위 로비를 펼치는 가운데 나온 것이라서 한국과 중국 등 주변 피해국들의 더 큰 반발을 사게 되었다. 또한 우리 입장에서는 3·1절에 이와 같은 망언을 했다는 점에서 더욱 불쾌했다.

사실 독도문제도 한일간의 영토문제가 아닌 과거사 문제에 속하는 것이다. 2006년 4월 일본이 독도 인근해역 수로탐사에 나서면서 독도문제가 한일간에 분쟁현안으로 다시금 떠올랐을 때, 노무현 대통령이 대국민 담화에서 했던 발언은 이 점에서 매우 정확한 지적이었다.

당시 노무현 대통령은 "일본이 독도에 대한 권리를 주장하는 것은 제국주의 침략전쟁[39]에 대한 점령지 권리, 나아가서는 과거 식민지 영토권을 주장"하는 것으로, "이것은 한국의 완전한 해방과 독립을 부정하는 행위"이며, "과거 일본이 저지른 침략전쟁과 학살, 40년간에

---

[38] 일본계 미국인 마이클 혼다 의원이 주도적으로 발의한 결의안으로 '일본정부가 위안부 문제에 대해 공식 인정·사과하고 그 사실을 현세대와 미래세대에게 교육' 할 것을 요구하고 있다. 2007년 7월 31일 표결 없이 만장일치로 통과되었다.
[39] 일본이 독도를 영유하게 된 경위와 관련된 것이다. 1905년 일본은 한반도에 대한 지배권을 확보하기 위해 러일전쟁을 일으켰다. 당시 일본은 독도의 지정학적 이점을 재평가하면서, 시네마현 고시 제40호로 독도를 자국영토로 편입시킨다. 하지만 이미 1900년 10월 25일 대한제국은 칙령(황제의 명령) 제41호 제2조에서 독도가 울릉도의 부속도서임을 확인한 바 있다. 이미 5년 전에 그것도 일국의 주권자가 자국의 영토로 포고한 것을 일개 지방관청의 고시로 탈취해간 것이다.

걸친 수탈과 고문, 투옥, 강제징용, 심지어 위안부까지 동원했던 그 범죄의 역사에 대한 정당성을 주장하는 행위"라고 주장했다.

이해할 수 없는 것은 이와 같은 과거사 왜곡과 전쟁책임 부인이 일본의 국익에 결코 도움이 되지 않음에도 국제적 고립을 자초하면서까지 왜 자신의 고집을 꺾지 않는가이다. 2007년 11월 6일 유럽연합 의회에서는 일본군 성노예 문제에 대한 공청회가 열렸다. 유럽의회의 '위안부 결의안' 상정을 위한 사전작업이었다고 한다. 이 뿐만이 아니다. 일본군 성노예 만행의 또 다른 피해국가인 네덜란드[40] 의회에서도 '위반부 결의안'이 상정, 통과되었다. 이와 같이 각국 의회의 '위안부 결의안' 상정은 세계적 캠페인이 되어가면서 일본정부는 갈수록 곤혹스러운 처지에 몰리고 있다.[41]

왜 일본은 독일처럼 과거사 문제에 대해 진심으로 사과하면서 이를 깨끗하게 털어내지 못하는가? 2차대전 때, 독일은 400만여 명의 유대인을 학살했다. 더불어 80만의 집시를 학살하기도 했다. 이와 같은 만행을 저질렀지만 독일은 이에 대해 깨끗이 사과하고 성의있게 배상했다. 그래서 세계 어느 나라도 과거사 문제로 독일을 트집잡지 않는다. 독일은 이에 힘입어 통일을 성취하면서 유럽과 세계질서를 주도하는 강대국으로 발돋움했다. 이에 비해, 세계 제2위의 경제력과 세계 제7위의 군사력을 보유한 일본이지만 국제사회의 어느 누구도 일본을 세계질서를 주도하는 대국으로 인정하지 않고 있다. 과거사 문제를 털어내지 못하고 있기에 그러한 지위를 부여해주지 않는 것이다. 일본은

----

[40] 네덜란드령 인도네시아에 침략한 일본군이 그 땅에 살고 있던 네덜란드 여인을 납치, 성노예로 핍박했다.
[41] 조홍식, '기억의 정치: 종군위안부 문제의 세계화',《정세와 정책》(2007. 12월호)

2000년 바른정치실천모임과 '새로운 한일관계 정립을 위한 한일 역사 탐방'에 나섰다

역사왜곡의 함정에서 빠져나오지 못하고 있다.

일본의 이러한 비상식적 행태는 그들의 특성, 정신적 전근대성과 미성숙에 기인한다. 전후 일본의 최고 지성 마루야마 마사오는 일본 파시즘이 국가를 '아마타레스 여신[42]의 후예 천황을 아버지로서 모시는 하나의 유기체, 가족'으로 파악하는 일본 고유의 전근대적 국가관에서 기원한다고 지적한다.

우리는 단군신화를 말 그대로 신화로만 여긴다. 반면, 일본인은 그들의 잠재적 의식에서 천황을 아마타레스 여신의 진정한 후예로 여기고 있으며, 그래서 일본은 반인반신半人半神 천황이 다스리는 국가이고, 일본의 국가행위는 지고지순한 신의 뜻을 실현하는 행위라고 생각한다. 물론, 이러한 의식이 평상시에는 잘 드러나지 않는다. 하지만 결정적 국면에 심층을 뚫고 나와 표층에 돌출한다는 것이 마루야마 마사오의 지적이다. 실제로 2000년 모리 요시로 총리가 일본의회에서 "일본은 신의 나라"라고 발언하여 국제적으로 큰 파문을 일으킨 적이 있

---

42) 아마타레스는 일본 건국신화에 나오는 태양의 여신이다. 아마타레스가 일본의 초대 천황 진무 (神武) 천황을 낳았고, 그 혈통이 현 천황 아키히토까지 이어진다는 것이 일본 천황가의 공식 이데올로기이다.

다. 이와 같이 '신의 나라 일본'이란 잠재의식은 일본인으로 하여금 일본이 부도덕한 침략행위를 자행했다는 사실을 인정할 수 없게 한다. 심리적 거부반응이 일어나는 것이다. 참으로 기가 막힌 일이지만, 지금껏 일본의 행동을 보면 수긍이 가는 분석이기도 하다.

내가 일본 정치인들에게 충고하고 싶은 것은 이런 식의 전근대적 의식으로는 그들 자신이 숙원하는 정치대국의 꿈이 결코 이루어질 수 없다는 것이다. 세계를 이끄는 강대국은 결코 군사력과 정치력만으로 성취될 수 있는 지위가 아니다.

열린 민족주의, 한·중·일 과거사 분쟁의 해법

나는 386세대이다. 386세대는 독재정권의 무시무시한 폭력 속에서 대학시절을 보낸 세대이다. 언젠가 친구에게 흥미로운 이야기를 들은 적이 있다. 세계보건기구(WHO)에서 한국의 386세대에게 집단적인 심리치료를 권고했다는 것이다. 무차별적인 국가폭력에 노출되어 있었던 이유로 우리 세대에게 집단적인 심리장애가 발견되고 있다는 것이었다. 이 얘기가 정확한 사실인지는 잘 모르겠다. 하지만 한 시대의 비극이 많은 사람들에게 정신적으로 짙은 상흔을 남길 수 있다는 것을 느끼게 해주는 이야기였다. 지금 생각해보면, 아마도 그런 의미를 강조하기 위해 만들어낸 이야기일 수도 있다는 생각이 든다.

한·중·일 과거사 문제가 돌출할 때마다 우리 국민은 분노한다. 그런데 그 분노에는 심리적 상처가 깃들어 있다. 지난 100년간 우리 민족이 겪어야 했던 고통의 기억, 이것이 세대를 거치면서도 그대로 유전되어 우리 국민의 집단적 트라우마[43]를 형성한 것만 같다. 그런 이유로 분노는 더 격렬할 수밖에 없다.

하지만 그럴수록 냉정해져야 한다. '요동 고토 회복'이니 '대마도도 우리 땅'이니 하는 감정적 대응은 문제해결에 도움이 되지 않는다. 똑같은 수준에서 싸워봤자 싸움은 끝나지 않는다. 보다 높은 수준에서 상대방을 일깨우고 타일러야 하며, 때론 준엄하게 꾸짖어야 한다. 그래야 싸움이 싸움에서 끝나지 않고 좋은 결론을 낼 수 있다. 한·중·일 과거사 분쟁은 중국과 일본의 폐쇄적 민족주의에서 비롯되는 일이다. 폐쇄적 태도는 자기중심적 세계관을 낳는다. 그래서 진실을 왜곡하고 억지주장을 펼친다. 우리는 이에 대해 열린 민족주의[44]로 대응해 가야 한다.

최근 동아시아의 뜻있는 인사들은 동아시아 지역협력의 필요성을 각국 정부에 강조하고 있다. 세계화 시대를 맞아 정치와 경제 양 측면에서 개별국가 차원에서 해결할 수 없는 많은 문제들이 발생하고 있다. 그래서 동아시아 국가들도 유럽연합처럼 지역협력의 틀을 구축해 공동의 이해관계를 추구해야 한다는 것이다. 올해로 10주년을 맞는 ASEAN +3(한·중·일) 정상회의도 원래는 이러한 취지에서 제안되어 추진된 것이다.

동아시아에서 유럽연합처럼 경제공동체나 정치연합을 창설하려면, 정치력에서나 경제력에서나 아마도 그 과정은 한·중·일 3국이 주도할 수밖에 없을 것이다. 유럽연합도 독일, 프랑스, 영국이 주도해서 창설한 것이었다. 그런데 한·중·일 3국의 과거사 분쟁이 동아시아 지역협력의 빠른 진전을 가로막고 있다. 나는 바로 이 부분에서 우리 정

---

43) 트라우마: 외상 후 스트레스 장애. 전쟁, 천재지변, 폭행 등 생명을 위협하는 신체적·정신적 충격을 경험한 후 나타나는 정신적 질병.
44) 열린 민족주의란, 민족의 자주권과 독립성을 중시하되 배타적 민족주의를 배격하고 협력과 포용, 연대의 국제관계를 지향하는 개방적 민족주의를 말한다.

부가 앞장서 열린 민족주의의 새로운 패러다임을 제시해야 한다고 본다. 그리하여 '불신과 대립에 관한 역사적 기억'을 '신뢰와 상생의 기억'으로 승화시켜야 한다.

중국에 대해서는 국가통합에 대한 중국정부의 고민과 우려를 충분히 이해하고 있다는 점을 전제한 뒤, 그러나 동북공정은 우리 민족의 역사적·민족적 정체성을 침해하는 일로 한중관계를 심각히 훼손하고 있으며, 이 것이 동아시아에서의 중국의 국익에 결코 이롭지 않다는 것을 꾸준히 설득해가야 한다. 또한 통일 한반도가 중국과 공존공영을 추구하는 국가가 될 것이란 점을 분명히 해야 한다.

일본에 대해서는 과거사 왜곡과 전쟁책임의 부정이 그들이 염원하는 보통국가화[45]를 가로막는 최대의 걸림돌이라는 점을 명확하게 각인시켜야 한다. 독일이 세계질서를 주도하는 국가로서 국제사회의 인정을 받는 반면에 그보다 더 큰 실력을 가진 일본은 왜 인정받고 있지 못한지, 그 차이가 어디에서 비롯되는지를 차분히 이야기하고 설득해가야 할 것이다.

그 방식은 다양하게 모색될 수 있다. 3국 정상간 대화에서 또는 민간차원의 학술적 교류에서 이러한 작업이 진행될 수 있을 것이다. 그러면서 3국 정부와 국민을 설득하는 담론을 형성해가는 것이다. 그 구체적 실천방안으로 '한·중·일 역사공동위원회'를 고민해볼 만하다.

이미 1997년부터 한일 양국의 역사연구자들이 민간차원에서 결집하여 역사교과서 공동편찬 사업을 펼친 바 있다. 그리하여 2007년 2월

----

45) 2차대전 후 미 군정에 의해 제정된 일본 평화헌법은 영구히 전쟁을 포기하고 비무장국가로 남는다는 입장을 명확화하고 있다. 보통국가론은 이 평화헌법을 개정하여 일본도 다른 국가들처럼 국군을 보유하고 국가방위를 위한 전쟁을 수행할 수 있도록 해야 한다는 주장이다.

2004년 3월 2일 친일반민족행위 진상규명특별법 통과 직후, '민족정기를 세우는 국회의원 모임' 의원들과 함께.

교과서를 완성했고, 3월 1일 한일 양국에서 동시 출판되었다. 이러한 사업은 양국 정부 차원에서도 추진된 바 있다. 2001년 '한일역사공동연구위원회'가 설립되어 3년 동안 합동연구를 진행했으나 민간차원의 교류와 달리 별다른 성과를 내지는 못했다. 이러한 경험에 비추어, 한·중·일 3국의 역사연구자들을 모아 '한·중·일 역사공동위원회'를 설립하는 것이다. 정부차원의 교류가 추진되기 어렵다면 민간차원에서 추진하고 우리 정부 또는 정치권이 지원하는 방식을 택할 수도 있을 것이다.

하지만 이와 별도로 우리 정부에 주문할 것이 있다. 한·중·일 과거사 문제를 열린 민족주의에 입각해 상생적으로 접근하는 것과 당장의 외교적 분쟁을 두려워 하여 소극적으로 대처하는 것은 엄격히 구분되어야 한다는 점이다.

한·중·일 과거사 문제가 돌출할 때마다 격분하는 우리 국민들과 달리 정부는 한없이 소극적이었다. 동북공정에 대해서도 그랬다. 2006년 9월 7일 국회 통외통위에서 '동북공정 등 중국의 역사왜곡 중단 및 시정 촉구 결의안'이 채택될 때, 내가 이규형 외교통상부 제2차관에게 확인해본 결과, 당시 우리 외교통상부는 고구려사를 왜곡한 중국 교과서의 내용을 아직 확인조차 안해보고 있었다.[46]

독도문제도 마찬가지이다. 그 동안 우리 정부는, 독도문제에 대한 과민한 반응이 독도를 한·일간 영토분쟁 지역으로 국제사회에 인식시킬 위험성이 크며, 이는 일본이 의도하는 바이므로 여기에 말려들지 않으려면 조용한 외교를 우선시해야 한다는 것이다. 그러나 우리 정부가 말하는 조용한 외교는 아무 것도 안하는 것이었던 것같다. 그래서 독도를 영토분쟁 지역으로 국제사회에 인식시키지 않는 데는 성공했는지 모르겠지만, 그 결과로 국제사회에서 독도는 그 원래의 명칭보다는 다케시마란 명칭이 더 익숙해지게 되었다.

현재 반크(VANK)라는 사이버 단체가 인터넷에서 활동하고 있다. 해외 네티즌들에게 한국에 대해 잘못 알려진 정보를 바로잡기 위해 노력하고 있다고 한다. 이 단체에 의해 해외에 중국과 일본 등에 의해 잘못 알려진 우리 역사가 상당부분 바로잡혔다고 한다. 정부가 해야 할 일을 젊은 네티즌들이 대신하고 있는 것이다. 정부 당국자들은 이에 대해 깊이 반성해야 할 것이다.

당당하게 주장해야 할 우리의 권리는 권리대로 주장하면서 자민족 중심의 폐쇄적 편견에는 빠지지 않는 것이 열린 민족주의이다. 반크의 젊은 네티즌들처럼 국제사회에 우리 역사의 진실을 당당히 알리고, 이와 동시에 한중일 과거사 문제에서 신뢰와 상생의 새로운 역사 패러다임을 창조하는 데에 나 자신부터 국민을 대표하는 책임 있는 정치인으로서 앞장설 것을 스스로에게 다짐해본다.

국사를 잃으면 국토를 잃게 된다. 중국의 동북공정과 일본의 역사왜곡에 맞선 우리의 심정은 단호하고 결연하다. 국사가 정신이라면 국토

---

46) 2006년 9월 7일 외교부에 대한 질의 속기록 중에서 필자가 "지금 외교부는 아직 확인 못했다는 것이지요?"라고 묻자 이류형 과장은 "예, 그렇습니다"라고 답했다.

는 육체이다. 정신을 잃으면 육체 또한 지킬 수 없다는 것은 자명하다.

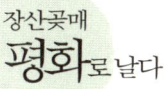

장산곶매 평화로 날다

2008년 1월 2일 초판1쇄 발행

지은이 임 종 석
펴낸이 윤 형 두
펴낸데 범 우 사

출판등록 1966. 8. 3.   제406-2003-048호
(413-756) 경기도 파주시 교하읍 문발리 525-2
대표전화 (031)955-6900, FAX (031)955-6905

* 책값은 뒤표지에 있습니다.   편집·교정 윤아트·김정숙

ISBN 978-89-08-04415-9 03810   (홈페이지)http://www.bumwoosa.co.kr
                                 (E-mail)bumwoosa@chol.com